芄野東南民族叢書

滇藏瀾滄江谷地的
教派衝突

何國強　主編・王曉、高薇茗、魏樂平　著

目次

下編　步入田野
──以鹽井天主教的當地語系化為中心的考察

總序

黃淑娉

　　青藏高原古稱「苑野」[1]，「喜馬拉雅」與「橫斷」兩條山脈在東南交匯，形成北半球地表褶皺最明顯而緊密的區域——縱橫千里，層巒疊嶂，忽而峽谷幽深、激流洶湧，忽而懸崖突兀、雪峰傲立。雄奇的景觀掩飾著嚴酷的自然。適宜耕種的土地集中在河谷，陡峭的高坡土層稀疏、岩石裸露、雜草叢生，經常發生泥石流。山川、植被、動物、村莊依季節交替呈現出各種姿態：旱季，塵土飛揚、風霜嚴寒、萬物蕭條；雨季，四野青翠、鳥語花香、人畜徜徉於雲端。

　　苑野東南素有「民族搖籃」之稱。在北緯25°38'、東經90°104'的廣袤區域，由東至西，有金沙江、瀾滄江、怒江、獨龍江和雅魯藏布江，史前時代的漢羌之爭，造成部分羌人融為漢族，部分羌人西遷。[2]西遷的羌人一部分沿著江河古道北上甘青，另一部分南下川

1　《詩經・小雅・小明》曰：「明明上天，照臨下土。我征徂西，至於苑野。二月初吉，載離寒暑。心之憂矣，其毒大苦！……」大意為周天子令諸侯征伐氐羌係部落，西行到青藏高原，將士思鄉，無心戀戰，企圖班師回朝的情景。《說文解字》解「苑」，一為「遠荒」；一為草本植物，如「秦苑」——蘭花形，生長於黃土高原與青藏高原接壤地帶、海拔3,000米的荒野，愈往西愈密。故「苑野」指今青藏高原東部，即今川、青、滇、藏四個省（自治區）相交界的區域。

2　如〔南北朝〕范曄《後漢書・卷八十七・西羌傳第七十七》（景印文淵閣四庫全書本第252253冊）有「秦獻公初立，欲復穆公之跡，兵臨渭首，滅狄豲戎。忍季父印畏秦之威，將其種人附落而南，出賜支河曲西數千里，與眾羌絕遠，不復交通」的記載，說戰國初期（公元前475年）以「昂」為首的一支羌人迫於族群競爭的壓力，由今甘陝地區向西南徙遷至玉樹地區。

滇，到達今川、滇、藏交界區，更有一些部落進入了東南亞。他們南
北行走的整套路線分佈的區域到公元前 4 世紀業已形成民族走廊。《史
記》記載了張騫出使大夏（今阿富汗）見到四川特產的見聞漢朝的四
川特產遠播大夏絕不可能走西域絲綢之路，那樣將徒增路程，最有可
能的是走西南絲綢之路，起點為成都，終點為印度甚至波斯（今伊
朗），中間點為夜郎（今貴州）、滇（今昆明）、南詔（今大理）、緬甸。
這說明中西交通很早就貫通了。，那是公元前 2 世紀發生的事情。又
過了兩個世紀，最後一批遷徙者沿著民族走廊進入東南亞。東晉、十
六國時期（317-420 年），鮮卑族從大興安嶺西遷，抵達青海湖與當地
羌人雜處，出現西羌、吐谷渾、白蘭、黨項、附國、吐蕃、姜人等古
代部族，也有南遷的情況出現。各氏族部落在南遷路中定居、聯姻、
繁衍，發生貿易、戰爭和宗教行為，經過千百年的基因採借與文化交
匯，演變出藏族、門巴族、珞巴族、納西族、傈僳族、怒族、獨龍
族、景頗（克欽）族、克倫族、驃族、緬族、撣族等境內外民族。[3]
元明以降，封建國家的勢力先後侵及這片土地。目前，一塊歸中國，
一塊歸印度，一塊歸緬甸。《尢野東南的民族叢書》就揭示了中國西
南川、滇、藏和川、青、藏接壤地帶極具內涵的民族文化。這些民族
是藏族、納西族、怒族、獨龍族和傈僳族。這些民族人們的體質特徵
與三支種群有關：①蒙古北亞人，特徵是高身材、中頭型、高鼻型、
前額平坦、黑眼珠，男人高大英俊，女人身材頎長；②蒙古南亞人，
特徵是身材略矮、低頭型、前額微窄、褐色眼珠、低鼻型；③「藏彝
走廊」型，介於前兩者之間，又自成一類，其特徵是中身材、中頭

3　參見〔五代〕劉昫《舊唐書》卷197列傳第147（景印文淵閣四庫全書本第268-271
　　冊，臺灣商務印書館，1983年）和（宋）歐陽修《新唐書》卷222上列傳第147上下
　　（景印文淵閣四庫全書本第272-276冊，臺灣商務印書館，1983年）關於南蠻、西南
　　蠻和驃國的描述。

型、中鼻型，孩子的眼珠較黑，成人的眼珠泛褐。具體來說，怒族和獨龍族人帶有蒙古南亞人的體質特徵，藏族、納西族和傈僳族人帶有「藏彝走廊」型的體質特徵。由於藏族人的來源複雜，內部族群眾多，有的體質特徵偏向蒙古北亞人。例如，三岩藏族人的體質特徵與塔吉克族、維吾爾族、錫伯族、哈薩克族、蒙古族等北方民族關係密切些，跟藏彝類型的藏族關係疏遠些。[4]無論體質特徵如何，這 5 個民族的人民都有率真淳厚、健談好客、謙讓剛毅、吃苦耐勞的一面。人們因地制宜謀取生活資料，建造房屋，修建梯田，引水渡槽，高山放牧；人們也抽煙喝酒、唱歌跳舞，知足常樂。

　　新中國成立後，黨和政府組織集中進行民族識別（1953-1956 年）和少數民族語言與社會歷史調查（1956-1958 年）。根據 20 世紀 80 年代出版的《民族問題五種叢書》的描述，當時藏族、納西族、怒族、獨龍族和傈僳族等民族已出現社會分化：有的社會結構呈尖錐形，如藏族的農奴制、納西族的土司制；有的社會結構呈鈍錐形，如保留著原始公社殘餘的怒族和獨龍族。民族文化的保持與傳承是通過社會結構來實現的。獨龍江兩岸的村落出現了頭人、大小巫師（南木薩、龍薩）、工匠、平民、家奴。前三種人基本上是富裕的族人，他們擁有土地，蓄養奴隸，並未完全脫離勞動。奴隸來自債務和買賣，成為家庭的一員，由主人安排婚姻，給予經濟開支。奴隸在公共場合（如祭禮、公議、公斷等）與平民有身份界限。勞動過程中主僕地位不同，主人為奴隸提供生產資料（如土地、牲畜、農具、種子），並佔有全部收穫物。人們在社會結構中各居其位，各層次的差別不大，在血緣、地緣基礎上發生的共濟、共慶、換工等集體行為維持著內部平

4　參見何國強、楊曉芹、王天玉等《三岩藏族的體質特徵研究》，載《人類學學報》2009年第4期，頁408-417。

等，原始宗教和基督教起到恐嚇叛逆者、安撫民眾、制止反抗的作用。舊的社會結構被打碎以後，新的社會結構逐步建立，其所傳承的文化與過去有著質的不同。

17 世紀，西方人陸續進入喜馬拉雅東部山區與橫斷山脈南部的多條河谷。早期的傳教士、探險家帶著獵奇的眼光看待這裏的風土人情。19 世紀伊始，民族學家、地理學家、行政人員、橋樑工程師開始進入這片地域上無人知曉、地圖上一片空白的沃野。到 20 世紀 40 年代末的 150 年間，他們記錄了大量寶貴的材料。英國、美國、印度三國學者的成績尤為突出，如果只見他們為殖民政府服務的一面而不見其科學記述的一面是不公平的。在此，我願意借鑒沙欽·羅伊的書單[5]，肯定 J. 馬肯齊、J. 布特勒、G.W. 貝雷斯福德、A.F. 查特爾、P.C. 巴釐、B.C. 戈海爾、M.D. 普格[6]等人的工作；我還要提到 F.M. 貝利、F.K. 沃德、維雷爾·埃爾溫、P.N.S. 古塔、馬駿達、N. 羅伊、B.C. 古哈和 S. 羅伊等人的努力，特別是約瑟夫·洛克、克里斯托夫·馮·菲尤勒—海門道夫和埃得蒙·利奇的奉獻。

洛克於 1922 年到達中國西南邊陲，在川、青、甘、滇接壤地帶考察，為美國農業部、國家地理協會和哈佛大學收集植物和飛禽標本，在麗江度過了 27 年。隨著時間的推移，洛克的研究興趣轉移到納西族的文化上。他的《納西英語百科詞典》收入了東巴教及瀕於消亡

---

5 參見〔印〕沙欽·羅伊著，李堅尚、叢曉明譯：《珞巴族阿迪人的文化》（拉薩市：西藏人民出版社，1991年），頁297-302。

6 他們的代表作分別為《孟加拉東北極邊地區山區部落記事》（1836年）、《阿薩姆山區部落概述》（1847年倫敦版）、《阿薩姆東北邊境記》（1881年西隆版、1906年重印）、《阿波爾的弔橋》（載《皇家工程師》1912年第16卷）、《阿薩姆山區部落的頭飾》（載《皇家孟加拉亞細亞學會會刊》1929年總字第25卷）、《阿波爾人的農業組織》（載《人類學系調查報告》1954年第3卷第2冊）、《東北邊境特區的娛樂活動》（1958年）等，這裏僅僅提到很少的一部分。

的古納西語，他撰寫的《中國西南古納西王國》敘述了當時甘青交界處、滇西北、川西南和西藏納西族居住區域的地理、歷史、物產和文化。1992 年，邁克爾・阿里斯在紐約出版了《喇嘛、土司和強盜》，以圖文並茂的形式回顧了洛克在川、滇、藏的田野研究經歷。[7]

　　第二次世界大戰期間，利奇在克欽山區打游擊。那個地區為中國的滇、藏和印度的阿薩姆邦三面環繞，有號稱「野人山」的莽莽叢林。利奇廣泛地接觸克欽人，於 1954 年出版《上緬甸諸政治體系》，提出社會轉變的動力學模型。幾乎在同一時期，克里斯托夫・馮・菲尤勒-海門道夫在印度調查了 10 年，期間以特派員的身份在阿薩姆地區工作兩年。他和妻子貝蒂・勃納多在調查阿帕塔尼人[8]的間隙中，專程到麥克馬洪線以南的斯皮峽谷，那裏距離西藏的瓦弄咫尺之遙。因物資供應不足，1944 年 4 月 2 日夫婦倆開始撤退，準備翌年再進行調查，後因印度政府決定推遲這項計劃，最終未能進入西藏察隅地區。海門道夫基於田野調查的 12 本書[9]對於青藏高原的研究極具參考價值。

7　參見Michael Aris et al. Lamas, Princes, and Brigands: Joseph Rock.s Photographs of the Tibetan Borderlands of China. China House Gallery, China Institute in America, 1992.

8　中國民族學界有一種觀點，認為阿帕塔尼人與珞巴族人同源，阿帕塔尼是珞巴族的組成部分。珞巴族包含20多個部落，如尼升、巴依、瑪雅、納、崩尼等，其經濟形態與獨龍族完全相同。

9　它們是《赤裸的那加人：阿薩姆邦的獵頭部落的戰爭與和平》（1939年第1版、1968年第2版、1976年第3版）、《蘇班西尼地區的民族學注釋》（1947年）、《喜馬拉雅山區未開化的民族》（1955年）、《阿帕塔尼人和他們的鄰族：喜馬拉雅山東部的一個原始社會》（1962年，有中譯本）、《尼泊爾的夏爾巴人：信佛的高地居民》（1964年）、《尼泊爾、印度和錫蘭的社會等級制度和血緣關係：對印度教與佛教相接觸地區的人類學研究》（1966年）、《尼泊爾人類學述略》（1974年）、《喜馬拉雅山區的貿易者：尼泊爾高地的生活》（1975年，前三章半有中譯本）、《喜馬拉雅山地部落：從牲畜交換到現金交易》（1980年）、《阿魯納恰爾邦的山地人》（1982年）、《西藏文明的復興》（1990年）和《在印度部落中生活：一位人類學家的自傳》（1990年中譯本）。

　　20 世紀 50 年代以後的民族學家，無論是美國人、英國人、法國人、印度人，還是中國人，都是在利用前人收集的原始資料、繪製的地圖、提煉的概念、闡述的命題和他們的民族識別、文化分類的成果，並汲取他們務實與求真的精神力量。

　　中國學者對青藏高原東南部的民族調查可追溯到抗日戰爭時期，左仁極、羊澤、朱剛夫、李式金、李中定、陶雲逵、黃舉安（以姓氏筆劃為序）等人曾赴三江（金沙江、瀾滄江、怒江）並流地區，調查成果雖然一鱗半爪，但科學精神不可低估。李霖燦、方國瑜、楊仲鴻對納西語的研究尤其值得一提。新中國成立後的幾十年間，我的同仁，如王輔仁、王曉義、孫宏開、劉龍初、劉芳賢、宋恩常、宋兆麟、吳從眾、李堅尚、楊毓襄、張江華、姚兆麟、龔佩華、譚克讓、蔡家騏、歐陽覺亞（以姓氏筆劃為序）等，跋涉於川、青、滇、藏交界區的山水之間，也提出批判地學習和吸收西方人類學的任務。[10] 1979年，西藏社會科學院資料情報研究所在北京成立，後遷至拉薩，組織翻譯了一批文獻，吳澤霖、費孝通都身體力行地做過譯介工作。[11]由於各種原因，我們的研究起步較晚，田野研究缺乏長期性、系統性，理論方法上也有故步自封的表現，偏重於社會經濟形態的素材，而較容易忽視社會組織、風俗制度與意識形態的素材。

　　改革開放以來，國內強調「補課」，出版了不少社會文化人類學（民族學）的理論著述，這是可喜可賀的。最近十幾年，獲得高級職稱的中青年學者也越來越多。但是，不可否認，一些民族學工作者欠缺實地調查的經歷，學界對田野調查的要求放鬆，對邊陲少數民族的研究遠遠不夠，市面上田野研究的著述稀少。有人說，目前田野工作

10 參見林耀華〈序〉，見黃淑娉、龔佩華《文化人類學理論方法研究》（廣州市：廣東高等教育出版社，2004年）。

11 參見《費孝通譯文集・前言》（上冊）（北京市：群言出版社，2002年），頁2。

的條件（如交通、通訊、住宿、飲食、醫療、安全、語言溝通、調查
工具和手段等）較之 20 世紀五六十年代不知改善了多少，可如今的
實地調查與書齋研究的比例較之於過去不知減少了多少。[12]本人深有
同感。我雖然退休多年，但也知道一點外面的情況。現在科研的資助
力度每年都在增大，下達的課題也在增多，出版界欣欣向榮，民族類
的期刊、書籍相當多；但是，深入紮實的調查研究沒有跟上來。由於
辛勤收集第一手資料和認真提煉、精巧構思並以樸實平正的筆調敘述
的作品不太為社會所賞識和鼓勵，因此田野作品越來越少。這種情況
與歷史的發展很不合拍。就青藏高原東南部而言，隨著旅遊的開發，
三江並流自然景觀被列入《世界遺產名錄》，社會對非物質文化的保
護意識被帶動起來了，國內外迫切需要瞭解這一區域的民族現狀，搶
救、整理和保存當地的原生態文化迫在眉睫。但經常到農牧區做調查
的人不多。原因何在？這恐怕與投入和產出的衡量標準有關。譬如，
有些環境陌生而艱苦，原創性作品生產周期長，即使出得來，社會反
應也需要一定時間，不如「跟風」成效快。「不可否認，學界急功近
利的浮躁之風，評判成果室內室外一刀切的做法，都是使田野調查邊
緣化的原因。」[13]我認為，端正調查之風、調整激勵機制勢在必行，
否則民族學研究將難以為繼，更談不上以良好的姿態服務於社會。

　　西北川、青、藏交界區，以及西南邊陲川、滇、藏接壤地區，民
族學資源異常豐富，吸引著以何國強教授為首的研究團隊不畏艱苦、
鍥而不捨地調研。這套由 7 部專著組成的叢書即有選擇性地介紹了那
裏的民族文化。分冊和作者名依次為《青藏高原的婚姻和土地：引入

---

12 參見郝時遠主編：《田野調查實錄：民族調查回憶·前言》（北京市：社會科學文獻
　出版社，1999年），頁3。

13 英國皇家人類學會編訂，周雲水、許韶明、譚青松等譯：《人類學的詢問與記錄·
　序言》（北京市：國際炎黃文化出版社，2009年），頁13-14。

兄弟共妻制的分析》（堅贊才旦、許韶明）、《碧羅雪山兩麓人民的生
計模式》（李何春、李亞鋒）、《整體稀缺與文化適應：三岩的帕措、
紅教和民俗》（許韶明、堅贊才旦）、《獨龍江文化史綱：俅人及其鄰
族的社會變遷研究》（張勁夫、羅波）、《青藏高原東部的喪葬制度研
究》（葉遠飄）、《婦女何在？三江並流諸峽谷區的性別政治》（王天
玉）、《滇藏瀾滄江谷地的教派衝突》（王曉、高薇茗、魏樂平）。翻開
細細品味，看得出作者們長期研究的積纍。主編何國強教授是我的學
生，也是這個研究團隊的組織者。他 17 年來堅持探索漢藏區域文化，
主張多學科相結合，調查素材、史志和理論三點互補，中外資料融會
貫通，以及漢族區域和少數民族區域的文化現象互為襯托的研究思
路。自 1996 年夏天至今，他已 11 次踏上青藏高原。擔任博士生導師
以後，他努力尋求基金會的支持[14]，推動每一屆研究生到青藏高原東
部和東南部選題作論文，秉承老一輩民族學家研究西南民族的傳統，
深入偏遠的高山峽谷。據我所知，另外 10 位中青年作者在跟隨他學習
期間，除極少數人之外，皆有 1 年左右的調查經歷，目前分別在高校
或科研部門工作。他們的成果與書齋式的研究不同，每一本書都充滿
鮮活的材料，講理論、重實際，穿插縱橫（時空）比較和跨文化研究
（類型）比較，散發著田野的芬芳。

　　調查員根據已有的知識草擬提綱，到當地觀察、詢問和感受，苦
學語言，一絲不苟地記錄，孜孜不倦地追尋文化變遷的足跡，修正調
查提綱和理論預設。他們入鄉隨俗、遵循當地禮節，與村民建立互

---

14 本研究相關課題獲得4次資助，即「青藏高原的兄弟共妻制研究：以衛藏和康的五
　　個社區為例」（香港中山大學高等學術研究基金，2004-2005年）、「青藏高原東部三
　　江並流地區民族文化的歷史人類學研究」（教育部人文社會科學基金，2006-2008
　　年）、「三江並流峽谷的民族文化和社會結構變遷研究」（國家社會科學基金，2007-
　　2009年）、「川青滇藏交界區民族文化多樣性的動力學研究」（國家社會科學基金，
　　2012-2014年）。

信，由此獲得可信的感知材料。但這套叢書不是田野材料的機械堆
砌，而是在科學方法和理論模組引導下的分析、綜合與描述，不僅揭
示了該地區存在的一些問題——如風俗制度的動力和機制、傳統生計
的命運、社會轉型時期婦女的角色變遷等——而且對這些問題做出了
切合實際的解答。

這套叢書堅持了民族學研究偏遠之地的優良傳統，同時強調多維
視角，突出科研的前沿性、創新性及應用性，對於邊疆少數民族的研
究具有彌足珍貴的作用，同時給東南亞乃至世界的民族學提供了參考
價值；在搶救和整理瀕臨絕境的原生態文化方面，體現了學術研究在
增進國民福祉及促進社會和諧過程中的作用，在為西部開發提供決策
依據並帶動民族文化的保護性研究等方面均有不可忽視的意義。

這套叢書還凸顯了「好料做好菜」的訣竅。前期 4 個課題資助，
10 餘年田野調查取得的第一手資料絕不會自動轉化為社會公認的產
品，需要緊扣「民族特色」提煉選題，科學搭配，形成整體效應。編
者先是將婚姻與喪葬制度、血緣組織、傳統生計、本地宗教和外來宗
教（東巴教、藏傳佛教和天主教）的碰撞、婦女地位、先進民族的幫
助與後進民族的發展等選題集合在一個總題目下共同反映特定區域的
文化，「好菜」就做了一半；繼而在中山大學出版社的鼎力協助下申
請國家出版基金資助專案，爭取新的資源來整合後續工作。這樣，整
道「菜」就做好了。以上兩點在何國強教授與中山大學出版社的通力
合作中可見端倪，同時專家的支持[15]也相當重要。在這個基礎上，各
分冊的作者和責任編輯保持良好的互動，認真審稿，精益求精地修改
文本、補充資料、優化結構，本著為人民高度負責的精神對待自己的

---

15 這套叢書於2011年入選「十二五」國家重點圖書出版規劃專案，2012年入選國家出
版基金資助專案。兩次申報工作，均得到四川省社會科學院任新建研究員和中國人
民大學胡鴻保教授的極力推薦。

職業。凡此皆說明學術界與出版界的精誠合作對於完成科研成果轉換
的重要作用。

前言

　　首先要說明的是，本書所要講述故事發生的舞臺——瀾滄江谷地，並非實體指代，而是以瀾滄江為軸線，上起鹽井，下至維西，西跨碧羅雪山抵貢山丙中洛、秋拉桶等地，東越雲嶺，及巴塘處，剛好形成了一個以瀾滄江為主幹動脈、以其周邊地方為枝葉的樹狀關係網。從地理位置上看，其位於「藏彝走廊」的核心地帶，縱列的高山峽谷使得這一地區自古便成為羌、氐、戎等民族遷徙流動的重要民族走廊，經過長期的交流與融合，形成了目前以藏族為主體，兼有納西、傈僳、獨龍、怒以及漢在內的多民族聚居區。現如今，在這裏，不同的民族信奉不同的宗教，甚至在同一民族內亦有著不同的宗教信仰，原始宗教、苯教、東巴教、藏傳佛教、天主教以及基督新教，成為當地的主要宗教派別，人們可自行選擇屬於自己的一片精神天空，「香格里拉」所賦予的精神內涵真實地展現於這片土地。

　　然而，這種多元宗教和諧共處的景象卻來之不易。歷史上，不同宗教派別之間的對話與衝突就曾在這裏激情上演。緣於宗教信仰上的巨大差異及政治權利上的嚴重失衡，尤以近代以來西方天主教與本土藏傳佛教之間的鬥爭最為激烈。以巴塘地方為例，在 1863 至 1905 年間，這裏就爆發大小教案 6 次，平均 7 年 1 次，其中有的教案綿延數十載，有的甚至超越巴塘邊界，波及鄰省，釀成歷史上少有的巨案，無論從爆發頻率還是激烈程度而言都實屬少見。

　　按下葫蘆又起瓢的「佛耶衝突」使天主教會不得不有所反省。為緩和與當地藏文化（以喇嘛信仰為核心的佛教文化）之間的尖銳矛

盾，自 20 世紀 20 年代開始，傳教人員就體認到了天主教的本土化之路乃勢在必行。30 年代，瑞士伯爾納鐸會臨危受命，進駐康區。為挽救始終打不開局面的教會事務，伯爾納鐸會即著手對天主教進行了前所未有的當地語系化改造，其第一步便是大力發展教會學校教育，培養本地神職人員。然而，正當他們躊躇滿志之時，國際、國內形勢發生了翻天覆地的變化。1949 年，國民黨敗退臺灣，中華人民共和國宣佈成立。截至 1953 年，所有西方傳教士都被當作殖民幫兇悉數驅逐出境。天主教活動也被迫轉入地下，零星存在於私人或個別家庭聚會中。直到 20 世紀 80 年代宗教信仰自由政策重新貫徹，天主教才重新恢復起來。此時，他們吸取了經驗教訓，更加注重與地方社會、文化之間的適應與融合，加大了自身當地語系化和世俗化的力度。需要說明的是，當地語系化不是一種結果，而是一個過程，其間涉及主客體文化之間的雙向交流和碰撞。也就是說，在天主教的當地語系化過程中，衝突與矛盾還一直伴隨其左右，如影隨形。有鑑於此，本書將以清末民初發生在這裏的「佛耶衝突」為切入點進行論述，然後再帶著這份沉甸甸的歷史記憶步入田野，去搜尋現實生活中還零星存在著的教派衝擊與反彈，當然還包括教派之間交流互動、共生共榮的景象。

基於上述構思，本書在框架設置上分上下兩編，共八章。上編「追溯歷史」包括四章，主要是在廣泛利用歷史文獻資料和前人研究成果的基礎上，對天主教在百餘年的時間內如何進駐該區、如何適應環境（包括自然與人文），後又如何被驅逐出境這段歷史做一番梳理，並試圖對官府（清王朝及西藏噶廈政權）、洋人（傳教士及其後盾殖民者）與百姓（主要是信仰佛教的當地藏族僧俗）三者之間的互動關係做全面而又細緻入微的剖析。通過這段歷史的追溯，可以發現：天主教進駐該區雖然從一開始就特別注意對當地自然、人文環境的利用與適應，但比較而言，對人文環境的留意更弱一點。也就是

說，當時傳教會對天主教的當地語系化體認不夠。這正是傳教會雖能進得來該區但卻與當地僧俗一直衝突不斷的原因所在。教案發生後，清廷臨之以威，嚴懲鬧事僧俗，但一時的屈服只為下一次更大衝突埋下引線而已。摩擦不斷的歷史經驗給了自 20 世紀 80 年代恢復起來的天主教一教訓，於是傳教會開啟了當下天主教積極融入本地文化的自我更新之路。

下編「步入田野」亦分四章，以西藏鹽井天主教會為中心做個案研究，在充分掌握了大量第一手材料的基礎上，主要從天主教儀式、天主教徒的信仰和世俗生活等方面進行考察，看看它在當地語系化過程中是如何實現與當地主要宗教派別——藏傳佛教的適應及調試的。與此同時，通過精細的分析，從理論層面上構建鹽井天主教當地語系化過程的解釋框架，並在一定程度上對宗教當地語系化過程的解釋範式進行再思考。研究發現，在當地語系化過程中，鹽井天主教與當地藏文化之間不斷進行著相互交流、借鑒、對話與融合。目前，鹽井天主教與藏傳佛教是地位平等的兩種宗教，抹消了彼此的排斥和多年的恩怨，以鄰居的形式，各自獨立而又相互尊重、扶持地存在並發展下去。

本書在撰寫過程中，借鑒了多種學科的理論與方法，歷史與現實相聯繫，理論與實踐相結合，以豐富的檔案文獻和田野調查所獲得的第一手資料或個案實例為重要依據，不但在宏觀層面上展示出了一副「衝突→反省→融合」的活生生的畫面，而且對每一階段都採用了微觀性視角進行鞭闢入裏的剖析，試圖對研究對象作出公允、誠信和實事求是的描述和考究，從而揭示其本質和發展演變規律。因此，《滇藏瀾滄江谷地教派衝突》一書的出版，有助於學界及鍾情於藏區宗教文化生態的朋友更深刻地體認到藏區宗教的民族特色和區域特

點，並對當下藏區甚至是其它地方各教派之間的對話、交流與互動提供參考與借鑒。

王曉

2013年5月

上編　追溯歷史

——十字架在瀾滄江谷地的架起與倒下

嚴格地說，本書應該算是一部帶有強烈的人類學味道的作品。執筆之前，為獲得寫作靈感及大量新鮮有用的第一手資料，筆者曾在本書的考察區域——瀾滄江谷地走走停停，翻高山越激流，出寺廟入教堂，前前後後達半年之久。緣於宗教研究的敏感性，筆者在田野調查過程中屢次碰壁，稍令人寬慰的是，資料收集還算豐腴。然而，筆者在整理這些親自調查來的活生生的一手材料時，發現要研究有著較長宗教史的瀾滄江谷地，單靠這些所謂的原生素材而不對相關歷史進行有的放矢的定向梳理，則很難窺其全貌，更不要說對若干問題順藤摸瓜、追根溯源了。在這一點上，埃文思‧普理查有自己的見解。他曾指出，人類學如果缺少歷史維度，將什麼也不是。故而，本書上編將在廣泛利用歷史文獻資料和前人研究成果的基礎上，以清末民初發生在這裏的「佛耶衝突」為切入點進行論述，一方面希望能對該區天主教進行整體把握，一方面又試圖對官府（清王朝及西藏噶廈政權）、洋人（傳教士及其後盾殖民者）與百姓（主要是信仰佛教的當地藏族僧俗）三者之間的互動關係做全面而又細緻入微的剖析。

第一章
瀾滄江谷地一瞥

> 瀾滄西渡欲何之，為訪仙槎舊路歧。
>
> 碌碌漸知名是夢，星星博得鬢成絲。
>
> 愁碧漫看春草色，啼紅忽憶杜鵑聲。
>
> 可憐遊子何窮恨，掩袖斜陽涕淚橫。
>
> ——摘自（清）杜昌丁《渡瀾滄有感》[1]

　　杜昌丁，清代松江府青浦縣人，乾隆朝永春知州，為官廉潔、有政聲。年輕還未中貢生前，在雲貴總督蔣陳錫[2]府中做幕賓，二人也是交誼篤厚的知己。康熙五十九年（1720年），蔣陳錫因貽誤餉運，奉清廷詔命進藏效力贖罪。蔣陳錫平日的隨從聞聽藏程險阻、生死難卜，紛紛畏途散去。杜昌丁不忍相負，「請以一載為期，送公出塞」。

1　〔清〕杜昌丁：《藏行紀程》，吳豐培輯：《川藏遊蹤彙編》（成都市：四川民族出版社，1985年）頁47。

2　蔣陳錫，字雨亭，江南常熟人，康熙二十四年（1685年）進士。授陝西富平縣知縣，盡力賑災，擢禮部主客司主事，遷員外郎。經河道總督張鵬翮推薦，輔助兩淮河務。康熙四十一年（1702年），授直隸天津道。康熙四十五年（1706年），升河南按察使，打擊盜賊。康熙四十七年（1708年），遷山東布政使，不久升任山東巡撫，政績卓著，多有建言。康熙五十五年（1716年），擢升雲貴總督。都統武格、將軍噶爾弼率師入西藏，稱從雲南運糧艱難，疏請從四川補給。四川總督年羹堯奏稱，雲南、四川均有兵事，四川軍糧不足以供應。朝廷於是責成蔣陳錫與巡撫甘國璧速運。康熙五十九年（1720年），朝廷降詔譴責雲南籌濟不力，貽誤軍機，蔣陳錫與甘國璧均被奪職，並自費運米入藏。次年，卒於途中。參見：〔民國〕趙爾巽等編著：《清史稿》卷二百七十六．列傳第六十三，《二十五史》第12冊（上海市：上海古籍出版社、上海書店，1986年），頁1121。

當年十二月，杜昌丁護送將陳錫從昆明出發，取道滇西沿馬幫商道入藏，此詩便是在西渡瀾滄江時有感而作。路遠路難，多少磨折了書生意氣，杜昌丁此時所作的詩中已滿是離愁。儘管它已吟唱了兩百多年，而今吟來，時過境未遷，仍然有慷慨淒涼之感，但內心卻也情不自禁地湧起一種想去一探瀾滄江谷地山山水水的衝動。

第一節　自然地理

一　考察範圍

古往今來，人們對地理位置獨特和宗教民俗豐富的藏族地區始終保持有強烈的神秘感和持久的探索欲。天主教團體欲進入這裏開展傳教活動，亦是期望已久，迫不及待。早在 17 世紀初，天主教便依託葡屬印度果阿殖民地，先後向阿里、日喀則及拉薩等地進行傳播，曾一度在阿里古格王朝內產生較大影響。然而，西藏複雜的政教合一局面、深厚的宗教土壤、對異族事物的排斥，以及外來者自持的文化優越感和宗教排他主義等因素所導致的劇烈衝突，使它苟延殘喘百年之後，便在高原上被清除了出去。[3]

近代以降，國內外形勢發生了翻天覆地的變化。十字架在「隆隆」炮聲的掩護下再度傳來，但碰到的卻是西藏噶廈政權及僧俗大眾更為激烈的阻撓，甚至不惜採取武力加以抵禦。外方傳教會[4]被迫調

3　有關天主教在西藏的早期傳播會在本書第二章予以展開。

4　外方傳教會是由法國主教巴呂（又譯為陸方濟，Francois Pallu）創建的一個傳教修會。17世紀中葉，在遠東傳教的耶穌會士亞歷山大‧達羅迪深感這個地區特別缺乏神職人員，因而向耶穌會提出給這裏增派傳教士的建議。這一建議得到法國主教巴呂創辦的「善友會」的響應，法國教士大會、王宮貴族以至法國國王亦支持這一要求，並表示願意派法國傳教士前往。但是，葡萄牙國王堅決反對，因為根據羅馬教

整傳播路線，以川、滇藏族地區為依託，兵分三路，步步為營，逐步向西藏腹心地帶推進。第一路傳教士沿瀾滄江南下，以河谷為軸縱向發展：1872 年北上阿敦子（今德欽縣城）；1881 年南下小維西（今維西縣白濟汛鄉統維村）；接著又將傳教點推至吉岔村（今白濟汛鄉吉岔村）、花園箐、保和鎮以及巴東等地，以瀾滄江中段流域為活動區；後又翻過碧羅雪山，將傳教範圍拓至怒江中游的部分地區。其餘兩路，一組留駐巴塘，另一組則以打箭爐（今四川康定）為中心，向外輻射。然而遺憾的是，該片區域在宗教信仰上一如西藏，藏傳佛教在民眾心裏早已是根深蒂固，加上彼時國內外形勢等因素推波助瀾，也爆發了數起驅逐教士、打毀教堂的反洋教鬥爭。

　　本書的考察範圍，主要以第一、二路傳教士所開拓的傳教區域為準，上起鹽井，下至維西，西跨碧羅雪山，抵貢山丙中洛、秋拉桶等地，東越雲嶺，及巴塘處，剛好形成了一個以瀾滄江為主幹動脈、以瀾滄江周邊地方社會為枝葉的樹狀關係網。現今，西方人苦心經營的成果尚有遺存，川滇藏交界處的數座藏族天主教堂就是這段歷史的真實見證，其中大多數還保留著百年前的原始面貌。其中，雲南省遺留的天主教堂最多、分佈最廣、考察難度也最大，主要集中於怒江傈僳族自治州和迪慶藏族自治州境內。怒江傈僳族自治州內的天主教堂，均位於州部最北端的貢山獨龍族怒族自治縣各村落間。迪慶藏族自治

廷的決議，遠東是葡萄牙天主教會的勢力範圍。但為了加強對天主教在全世界範圍內傳播的控制權，削弱曾授予葡萄牙國王的海外「保教權」，羅馬教廷則大力支持巴呂的行動，於1663年在巴黎創辦了一所神學研究院，專門培養赴中國、越南及加拿大等國的傳教士。並以該寺院為中心組織了一個「外方傳教會」，形成了天主教中的另一新會派，與天主教的耶穌會等教派相對立。1753年1月8日，教皇本篤十四批准將四川、雲南的傳教權正式授予巴黎外方傳教會。此後，該會獨攬中國西南天主教傳播大權。參見於可主編：《世界三大宗教及其流派》（長沙市：湖南人民出版社，2005年），頁119-121。

州內的天主教堂，存留於德欽縣和維西傈僳族自治縣各村落。自德欽
縣往北進入西藏芒康縣內的納西鄉上鹽井村，即西藏全自治區唯一的
一所天主教堂所在地。自鹽井往北再往東進入巴塘，現今境內無一所
天主教堂，但這裏卻是近代以來藏區反洋教鬥爭最為激烈的地方，曾
先後發生過多起大規模教案，並連帶影響了鹽井甚至是滇西北地方的
仇教事件，這也正是本書為什麼要把第一、二路傳教區放在一塊考量
的原因。

二　地貌、氣候及交通

　　本區在行政區劃上屬川滇藏交界帶，按地形構造來說，位於我國
西南部橫斷山區[5]的腹地，屬地質學上的「三江褶皺帶」。約 1.9 億年
前，堅硬的印度洋板塊向東北漂移，猛烈持續地撞擊及插入亞歐板
塊，並使之抬升。這裏處於撞擊地帶的東北邊緣，因而碰撞縫合線就
密集於附近。自燕山運動[6]開始起，這裏就一直在東西方向的擠壓應
力作用下，斷斷續續地遭受褶皺和隆起，期間雖經長期的夷平作用，
但發生在 1,400 萬年前的新構造運動又使其海拔不斷升高，現在還可
以看到山脈及河流沿著斷裂帶和底凹褶皺帶發育等現象。

5　橫斷山區有廣義和狹義之分，所謂狹義的橫斷山區是指在怒江、瀾滄江和長江上游
　　金沙江之間的高山峽谷區；而廣義的橫斷山區，在此基礎上還應包括以下兩個部
　　分：東北部，自金沙江以東至大渡河、岷江之間，在此，地勢結構中出現了高原，
　　故又稱為「川西高原」；東南部，自怒江以東至元江之間。若用經緯度表示，廣義
　　的橫斷山區則大致位於東經97°（98°）-103°與北緯23°-33°之間。參見張榮祖、鄭
　　度、楊勤業等著：《橫斷山區自然地理》（北京市：科學出版社，1997年，頁5。
6　從一億三四千萬年前開始，到6,500萬年前左右，在我國許多地區，地殼因為受到強
　　有力的擠壓，褶皺隆起，成為綿亙的山脈。因為北京附近的燕山是其典型代表，故
　　地質學家把出現在這個時期的強烈的地殼運動，總稱為燕山運動。

　　「兩山之間必有川，兩川之間必有山」，這是對本區地貌的精彩概述。山，是這裏的主要地貌特徵。在西藏境內的伯舒拉嶺、他念他翁山和寧靜山（芒康山）三大山脈在進入雲南後也改了名，分別叫作高黎貢山、怒山（碧羅雪山）和雲嶺。這一帶地勢北高南低，北部平均海拔為 5,200 米左右，南部則在 4,000 米上下，山勢陡峻，有的似刀削斧劈，有的如壁立劍堅，不少山峰終年積雪，分佈著規模不大的冰斗、冰層等現代高山冰川。[7]其中位於德欽縣境內的卡瓦柏格，是該區最高峰，海拔 6,740 米，為藏區八大神山藏區[8]之首，至今仍保持著它的「童真」，人類足跡還沒有污染過它的峰巔。在這些峻峭重疊的峰巒之間，怒江、瀾滄江、金沙江三江並流奔騰，深切高山而過，形成「兩山夾一川，兩川夾一山」的山川並肩行的奇觀。如從高空俯瞰，三江與橫斷山脈的座座高山組成了兩個凹凸相間的巨大「川」字。凸寫的「川」字莽莽蒼蒼、氣勢磅礴，西邊的一撇為伯舒拉嶺—高黎貢山，中間的一豎是他念他翁—怒山，東邊的一豎則是寧靜山—雲嶺；而凹寫的「川」字飄逸娟秀，在伯舒拉嶺—高黎貢山和他念他翁—怒山之間是怒江，寧靜山—雲嶺西側為瀾滄江，以東則是金沙江。[9]

　　這裏的河川是典型的「V」型峽谷，分水嶺狹窄，河床深切，山高穀幽，危岸聳立，谷地河流奔騰咆哮，河岸垂直壁立，水中怒石激蕩，真是「水無不怒石，山有欲飛峰」。[10]在三江大峽谷的一些地方，由於山峰太高，峽谷太深，站在江邊看藍天，不過是一條狹長的縫隙，一天之中除了正午時分見得到太陽光線外，其它時候都昏暗不

7　參見王天璽：《西藏今昔》（濟南市：山東大學出版社，1988年），頁7。

8　八大神山分別為：苯日神山、墨爾多神山、卡瓦柏格峰、阿尼瑪卿山、岡仁波齊、尕朵覺沃、雅拉神山、喜馬拉雅。

9　參見楊樺：〈穿行在神奇的「三江並流」區〉，《中國西部》2004年第5期，頁102。

10　黃光成：《瀾滄江怒江傳》（保定市：河北大學出版社，2004年），頁65。

明，故有「望天一條線，望地一條溝，山鷹飛个過，猴子也發愁」之說。其中，怒江峽谷在貢山縣丙中洛一帶海拔高差達 3,500 米，有「一灘接一灘，一灘高十丈」的說法，相對於北美洲的科羅拉多大峽谷而言，有過之而無不及，有「東方大峽谷」之美譽。

峽谷之間向南奔流的三條大江相當於豁開了三條暖濕氣流北上的通道。大江南流，暖濕氣流北進，加上「高山屏列，北方之寒風無由侵入之故」，使得本區成為青藏高原「多雨極溫和之區域」。[11]這一帶年平均氣溫在 10℃左右，與藏北高原的年平均 -2℃形成了鮮明的對比。依過往地理學研究，本區主要是受到海洋性季風，尤其是來自印度洋的西南季風的強烈影響而形成降雨。但緣於山勢阻隔，降水分佈並不均勻。西南季風在他念他翁山—怒山、寧靜山—雲嶺以西作用旺盛，保證了豐富的降水量，尤其是在伯舒拉嶺—高黎貢山西坡，該處受山體阻擋，「風雨西來，一天俱漫」，年降水量超過 1,300 毫米。由於地勢的屏障作用，瀕臨西南季風來向的地區降水豐富，越往東、北方向去，降水量則越少，「羊咱（位於德欽縣雲嶺鄉東南邊）以南有大片的森林，地上長著苔蘚，但以北卻是一片乾燥、多岩石的原野」[12]，等深入到巴塘一帶的金沙江河谷，年降水量甚至減至 400 毫米以下，是本區降水最少的地方。[13]由此看來，似乎一切水分都集中到西部的山脈裏去了。[14]

本區地表起伏之懸殊為我國其它地方所罕見，引起顯著的垂直氣

---

11 塗長望著，盧鋈譯：《中國氣候區域》，《地理學報》1936年第3卷第3期，頁16。

12 〔美〕約瑟夫・洛克著，劉宗岳等譯：《中國西南古納西古國》（昆明市：雲南美術出版社1999年），頁190。

13 參見張榮祖、鄭度、楊勤業等：《橫斷山區自然地理》（北京市：科學出版社，1997年），頁50-53。

14 參見〔美〕約瑟夫・洛克著，劉宗岳等譯《中國西南古納西古國》（昆明市：雲南美術出版社，1999年），頁190。

候變化。每當陽春三月，山巔皚皚白雪尚未消融，江邊河谷卻是一片鬱鬱蔥蔥、花香鳥語。當地人稱之為「山下桃花山上雪，山前山後兩重天」。當此之時，從山巔直下深谷，一日之內，一地之間，四時之景色盡收眼底，自然造化，千姿百態，蔚為壯觀。立體的氣候特徵帶來了農業的立體型發展，以迪慶州的德欽和維西兩地方為例，可大致分為三大地區作物類別：一是高寒山區或高寒壩區，海拔在 3,000 米以上，氣溫較低，土質均為草地土和生草灰化土，宜於種植青稞、小麥、洋芋等作物，具有宜農宜牧的經濟特點；二是海拔在 2,500 米上下的半山區，氣候溫和，土質肥沃，雨量充沛，農作物可一年兩熟或兩年三熟；三是河谷地區，土質均為沉積層或沖積層的腐枯土或油礦土，肥力高，結構好，氣溫最高 35℃，最低 -3℃，霜期短，農作物四季生長，可一年兩熟，盛產小麥、豆類、包穀、稻穀，是重要的糧食主產區。[15] 遺憾的是，河谷區耕地面積小而分散，而且地高水低，春旱嚴重，水、肥問題突出，加上河谷地區坡度大、人口相對集中，土壤侵蝕往往相當嚴重。[16]

　　複雜多樣的生態環境又為各種動植物創造了棲息和生存的必要條件。這裏是全國乃至全世界生物多樣性最豐富、最集中的地區之一，素有「動物王國」和「天然植物園」的美譽。在這個區域裏，人跡罕至，鳥雀似乎也不怕人。20 世紀前半葉，美國植物學家約瑟夫·洛克曾多次到三江流域進行探險，當他來到這裏，坐在林邊一根橫倒在地上的樹干上記筆記時，竟然有兩隻小鳥飛來，一隻落在他的手上，另

---

15 參見雲南民族出版社編：《雲南少數民族自治地方簡介》（昆明市：雲南民族出版社，1985年），頁36。

16 參見高以信、陳鴻昭、吳志東等：《西藏土壤》（北京市：科學出版社，1985年），頁286；張榮祖、鄭度、楊勤業等：《橫斷山區自然地理》（北京市：科學出版社，1997年），頁106。

一隻站在他的臂上，注視著這位陌生的過客。植物多樣性所帶來的視
覺衝擊亦使約瑟夫‧洛克如癡如醉、流連忘返，怒江之行時，他曾這
樣寫道：「到這裏的人們就像進入了另一個世界，因為植物完全改變
了……這些大樹高入雲霄，形成一個巨大的華蓋，使秋色更加美
麗。」[17]難怪險象環生的怒江大峽谷在法國「女英雄」大衛‧尼爾[18]
看來卻是「平靜而又媚人」的：

> 在景色秀麗的森林中，在蜿蜒的山道旁出現了越來越多的天然
> 草坪，它們似乎是有意地裝飾著奇形怪狀的山石，有的岩石孤
> 立地、光禿禿地矗立在那裏，如同草坪中央的一塊紀念碑一
> 般；而在別處，其它的山石則在植物的掩飾下，以奇特的方式
> 從一簇簇樹葉中映出其威嚴的形象，金色的樹葉如同拜占庭的
> 鑲嵌藝術品，植樹排成一條神秘的林蔭大道，直到遙遠地方的
> 一條河邊。這一切充滿了神秘色彩，我彷彿覺得自己是在一本
> 神話古書的圖畫中行走，感到有點驚奇，我的到來可能打斷了
> 居住在陽光中埃爾菲（精靈）們的一次神秘談話，或驚動了沉
> 睡森林中的美女宮殿。[19]

另眼看風景，自然別具風味。但「大江大河縱橫交錯，懸岩陡壁

---

17 〔美〕約瑟夫‧洛克著，劉宗岳等譯：《中國西南古納西古國》（昆明市：雲南美術
出版社，1999年），頁226。

18 大衛‧尼爾終生對西藏充滿了無限的熱愛和崇拜，曾先後5次到西藏及其周邊地區
從事科學考察，而且還起了一個「智燈」的法號，在法國乃至整個東西方學界被譽
為「女英雄」，她有關東方（特別是西藏及毗鄰地區）的探險記、日記、論著和資
料極豐，被譯成多種西文和日文，並多次重版。

19 〔法〕大衛‧尼爾著，耿昇譯：《一個巴黎女子的拉薩歷險記》（拉薩市：西藏人民
出版社，1997年），頁86-87。

險峻崎嶇」[20]的地貌特徵對本區交通產生的阻礙卻是實實在在的。約瑟夫・洛克就曾發出過這樣的感慨：

> 要走到這個地區是一件很艱難的事，因為它是亞洲最孤立的地區。新疆肯定是遙遠的地方，但汽車和飛機使它接近文明。而這裏也許從來聽不到汽車的喇叭聲，因為要在這樣的高山深谷地區修建一條公路幾乎是不可能的。至於飛機，要找一個搭帳篷的平地都很困難，怎麼能有降落飛機的地方？[21]

壁立的危崖禁錮不了兩岸人們交往的需求，奔騰的大江擋不住兩岸人們溝通的腳步。在過去相當長的時期內，人們只能腳踩木梯翻雪山，手攀篾索渡江河。在天主教初傳該區的那個年代，傳教士們也只能借助河谷南來北往，利用篾索東西跨渡。

時至今日，交通狀況已大有好轉，三條大江上出現了一座座橋樑，如鐵索橋、公路橋和人馬弔橋等。但遺憾的是，這些橋樑一般都建設在縣鄉駐地等人口密集區的附近，其它邊遠村寨依然還得靠溜索過渡。約瑟夫・洛克來到德欽縣茨菇境內時曾體驗過一把溜索過江的快感，可能源於新奇感，他認為「這種滑入空中的感覺是令人愉快的，唯一不舒服的是最初用皮弔帶綁在半圓形的橡皮滑板上」。[22]殊不知，有多少人因索斷綁摜葬身魚腹，有多少貨物亦因此而墜落江底。蔣陳錫在文章開端所提到的渡瀾滄江時，被溜索驚嚇成病，後命喪雪

---

20 雲南民族出版社編：《雲南少數民族自治地方簡介》（昆明市：雲南民族出版社，1985年），頁25。

21 〔美〕約瑟夫・洛克著，劉宗岳等譯：《中國西南古納西古國》（昆明市：雲南美術出版社，1999年），頁190。

22 〔美〕約瑟夫・洛克著，劉宗岳等譯：《中國西南古納西古國》（昆明市：雲南美術出版社，1999年，頁213。

域的往事還常常被當地人作為笑料提起。因此,過溜索成為這裏的一項重要生存技能,不管男女老少,皆能過往自如。

第二節　人文環境

一　藏彝走廊

「藏彝走廊」這一概念,係已故社會學家、民族學家費孝通先生於 1980 年前後首次提出,他說:「我們以康定為中心,向東和向南大體上劃出一條走廊。這條走廊中一向存在著的語言和歷史上的疑難問題,一旦串聯起來,有點像下圍棋,一子相連,全盤皆活。這條走廊正處於彝藏之間⋯⋯」[23]然而,自概念提出以來,學界對藏彝走廊的具體範圍劃分始終難以統一。但都認可其大致位於今川滇藏三省(區)交界處,由一系列南北走向的山系與河流所構成,亦即地理學上的橫斷山區。所以,有的學者便直接採用「橫斷走廊」的概念對這一問題進行解讀。[24]

特殊的地理格局造就了相應的人際交往格局。由於橫斷山脈呈現南北方向的走勢,江流順山勢而南下奔騰,在緩流之處,泥沙沉積,形成一個個臺地,南北方向交通相對便利;反之,倘若東西方向行進,則要翻越重重雪山,盤旋上下,上山下坡,海拔高度及氣溫變化大,跨越困難。[25]由此,從西到東,高山與大川成了天然的屏障;自

---

23 費孝通:〈關於我國民族的識別問題〉,《中國社會科學》1980年第1期,頁158。

24 參見徐建新:〈橫斷走廊:高原山地的生態與族群〉(昆明市:雲南教育出版社,2008年)。

25 參見秦和平、張曉紅:〈近代天主教在川滇藏交界地區的傳播——以「藏彝走廊」為視角〉,《西南民族大學學報(人文社科版)》2009年第2期,頁242-243。

北而南，山脈與河谷則成為了天然的便捷通道。陶雲逵先生曾對怒江、瀾滄江流域的通道特點做過精闢的闡述。1939 年，他在〈碧落雪山之傈僳族〉一文中如是說道：

> 怒江、瀾滄江，對於東往西，或西往東的交通上是一種阻礙，但是自北往南，或自南往北未嘗不是一條天成的大道，因為雖然不能行舟，但是沿河而行的便利是很誘人的，設如我們很籠統地敘述夾著這兩條河的山脈形式和方向，則高黎貢山、碧落雪山以及雲嶺雪山三者山脈，也多是自北而南的。這種形式，在交通方向上的便利與阻礙，和前述的河流是一樣，就是便於南北，而礙於東西。[26]

藏彝走廊依山川走向形成了若干自然通道。李星星對此曾有過深入研究，他在綜合了考古、歷史文獻及實地田野調查的基礎上認為這樣的縱向通道在藏彝走廊共有 6 條。[27]歷史上，源於北方的藏緬語各族，與源自南方的濮越各族，正是利用了這些天然的地理通道，進行南來北往的地理遷徙，民族文化在這裏碰撞、交流、融合和化生。

除了上述南北縱向的通道外，藏彝走廊中還存在不少東西橫向的通道作為縱向通道聯繫的橋樑，有些甚至橫貫整個走廊，如青藏道、川藏道、滇藏道等，也就是通常所說的「茶馬古道」。康熙、雍正以後，清政府逐漸認識到了西藏在國防建設中的重要位置，強化了對西藏地方的統治，借四川為經營依託，以雅安、康定、巴塘及昌都等地為據點，設立機構駐紮軍隊，以川藏南路為入藏官道，積極經營，有

---

26 陶雲逵：〈碧落雪山之傈僳族〉，夏鼐、陳寅恪編：《歷史語言研究所集刊》（第十七冊）（台北市：商務印書館，1948年），頁332-334頁。

27 參見李星星：《李星星論藏彝走廊》（北京市：民族出版社，2008年），頁67-69。

效保護，東西交通愈顯重要，與南北縱道之間的聯繫就更為頻繁。[28]
近代以來，天主教在藏邊的傳播，就更多地利用了這種傳統的「走
廊」地理特點，南來北往、東西跨越，傳教布道。

二 茶馬古道

在我國西南地區的崇山峻嶺之間，綿延著無數條極為艱險和隱蔽
的神秘古道——「茶馬古道」。茶馬古道是今人對古代通向藏族地區
貿易通道的總稱謂，它以人趕馬（少量為牛、騾）馱運茶為主要特
徵，並伴隨馬、騾、皮毛、藥材、鹽、酒甚至鴉片等商品交換，因為
茶葉是其標誌性貨物，故稱「茶馬古道」。[29]在上千年的時間裏，馬幫
商人們在這些小道上往來不絕，為平原地區的漢族居民和地處高原的
藏族居民帶去了各自需要的商品。

其實，早在茶馬古道興起以前，緣於人類對鹽的依賴，這裏便形
成了複雜的以鹽井為中心的古道網路。[30]但一件獨特的文化事件使原
有的這些馬（牛）幫古道發生了根本性的變化。唐貞觀年間，文成公
主進藏，除了給雪域高原引進中原先進的農業技術外，還帶去了許多
生活用品，茶葉就是其中之一。[31]慢慢地，藏族人發現用茶葉熬煮而

---

28 參見秦和平、張曉紅：〈近代天主教在川滇藏交界地區的傳播——以「藏彝走廊」
　為視角〉，《西南民族大學學報（人文社科版）》2009年第2期，頁243。

29 參見陳保亞：〈茶馬古道：橫跨世界屋脊的文化傳播紐帶——紀念茶馬古道首次徒
　步考察和命名15週年〉，《科學中國人》2005年第12期，頁16。

30 參見陳保亞：〈論茶馬古道的起源〉，《思想戰線》2004年第4期，頁44-50。

31 有學者推斷，唐以前藏族先民可能飲用的是藏族地區生長的土茶，理由是在藏東南
　海拔2 500米以下氣候濕潤的森林地帶還是適合茶樹生長的，那裏極有可能分佈著零
　星的野生茶樹或類似茶樹的含城類樹木。參見張江華：〈茶馬互市與茶馬古道——
　兼談康定、麗江的歷史作用〉，木仕華主編：《活著的茶馬古道重鎮麗江大研古
　城——茶馬古道與麗江古城歷史文化研討會論文集》（北京市：民族出版社，2006
　年），頁77。

成的茶葉水，不但清醇可口，而且還能促進肉食和奶油的消化，起到
溶脂化膩的作用。[32]久而久之，飲茶便成了藏族群眾的一種生活習慣
和嗜好。對於藏族人來說，茶葉就是關乎他們生命和健康的重要物
資，甚至流傳有「一日無茶則滯，三日無茶則病」的說法。19 世紀
末，英國學者 H.R. 大衛斯在西南邊疆考察時，曾有如此記述：「於藏
人，茶是如此不可或缺，以至於這種盤狀的『磚塊』可以流通全藏，
並且通常比銀元更受歡迎。」[33]

　　但是，如此需要茶葉的青藏高原地區，由於高海拔等因素，盛產
馬匹、羊毛、藥材等，但並不產茶，藏族人所需茶葉主要依賴於與外
界交換來獲得。互補的是，中原大地主要為農區，不產馬匹，但緣於
戰事需要，對馬匹的依賴很大。於是，一條以茶、馬貿易為主的交通
線，在漢藏民族商販、背夫、馬幫、馱隊等披荊斬棘的努力下，便應
運而生。

　　我國西南地區群山林立，地形複雜，山間小路網羅密佈，不同時
期、不同馬幫的行走路線會有所不同，甚至同一商隊在連續兩次販運
時所走的路線也不完全相同。[34]但從整體上看，它們大致有三條基本
路線：青藏線、川藏線及滇藏線。青藏線，即唐蕃古道，興起於唐
代，發展較早，它從四川產茶區取道德陽白馬關，順岷山東側走金牛
道，再出漢中略陽，翻越秦嶺後經鳳縣、天水、蘭州、西寧進藏。川

---

32 從日常飲食上看，藏族人的食物來源比較單調，他們常年以糌粑、肉製品和乳製品
　　為主食，這些食品多燥熱，且蛋白和脂肪含量高，不易消化，而茶葉中含有茶鹼、
　　咖啡鹼和鞣酸等成分，對幫助消化有重要作用，正所謂「腥肉之食，非茶不消；青
　　稞之熱，非茶不解」，因此，茶成為他們不可或缺的需求。

33 〔英〕H.R.大衛斯著，李安泰、鄧立木、和少英等譯：《雲南：聯結印度和揚子江
　　的鏈環──19世紀一個英國人眼中的雲南社會狀況及民族風情》（昆明市：雲南教
　　育出版社，2001年），頁298頁。

34 參見湯易林：〈茶馬古道：漢藏的紐帶〉，《大科技（百科探索）》2008年第6期，頁8。

藏線以今四川雅安一帶為起點，首先進入康定，自康定起又分南北二路：北路是從康定向北，經甘孜、德格進至昌都，再由昌都通往衛藏地區；南路則是從康定向南，經雅江、理塘、巴塘、芒康、左貢，再抵達昌都與北路匯合後通往衛藏地區。滇藏線，即以雲南普洱為起點，經大理、麗江、中甸、德欽，然後沿瀾滄江進入西藏，直抵芒康；或者過了梅裏雪山之後在甲郎沿怒江支流玉曲河北上，到達邦達；或者翻梅裏雪山，過怒江，再經察隅、波密、林芝，到達拉薩、日喀則等地。

從縱向歷史看，茶馬古道興於唐宋，盛於明清。近代以降，西方傳教士便是從這些人馬驛道進入藏區傳教，同時也開闢出一些小道，這些小道有的後來也成為馬幫進行日常貨物運輸的通道。[35]抗日戰爭時期，茶馬古道經歷了其最後也是最輝煌的歲月。當時，日本封鎖了緬甸公路及中國各出海口，企圖切斷我國與外界的聯繫，但令他們萬萬沒想到的是，盤旋在崇山峻嶺中的茶馬古道完成了一項物資運輸的奇跡。當時在麗江國際援華組織工作的蘇聯人顧彼得也不得不感歎道：

> 印度與中國之間這場迅猛發展的馬幫運輸是多麼廣闊而史無前例……它非常令人信服地向世界表明，即使所有現代的交通運輸手段被某種原子災難毀壞，這可憐的馬，人類的老朋友，隨時準備好在分散的人民和國家間又形成新的紐帶。[36]

如今，有了公路和民航，茶馬古道已經變得冷冷清清。然而，抱

---

35 參見孫晨薈：《雪域聖詠——滇藏川交界地區天主教禮儀音樂研究》（香港：香港中文大學天主教研究中心，2010年），頁32。
36 〔蘇〕顧彼得著，李茂春譯：《被遺忘的王國》（昆明市：雲南人民出版社，1992年），頁139-140。

著一顆追尋的心走上這些古道，撥開草莽叢林，我們還可以發現：「每一寸泥土都有汗跡，每一塊山石都有記憶，每一枚草尖都凝結著茶馬的氣息。」[37]

三　權利邊緣區

費孝通先生在《鄉土中國》[38]一書中，用了兩個非常形象的比喻區分了中西方社會之間的差異：他用捆柴做比擬，把西方社會中人和人之間的關係定義為「團體格局」；而在表述中國人對自己和周圍世界的認知狀態時，他則用了「投石入水」的比喻，形象地表現了那種愈近愈密、愈遠愈疏的「差序格局」。「差序格局」這一觀念，不單單表現在人與人之間的關係上，還反映於古代中國人對政治地理格局的認知：詳近略遠，親疏有別，重中央而輕邊緣。早在夏王朝建立時，便有了這種遠近親疏不同的治國理念，〈禹貢〉有載：

> 五百里甸服，百里賦納總，二百里納銍，三百里納秸服，四百里粟，五百里米。五百里侯服，百里采，二百里男邦，三百里諸侯。五百里綏服，三百里揆文教，二百里奮武衛。五百里要服，三百里夷，二百里蔡。五百里荒服，三百里蠻，二百里流。[39]

所謂「甸服」，即夏王的直接管轄區域，屬於王畿的範圍，為統治體系的核心區域。另，又根據和夏王朝的親疏關係，在「甸服」以

---

37 萬太軍：〈行走在茶馬古道上〉，《散文詩》2012年第13期，頁28。
38 費孝通：《鄉土中國》（北京市：生活・讀書・新知三聯書店，1985年），頁21-28。
39 轉引自蔣善國：《尚書綜述》（上海市：上海古籍出版社，1988年），頁189。

外，再依次分為「侯服」、「綏服」、「要服」和「荒服」四層次，如此便構成了五個不同的統治區域。

周振鶴曾對中國傳統的政治地理格局有過精深研究，他認為這種方方正正的「圈層格局」體現的是一個國家的核心區與邊緣區的理想關係，雖然在實際的政治操作中未曾出現，但簡化了的「圈層」卻一直體現在中國歷史上邊疆區與內地的關係上。[40]從秦漢時期的邊郡與內郡到唐代的邊州與內地諸州，都基本上是這個模式。中國政治文化傳統中的「天下中國觀」，即以此地緣政治結構為骨架，而在外套上文化、種族等相關外延。[41]

位於我國西南邊疆的川滇藏交界帶，從「圈層結構」的地理與政治理念出發，對古代各王朝來說無疑都是邊荒之地。確實，套用傳統人類學「中心—邊陲」的概念，川滇藏邊一直都是處於邊陲地位，如果中國的政治、經濟版圖是以中原為中心的話，那麼，川滇藏邊在歷史上一直是遠離政治和經濟中心的邊陲。加之該區又是藏、怒、獨龍、納西等少數民族集中居住的地區，所以，一段時間以來，在中原人的心目當中，這裏就是所謂的「蠻夷之地」。

川滇藏邊位於橫斷山腹地，其地理狀況前文已有詳述，在此不再贅述。由於其地處崇山峻嶺，交通不便，且距離中央王朝和薩拉都較遠，因此，人頭林立、教派紛爭的小邦時代在該區延續了相當長的時間。[42]公元 7 世紀，崛起於青藏高原的吐蕃勢力開始向中國西南方向

---

40 參見周振鶴：〈中國歷史上兩種基本政治地理格局的分析〉，鄒逸麟、張修桂主編：《歷史地理》（第20輯）（上海市：上海人民出版社，2004年），頁6。

41 參見丁一：〈元代監司道區劃考——兼論元代政治泛區的劃分〉，《中國歷史地理論叢》2012年第27卷第1輯，頁137。

42 如果以金屬工具的出現作為西藏父系氏族階段軍事民主制時代的開端，那麼，小邦時代則有可能延續了400多年的時間，即大約從公元前10世紀到公元前6世紀，有的甚至一直延續到吐蕃「王政」統治建立以後。參見王懷林：《打開康巴之門——橫斷山腹地人文地理》（成都市：四川民族出版社，2007年），頁104。

擴張，憑藉著「馬背上的民族」的驍勇，吐蕃鐵騎翻過萬座雪山，蹚過千條河流，帶著經卷，揮舞大刀，一直衝殺到大渡河流域。[43]公元680年（唐調露二年），吐蕃在今麗江塔城設神川都督府和「鐵橋節度」，滇西北地方亦在其控制範圍之內。自此以後，吐蕃、南詔及中原王朝在川滇藏邊展開了長達幾百年的拉鋸戰，三方力量此消彼長，誰都沒有辦法在此建立長期而又穩定的統治。頻繁用兵削弱了各自的國力，從唐末至宋末，川滇藏邊又回到了那個部落割據的時代，各個部落互不相屬，彼此征服，演繹了300年之久的部落紛爭。

至元代時，中央王朝為了便於統治和治理西藏和川滇邊區，採取了冊封部落首領為官或授以貴族封號的「招徠」政策，土司制度便由此開端。元代土司制度的形成，對後世產生了深遠的影響，明代「踵元故事，大為恢拓」[44]，清廷也因「西南諸省，山重水複，草木蒙昧，雲霧晦冥，人生其間，言語飲食，迥殊華風……」[45]之故，又在明制的基礎上稍加損益。但土司是一種特殊的地方政權形式，具有濃厚的封建割據性。土司被冊封初期，中央王朝及其制度還能對其進行有效約束，但到後來，隨著朝廷制度的漸趨廢弛，許多土司行賄，往往稱病免覲，據地割據，怠忽職守，遂逐漸成為名符其實、稱霸一方的「土皇帝」。[46]

雍正、乾隆時期，為強化該區統治，曾有過大規模的改土歸流，但大多數只是革除了土司的上層，土司屬下的土目、土舍多未觸及，

---

43 參見陳煥仁：《走進康巴》（成都市：四川出版集團巴蜀書社，2004年），頁2。

44 〔清〕張廷玉：《明史》，卷三一○，列傳第一九八，《二十五史》（第10冊）（上海市：上海古籍出版社，上海書店，1986年），頁873。

45 〔民國〕趙爾巽：《清史稿》，卷五一二，列傳第二九九，《二十五史》（第12冊）（上海市：上海古籍出版社，上海書店，1986年），第1 628頁。

46 參見王懷林：《打開康巴之門——橫斷山腹地人文地理》（成都市：四川民族出版社，2007年，頁105）。

許多地方實行所謂「以土目管土人，以流官管土目」的統治辦法。儘管有上層流官把政，但建立在土官、土目之上的流官體制實際上成了空殼，依舊是「非中央政府權利所及」[47]之地區。近代以來，西方傳教士正是借助了這片權利薄弱區往來傳教，以圖再次進藏。

第三節　多元宗教生態

　　功能論認為，宗教是人們適應吉凶禍福的最基本的機制，它的作用在於幫助人們去適應偶然性、無能無力和匱乏（以及由此而產生的挫折和短絀）這三個殘酷無情的事實。[48]而就「瀾滄江谷地」的生存環境來看，這裏地勢險峻，山高坡陡，交通極為不便，可耕種的土地面積亦十分有限，且自然災害頻發。由於生存環境惡劣和生產力低下，與人類生活息息相關的生命安全、食物狀況和疾病生死等基本問題，遂成為當地少數民族宗教信仰的原動力。在這裏，不同的民族信奉不同的宗教，甚至同一民族亦有著不同的宗教信仰，五彩衣服遮蔽下的內心尊崇著迥異的天界神靈，卻在日常生活中稱兄道弟、相互尊重，「香格里拉」所賦予的精神內涵真實地展現於這片土地。[49]原始宗教、藏傳佛教、天主教及基督教（又稱「新教」）等成為此地的主要宗教派別，人們自行選擇屬於自己的一片精神天空。

　　原始宗教是這裏「土生土長」的宗教，也是該區現存各類宗教中最為古老的宗教。緣於特殊的地理狀況，世居於此的人們與外界交往

---

47 Paul Huston Stevenson著，源泉譯：〈西康人文地理述略〉，《清華周刊》1933年第78期，頁156。

48 〔美〕湯瑪斯・F. 奧戴、珍妮特・奧戴・阿維德著，劉潤忠等譯：《宗教社會學》（北京市：中國社會科學出版社，1990年），頁11。

49 參見孫晨薈：《雪域聖詠——滇藏川交界地區天主教禮儀音樂研究》（香港：香港中文大學天主教研究中心，2010年），頁41。

甚少，對於自己碰到的許多自然和社會現象不能給予科學的解釋，於是便在無形中產生了萬物有靈或泛神觀念。以怒族為例，他們世代居住在怒江和瀾滄江兩岸，腳下有奔騰的江水，眼前有陡峭的山岩，身後有陰暗的森林和異常兇猛的野獸。在這種險惡的環境當中，怒族先民與自然界的鬥爭是殘酷的，這使得他們對大自然抱有強烈的恐懼心理，從而形成怒族古老的自然和神靈崇拜。在怒族人的生活中，舉凡日、月、星、山川、巨樹、怪石等，都成為人們崇敬的對象。他們敬奉的鬼神有山鬼、水鬼、樹鬼、雲鬼等數十種，不一而足。更為特殊的是，他們把這些自然現象的鬼按民族進行分類，如雲鬼、夜鬼、活麻鬼是白族鬼；山鬼、岩鬼是傈僳鬼；水鬼、家堂鬼、嫉妒鬼是怒族自己的鬼。他們最怕白族鬼和傈僳鬼，認為這兩種鬼專門作祟怒人，使怒族生病，而怒族自己的鬼則是保祐家人平安的。人得了病，便認為是魂被鬼捉住了，就要請巫師來禳解。巫師被稱為「南木薩」，掌握有一定程度的民間醫術和文化知識，是怒族社會傳統文化的體現者和保存者。

原始信仰不單在怒族社會中遺傳了下來，在獨龍族、傈僳族還有其它一些少數民族中都有所保留。例如，獨龍族相信世間萬物皆有靈，認為風、雨、雷、電、高山、大水等都有鬼。除了這些自然現象的鬼外，他們也相信人死後有靈魂，有「息托」（變人的鬼──人類的祖先）及「排勒」（家鬼──祖先的鬼）兩種。觸犯了鬼，它就會降禍於人，發生災荒疾病，就要請巫師殺牲祭鬼來進行調解。再如，傈僳族也相信世界萬物由神靈和鬼魂支配，各路鬼神共有 30 多種，統稱為「尼」。人害了病沒有醫好，就被認為是撞了鬼被鬼纏住了，就要殺牲祭鬼。巫師有「尼扒」和「尼古扒」兩種，每村都有一兩個，前者主持祭祀和卜卦念經，後者專門殺牲驅鬼。過去，巫師在群眾中有很高的地位，他們是民族歷史傳說的保存者。這些原始宗教，多帶

有祛病消災等功利色彩，活動多為殺牲祭鬼，造成極大的浪費，在一
定程度上影響了社會生產力的向前發展。

　　約在公元前 7 至 8 世紀時，經由原始宗教演變而來的苯教伴隨著
象雄王朝[50]勢力的拓展開始傳入該區，後又在吐蕃王朝的再次擴張中
得到強化。公元 8 世紀時，吐蕃王朝興佛抑苯，苯教在西藏的勢力衰
落，許多苯教祭師被迫來到川西及滇西北一帶，加強了苯教在該區進
一步地傳播和發展。清代，清政府獨樹格魯派，苯教受到排擠，漸趨
沒落，但至今在藏族、納西族和普米族中仍有流傳，並形成獨具地方
特點和民族特色的教派。此外，納西先民在本族原始巫教的基礎上，
吸收並借鑒苯教的一些儀式而形成了又一宗教派別，因該教祭師被稱
作「東巴」而取名「東巴教」。東巴教崇奉萬物有靈，並雜糅有圖騰
崇拜、自然崇拜、祖先崇拜、鬼神崇拜等諸多內容，以祭天、喪葬儀
式、驅鬼、禳災的卜卦等活動為其主要表現形式。納西族歷來全民信
仰東巴教，至今仍有絕大多數人信奉它。需補充說明的是，苯教和東
巴教都不是嚴格科學意義上的原始宗教，又都不是嚴格科學意義上的
人為宗教，一般認為是原始宗教向人為宗教過渡的中間宗教形態，有
學者把這種宗教形態定義為「後原始宗教形態」。[51]

　　公元 7 世紀初，吐蕃政權開始從印度和中原唐王朝輸入佛教。後
來，吐蕃勢力擴張至川滇藏邊，「前弘期佛教」[52]也就隨之傳入該區。

---

50 西藏高原上曾經出現過的一個古老王朝，約在公元前10世紀起就已在西藏高原崛
　起，且比吐蕃更早地與唐朝建立了關係。古老的象雄產生過極高的文明，不僅創造
　了自己獨特的象雄文，而且還是西藏苯教的發源地，對後來的吐蕃以及整個西藏文
　化產生了深刻的影響。後來，吐蕃逐漸在西藏高原崛起，並最終征服了象雄。參見
　李彬：《考古文化》（北京市：北京燕山出版社，2009年），頁157。

51 參見和力民：〈東巴教的性質——兼論原始宗教界說〉，《思想戰線》1990年第2期，
　頁31-36。

52 佛教在西藏發展過程中，大致可以分為「前弘期」和「後弘期」兩個階段。「前弘

9 世紀前半葉，緣於朗達瑪滅佛，佛教在西藏遭受重創，幾乎被損毀殆盡。不久，朗達瑪被刺死，王室發生內訌，奴隸也揭竿起義，吐蕃王朝頓時分崩離析。吐蕃崩潰後，王室的一支逃往阿里地區，建立了古格王國，繼續發展佛教。而與此同時，亦有大量僧人逃至康區，開始了「前弘期佛教」本土化的歷程，也使該區成為藏傳佛教「後弘期」「下路宏法」[53]的發祥地。長期以來，喇嘛教不僅深刻影響當地藏族社會的政治、經濟和文化，而且還廣泛傳播到其它民族聚居區，被納西族、普米族和漢族所信仰。現今，藏傳佛教仍然是藏區最主要的宗教，對當地居民的政治思想、文化藝術和生活習慣都具有相當影響。

　　除此之外，天主教也很早就開始關注藏族地區。早在公元 1624 年，葡萄牙耶穌會士安德拉德就曾在西藏古格王國建立起一座天主教堂，後來在佛教僧人發動政變時被毀。自此之後的百餘年間，天主教癡心不改，陸續派發人力、物力試圖進藏建立傳教點，但最終都歸於失敗。近代以降，天主教改變了傳教策略，以川滇藏邊為活動大本營，企圖以此為跳板再次入藏。其傳教範圍主要集中在本書所要考察的「瀾滄江谷地」及四川康定一帶。基督教在該區的傳播時間比天主教略晚，相比之下，勢力也較弱，但影響卻同樣深遠。現今，行走在這片土地，你會不經意發現，在幾乎清一色的藏文化圈裏，兀然在某個角落高聳著一座十字教堂，好像在訴說著那段驚心動魄的歷史。

　　期」始於7世紀中葉松贊干布倡佛，至9世紀中葉朗達瑪贊普滅佛，前弘期結束；大約從10世紀起，佛教在西藏重新復興，這是「後弘期」的開始。

53 西藏佛教的重新復興，主要來自於兩個方向：康多位於衛藏以東，稱「下路」，從這裏傳回的佛法，稱「下路弘法」；相應的，阿里位於衛藏以西，故稱「上路」，由此地傳出的佛法，稱「上路弘法」。

第二章
外來的闖入者

> 安慰伴隨著苦難，希望伴隨著失敗，鼓足勇氣，耐心堅持，總
> 有一天西藏將會勝利！我們被從一座門趕走，但我們一定能從
> 另一座門進去，或者從印度斯坦，或者從緬甸，還可能從雲
> 南、從四川進入西藏，耐心、奮鬥，甚至高興，這就是傳教士
> 的箴言。
>
> ——摘自朱金甫《清末教案》[1]

　　緣於意淫及道聽塗說的相似宗教文化，西藏很早就吸引了西方天
主教的目光。在安東尼奧・德・安奪德神甫（P.Antonio de Andrade）[2]
和馬努埃爾・馬科斯修士（Fratello Manuel Marques）[3]首次成功抵達
西藏之前，就有數名天主教士曾為之苦苦努力過；繼二人之後，更有
幾批傳教士尾隨而至，在日喀則及拉薩等地進行傳教，並一度產生較
大影響。然而，囿於西藏複雜的政教局面，以及天主教會自身存在的

1　中國第一歷史檔案館、福建師範大學歷史系編：《清末教案》（第1冊）（北京市：中
　　華書局，1996年），頁155-156。
2　安奪德，1580年生，葡萄牙貝拉・拜薩省奧勒伊羅斯人。1596年加入耶穌會，1600
　　年赴印度，1612年開始從事神職工作。1621年，安奪德以巡閱使和新任阿格拉耶穌
　　會會長的身份赴阿格拉，負責整個阿格拉地區的耶穌會傳教工作。直至1624年赴
　　藏，他仍任上述二職。參見伍昆明：《早期傳教士進藏活動史》（北京市：中國藏學
　　出版社，1992年），頁123。
3　馬科斯，1596年生，葡萄牙馬薩奧人。1618年加入耶穌會，1624年任阿格拉人事
　　專員。

財政、傳教方式等若干問題，在苟延殘喘百年之後他們還是「被從一
座門趕走」。百年沉寂後，隆隆炮聲（鴉片戰爭）又打破了這一寧
靜。在用槍桿子換來的特權的保護下，天主教士又開始前赴後繼地奔
往藏境。與以前由南面入藏不同，這次他們取道四川、雲南，步步為
營地向拉薩挺進。

第一節　從約翰長老的故事說起

公元 1145 年，羅馬教皇歐仁三世得到一份報告，其中提到了一
名叫作約翰（John）的國王。據說，該國王是一位長老，並崇奉基督
教，生活在東方最為偏僻遙遠的地方，統治著亞洲的大片土地並使中
亞的穆斯林聞風喪膽。

約翰長老的故事，讓當時一意想擊敗穆斯林打通東西方陸路交通
線卻苦於實際「東征」不斷失敗的歐洲君主、教會產生了無窮的遐想。
據說，後來教皇和歐洲各國君主還得到了約翰發來的正式信函，其中
不忘自我吹噓一番，並極力邀請當時的拜占庭皇帝曼紐爾·科姆尼納
斯去訪問他，還附加說，「如果你要回去，你將滿載財寶而歸」。[4]

雖然歐洲人對約翰長老這位異邦君主一無所知，但對信中提到的
廣闊的地域、富足的生活以及他同樣信奉基督教這三點，留下了極為
深刻的印象。[5]自此，西方一直都在苦苦尋找這個所謂的東方基督教
國家。

新航路開闢以來，教皇為了彌補教會大分裂和歐洲各國擺脫教皇
控制以及在宗教改革運動中所受到的損失，提出「在歐洲失去的，要

4　伍昆明：《早期傳教士進藏活動史》（北京市：中國藏學出版社，1992年），頁58。

5　參見徐曉光、高崢：《世界文化之謎》（北京市：文化藝術出版社，1984年），頁84。

在海外補進來」的口號，積極支持葡萄牙和西班牙等天主教國家的殖民活動。在殖民探險過程中，為恢弘天主教氣勢，並企圖借宗教情感擴張其勢力範圍，葡萄牙人把對約翰長老國家的探尋活動推向了一個新的高潮。

1579 年，應莫臥兒帝國阿克巴大帝（Akbar）的邀請，葡屬印度果阿教會派遣了由 3 人組成的傳教團赴彼地宣傳上帝的福音。[6]歷史就是這麼機緣巧合，正是在莫臥兒，天主教耶穌會士意外地探得了一些喜馬拉雅山另一邊的情況。

一天，蒙塞拉特神甫在陪同阿克巴巡遊時，偶然間聽到在山的另一邊有一個被稱為「博坦」（Bhotanta）的民族，那裏的宗教儀式和天主教相似。在得到這個消息之後，他欣喜若狂，認為這個民族很可能就是西方魂牽夢繞了好幾個世紀之久的約翰長老後裔的國家。接著，1600 年，作為第三批進駐莫臥兒宮廷的哲羅姆‧沙勿略神甫（Jerome Xavier），更是從一名商人口中探聽到：「吐蕃王國從喀什米爾向東一直延伸到契丹（震旦）[7]……包括有許多基督教徒和擁有神甫與眾多教堂。」[8]就這樣，他們不但證實了有關西藏的情況，還得知了在《馬可‧波羅遊記》中所描述的契丹的大致方位。

為了去教化「處於印度與契丹之間的人」[9]，1602 年，鄂本篤（Benoitde Goes）踏上了探險的征途。他歷經艱險並成功抵達了今

---

6 這三人分別為：意大利人魯道爾夫‧阿嘎威瓦神甫（P. Rudolph Aquaviva）；耶穌會士安東尼‧德‧蒙塞拉特神甫（P. Antony de Montserat）；波斯人法蘭西斯‧亨利奎斯（Francis Henriques），譯員。

7 當時，天主教士贊同歐洲地理學家的觀點，認為契丹和中國是以長城為界的不同王國。

8 〔瑞士〕蜜雪兒‧泰勒著，耿昇譯：《發現西藏》（北京市：中國藏學出版社，2005 年），頁27頁。

9 〔美〕約翰‧麥葛列格著，向紅笳譯：《西藏探險》（拉薩市：西藏人民出版社，1985 年），頁8。

天的甘肅酒泉，「成為第一個能呼吸高地亞洲地區稀薄空氣的西方
人」[10]。遺憾的是，鄂本篤大部分時間都是沿著西藏高原行走，並沒
有進入西藏。後來，這一歷史使命落在了安東尼奧‧德‧安奪德神甫
和馬努埃爾‧馬科斯修士的肩上。

第二節　我們被從一座門趕走

　　17 至 18 世紀，天主教在西藏的傳播按地域推進可分為三個階段：
紮布讓傳教期（1624-1635 年）、日喀則傳教期（1628-1632 年）和拉薩
傳教期（1704-1745 年）。現分而述之。

一　初入紮布讓

　　安奪德神甫和馬科斯修士的進藏探險完全源自一次臨時的決斷。
1624 年 3 月，他們在未經請示的情況下從莫臥兒宮廷啟程，踏上了勘
察西藏的艱辛之旅。為躲避沿途被盤詰，他們特意進行了偽裝，混進
一支由印度人組成的朝聖隊伍向西藏方向進發。

　　途中，他們的伎倆多次被識破，但安奪德神甫的謊言騙術也足夠
高明，每次都能逢凶化吉，化險為夷。如果說人為的刁難他們還能應
付，那麼沿途惡劣的自然環境就足以讓他們九死一生。一路上，大雪
成了他們最可怕的敵人。「到處都是令我們頭暈目眩的白色，我們幾
乎無法辨認我們要走的路。」[11]在一次事故中，安奪德的手指甚至被

---

10 〔瑞士〕蜜雪兒‧泰勒著，耿昇譯：《發現西藏》（北京市：中國藏學出版社，2005
　　年），頁27。
11 〔美〕約翰‧麥葛列格著，向紅笳譯：《西藏探險》（拉薩市：西藏人民出版社1985
　　年），頁14-15頁。

凍掉了一截，但酷寒的天氣已讓他毫無知覺。

就這樣一路掙扎，4 個月之後，他們成功抵達了西藏，更準確地說是阿里地區。當時，阿里是古格王的統治區域，這裏氣候宜人、民風淳樸，同時，古格王及王妃以令人不可思議的熱情歡迎他們的到來，並把他們帶到首府紮布讓居住。可以說，當時安奪德神甫是帶著強烈的文化優越感和對藏區本土宗教一臉茫然的基礎上來到這裏的。從他寫給上級神甫的信件中，我們即能很清楚地看到這一點：

> 我向國王解釋了我此行的目的。我告訴他，為達此目的，我歷盡艱辛來到他的宮廷，核實我所聽到的關於他是基督教徒和關於他和他的人民奉行真正的耶穌教律的消息。如果國王允許，我願意隨時向他指明他們宗教的錯誤所在。我還告訴他，正是由於國王拯救靈魂的願望，我才遠離祖國，告別兄弟朋友，不辭千辛萬苦來到這裏的，所以我希望他利用上帝恩賜給他的機會。在過去的歲月裏，上帝沒有把這樣的機會賜給他的先輩，因此希望國王不辜負上帝賜予他的恩典。[12]

初次見面，安奪德神甫便迫不及待地表明瞭自己的立場：只要古格王允許，他願隨時向他指明當地宗教（藏傳佛教）的錯誤所在。鋒芒畢露加上對藏傳佛教的一無所知（不獨安奪德如此，其後入藏的天主教傳教士大抵都是這樣），也為傳教事業的最終失敗定下了基調。

當時，古格王統治的這片區域已是黃教寺院的天下，古格王的弟弟、叔父等是該集團的領軍人物，他們大量招收老百姓為僧，極力擴充自己的政治和經濟實力。而這種發展態勢，嚴重影響到了古格王的

---

12 〔意〕G.M. 托斯卡諾著，伍昆明、區易柄譯：《魂牽雪域——西藏最早的天主教傳教會》（北京市：中國藏學出版社1998年），頁86。

統治地位。雙方間尖銳的矛盾，恰好給了安奪德他們進駐該區的最佳
條件，但也為後來的敗退埋下了伏筆。

　　為了利用天主教來削弱黃教寺院迅速壯大所帶來的不利影響，古
格王對安奪德一行可謂青睞有加，以至於安奪德要回果阿述職都不予
放行，等確定他一定返回後，才答應他們離去。為顯示誠意，古格王
更是行書一封，並蓋上玉璽，其間說道：

> 我們大西藏王國的國王非常愉快地接待弗朗吉姆神甫安東尼
> 奧，他蒞臨我們地方是為向我們講經傳道。我們視他為我們的
> 大喇嘛，並給予他向我們傳佈和教導教義的充分權利，任何人
> 不得對他干擾搗亂。此外，我們還將向他提供處所和必要的幫
> 助，修建祈禱教堂。[13]

　　約一年之後（1626 年 4 月），古格王兌現了承諾，一座相當華麗的
天主教堂在紮布讓落成。教堂建好後，古格王經常出入其間聽傳教士
布道，並利用各種場合公開攻擊和貶低以黃教為首的藏傳佛教。

　　古格王的行為，令黃教上層感到十分憂慮。他們時常規勸古格
王，希望他懸崖勒馬，迴心轉意，甚至勸誘他另娶新歡，使之違反天
主教規定而不能受洗入教。在安奪德神甫的多次勸阻下，古格王並沒
有那麼做，甚至還保證說，以後在沒有與他商量前，不做任何事情。
這樣一來，傳教士們對古格王的影響更勝以前，兩者之間的「統一戰
線」也更為穩固。

　　此後，古格王便開始變本加厲地採取旨在消滅黃教勢力的種種措
施，雙方的矛盾也越來越尖銳。1630 年，古格王身體抱恙，安奪德也

13　伍昆明：《早期傳教士進藏活動史》，（北京市：中國藏學出版社，1992 年），頁 139。

被調回印度任果阿大主教。趁此機會，黃教寺院發起了暴動，拉達克也應邀參戰。裏應外合之下，古格王朝崩潰了，古格王、王後、王子等均被押送到列城監禁，傳教士也未能幸免，被驅逐和降為奴隸。[14]這次事件令古格傳教會元氣大傷，在忍辱負重、苟延殘喘 5 年之後（1635 年）最終關閉。

二 推及日喀則

安奪德對日喀則傳教點的建立，同樣起了舉足輕重的作用。在紮布讓傳教期間，他從往返商人那裏瞭解到，在離此以東不是太遠的地方，還存在著一個叫作衛藏的地區，那裏土地肥沃、人口眾多，是傳播福音的好地方。於是，在他的建議下，孟加拉馬拉巴教省派出了由 3 人[15]組成的傳教團赴衛藏地區宣傳上帝的福音。

1626 年 3 月，他們從柯欽出發了。

與安奪德一行赴紮布讓一樣，他們沿途也歷經了種種磨難。其中，豐泰伯納修士由於旅途艱辛，在傳教團抵達日喀則之前就死去了。

1928 年 1 月，他們抵達了日喀則。

當時，日喀則是噶舉派（紅帽係）首領藏巴汗的統治轄區。兩位神甫到達這裏時，正值紅、黃兩派關係劍拔弩張。歷史總是驚人地相似，與紮布讓傳教會的立足方式一樣，雙方[16]利益的契合也成了日喀則傳教點得以建立的最大優勢和保障。

---

14 參見王永紅：〈略論天主教在西藏的早期活動〉，《西藏研究》1989年第3期，頁61。

15 分別是：埃斯特萬・卡塞拉神甫（P. Estevao Cacella）、約翰・卡布拉爾神甫（P. John Cabral）和助手巴爾托洛梅奧・豐泰伯納修士（Bartotomeo Fontebona），其中卡塞拉為這個小組的負責人。

16 藏巴汗統治階層與日喀則傳教團。

但好景不長，1630 年古格王國的僧人暴動給日喀則傳教團的命
運帶來了不利影響。藏巴汗在這次事件中，不能不有所認識，雖然傳
教士可以用來「統戰」共同對付黃教勢力，但也不能無所顧忌，畢竟
噶舉派佛教才是他長期的固定盟友。

卡塞拉神甫的因病去世，更加劇了這一頹勢。卡布拉爾一人在那
裏苦苦堅守。他做了最後的努力，希望日喀則傳教團能夠隸屬於紮布
讓傳教會，繼續開展傳教事業。但很遺憾，柯欽的一名新任耶穌會大
主教對在西藏南部保留一個以寡敵眾的傳教團之主張毫無熱情。1632
年，卡布拉爾被召回馬拉巴。日喀則被放棄了，靜候著吉祥高照。[17]

三　進而至拉薩

1661 年，拉薩出現了第一批歐洲傳教士。這是由 2 個人組成的團
隊，這 2 個人分別是奧地利耶穌會士白乃心和他的比利時夥伴吳爾鐸。
但緣於有公務在身，他們在此短暫停留[18]後便離開了這裏。後來，意
大利卡普清修會[19]進駐拉薩，起了傳教主力軍的作用。

1704 年 4 月，第一批卡普清修士[20]離開羅馬，踏上了奔赴拉薩之

---

17 〔美〕約翰・麥葛列格著，向紅笳譯：《西藏探險》（拉薩市：西藏人民出版社，
　　1985年），頁22。

18 在拉薩停留的具體天數說法不一，有人認為是兩個月，有人為是一個月，亦有一個
　　半月之說。

19 卡普清修會，又譯作嘉布遣小兄弟會，為方濟各修會分出的一支，由瑪寶・巴西於
　　1528年創始於意大利。因該會會員服裝附有尖頂風帽，故名為卡普清修會，該會提
　　倡安貧、節欲、發四願，影響較大。

20 分別是：弗朗索瓦・瑪利（P. Francis Marie de Tour），喬瓦尼・法蘭西斯科（P.
　　Giovanni Francesco da Camerino），弗利斯神甫（P. Felice da Montecchio），古瑟普神
　　甫（P. Giuseppe da Ascoli），古瑟普・瑪利亞神甫（P. Giuseppe Maria da Fossom-
　　brone）以及費亞克利奧修士（fra Fiacrio da Parigi）共6人。

路。層層磨難後，古瑟普和弗朗索瓦・瑪利兩位神甫於 1707 年 6 月率先抵達拉薩。初來乍到，他們不敢過早暴露自己的真實身份，而是一邊努力學習藏文，一邊無償地為當地人治病。很快，他們就博得了群眾的尊敬與信任，被稱為「白人喇嘛」。

免費給人看病，雖頗得人心，但沒有任何收入，傳教區的經費在數月間就告罄了。留在印度巴特那的傳教士多米尼科等，在獲悉這一情形後，立即赴拉薩救援。但對整個傳教區來說，他們攜帶的資金也只是杯水車薪而已。財源枯竭，教務實在是無法開展下去。1711 年年底，多米尼科離開拉薩返回印度，期待下次捲土重來。

卡普清傳教士因財源枯竭敗退印度後，並不甘心失敗，一番積極準備後，他們再次出發了。而與此同時，耶穌會也派出了意波利托・德西德里（Ippolito Desideri）赴藏傳教，期望重建西藏布道會。這樣一來，在相隔數月間，兩批人在互相不知道的情況下相繼入藏，並最終於 1716 年在拉薩得以謀面。

對於耶穌會士這種鳩占鵲巢的行為，卡普清修士們感到異常氣憤，他們不得不致信羅馬，要求作出裁決。但在結果出來之前，他們也只好與意波利托・德西德里住在一起。

1717 年，傳教活動開始有起色，據他們自己聲稱，他們已使一些轉世喇嘛對他們不承認轉世的說法「表示出極大的興趣」，甚至還誇口說連達賴喇嘛都猶豫不決了，所以大批地吸收藏人入教已成為了當務之急。[21]很不幸的是，正在此時卻遭遇了準噶爾部侵藏，傳教士也受到了不同程度的迫害，教會工作亦陷入癱瘓狀態。

1720 年，準噶爾部敗退，社會趨於安定。次年，德西德里敗訴被迫撤離拉薩，卡普清傳教士開始了孤軍奮戰。雖然他們通過不懈努

---

21 參見方建昌：〈基督教在西藏傳播小史〉，《青海社會科學》1988年第2期，頁127。

力獲得了若干政要的同情和支持,然而拉薩黃教勢力對這些傳教士來分割當地「精神空間」的行為早已不滿。1725 年,他們便借機利用自然災害為藉口,煽動群眾圍攻卡普清傳教團。最後,還是在官方的保護下,才把卡普清會士從更嚴酷的環境甚至是暴力、死亡中解救了出來。[22]

此後一段時間,在西藏上層統治者的關照下,西藏傳教會的傳教工作曾一度順風順水。F.范尼尼神甫曾評論說,這段時間「每件事都平靜與和平地進行,就像是一艘帆船順風滑駛在平靜的大海上一樣,現在圍繞著白人喇嘛及其事業的是新的健康氣氛」[23]。

然而,他們對形勢的估計過於樂觀,一直以來困擾他們的財政問題並沒有得到更好的解決。至 1729 年時,可利用的資金僅能維持法蘭西斯科・奧拉濟奧(P. Francesco Orazio della Penna di billi)及喬亞欽(P. Ubald da S.Anatolia)兩名神甫的費用。後來,奧拉濟奧會長身體抱恙,傳教工作不得不再一次無奈放棄。

經過休養,奧拉濟奧身體狀況逐漸好轉。為重振西藏傳教會,他在梵蒂岡四處遊說,尋求幫助,希望能得到更多的傳教士和經費支持。

一開始,羅馬教廷反應冷淡。但最終,奧拉濟奧還是獲得了勝利。1741 年 1 月,奧拉濟奧等 7 人又一次抵達拉薩。

西藏政要頗羅鼐對傳教團的再次返回很歡迎,並在其官邸花園接見了他們,態度極為誠懇。這可從他頒佈的一份〈傳教和信教自由諭令〉中窺見一斑:

為使現今這些歐洲神甫即白人喇嘛及將來要抵達的歐洲神甫,

---

22 參見〔美〕約翰・麥葛列格:《西藏探險》(拉薩市:西藏人民出版社,1985年),頁91-92。

23 伍昆明:《早期傳教士進藏活動史》(北京市:中國藏學出版社,1992年),頁443。

不僅在拉薩，而且在全藏任何地方、對各地之僧俗任何人等，
均可公開講授和傳播上帝的真諦，為使其不受阻撓，特賜吾之
具印信函持之。你等上述漢、霍爾、蒙等僧俗官員，皆不得對
其橫加阻撓。蒙受上帝光輝恩惠，自願自由地皈依該教者，可
自由和公開地修習其教，上述你等官員不得阻礙。真理之教的
寺主和修習者們早已是吾等可信賴之臣民，故請對此講授真理
之教者予以幫助和保護。特將上述對你等即吾之臣民告之，不
准對他們有絲毫侵犯，今頒諭令，曉爾臣民，銘刻勿忘！[24]

這道諭令成了卡普清傳教士的護身符，在其保護下，教會工作極
為順利，要求洗禮者一天比一天多，取得了不錯的成績。但福禍相
依，教會傳教工作的迅猛展開，令黃教寺院上層坐立不安。「神」與
「神」之間的較量暗潮湧動。

1742 年 5 月 12 日晚，積攢已久的矛盾終於爆發了。400 多名暴怒
的喇嘛衝進了郡王頗羅鼐的官邸，譴責他偏袒外國傳教士，並威脅
說，如果不立即採取反對天主教徒的行動，他們不會善罷甘休，如一
意孤行，後果自負。

在責罵和警告聲中，頗羅鼐意識到了問題的嚴重性。要麼停止支
持傳教士和禁止基督教傳播，以保住自己的地位，要麼繼續支持傳播
基督教而引起喇嘛造反，自己完蛋。[25]毫無疑問，他選擇了站在喇嘛
們這一邊。他告誡神甫們不要在西藏繼續傳教……與此同時，他下令
搜捕皈依者，並將他們關在木製枷籠中示眾……那些不願意背誦古代

---

24 伍昆明：《早期傳教士進藏活動史》，（北京市：中國藏學出版社，1992年），頁471。
25 參見伍昆明：《早期傳教士進藏活動史》，（北京市：中國藏學出版社，1992年），頁
483。

宗教信條的人遭到鞭打，鮮血淋漓。[26]

　　事件發生後，福音傳播變得十分困難，甚至不可能了。考慮到奧拉濟奧會長在藏工作 30 多年，且與之私交不錯，頗羅鼐告訴傳教士們一個權宜之計，即在宣傳上帝福音的同時，還應讚揚藏傳佛教，並承認在所有的宗教信仰中，藏傳佛教是最好、最完美的。如果照做的話，他們就能繼續在此傳教。

　　天主信仰的排他性不容許他們那麼做，故他們決定離去。1745 年 4 月 20 日，最後一批卡普清修士默默啟程，離開了拉薩。傳教士們竭盡全力，但最終還是被趕了出來。

第三節　我們從另一座門進去

　　自 1745 年最後一批卡普清修士離開拉薩後約 100 年間，西藏再沒有出現歐洲傳教士的足跡。直至近代，十字架夾裹在堅船利炮和歐風美雨中再度傳來，神秘的宗喀巴大地又一次成了他們競相追逐的目標。

一　教禁在炮聲中解凍

　　與以往不同的是，這一次傳教士東來，明顯喪失了以往的耐心。他們不再唯唯諾諾、搖尾乞憐，而是積極奉行「只有戰爭能開放中國給基督」的信條，竭力鼓吹侵華戰爭。

　　1840 年，鴉片戰爭正式爆發。

　　這是一個分界點。清朝政府戰敗，被迫簽訂了《南京條約》，除了向英國交付巨額的戰爭賠款並割讓香港之外，還承認英國享有五口

---

26 〔美〕約翰・麥葛列格：《西藏探險》（拉薩市：西藏人民出版社，1985 年），頁98。

通商、領事裁判等權利。自此之後，清廷和教會的位置發生了互換，屈辱和不解代替了原先的顧盼自雄。[27]

法國對英國人取得的這些實惠自然很是羨慕。於是，便迫不及待地派遣拉萼尼（Lagrene）率艦隊來華，強迫清政府與之簽訂了《黃埔條約》，其間規定：法國人可以在通商五口地方建造禮拜堂，倘有中國人將佛蘭西禮拜堂、墳地觸犯毀壞，地方官照例嚴拘重懲。[28]《黃埔條約》簽訂後，他們還得寸進尺地要求耆英奏請道光帝弛禁天主教，清廷果然照辦，只不過對傳教士的活動範圍有所限制，圈定在幾個通商口岸，「斷不能越界傳教」[29]。

但是，對於已經深入中國內地的外國傳教士，在沒有嚴重衝突的情況下，地方官對他們的存在保持了睜一隻眼閉一隻眼的態度，這基本上反映了中國官方對法令與現實之間發生矛盾時的對策。[30]正是在這樣的背景下，外國傳教士加緊了對中國內地的滲透。

二　近代入藏肇始：胡克拉薩行

1846 年 1 月，法國遣使會傳教士胡克（E. R. Ruc，又譯作古伯察）和嘉伯特（J. Cabet，又譯作秦噶嗶）神不知鬼不覺地出現在了拉薩。

---

27 參見周天：《跋涉：明清之際耶穌會的在華傳教》（上海市：上海書店出版社，2009年），頁351-352頁。

28 參見王鐵崖：《中外舊約章彙編（1689-1901）》第1冊（北京市：生活・讀書・新知三聯書店，1957年），頁62。

29 齊思和：《籌辦夷務始末（道光朝）》，卷73（北京市：中華書局，1964年），頁2880。

30 參見沈渭濱、楊勇剛：〈1844-1858年外國傳教士對中國內地的滲透〉，四川省哲學社會科學學會聯合會、四川省近代教案史研究會：《近代中國教案研究》（成都市：四川省社會科學院出版社，1987年），頁451。

他們是奉命前來，於 1844 年 8 月從今內蒙古東部的黑水出發，經過多倫淖爾到青海，再南下過黃河，最後由藏北大道進入西藏。一路上，他們瞭解自然地理及風土人情，宣傳天主教義。胡克曾直言不諱地寫道：「在我們竭盡全力在拉薩市民中傳播福音的種子之時，我們也沒有忘記不遺餘力地在攝政王的宮廷中播下神學的種子。」[31]

胡克和嘉伯特在拉薩的活動，引起了駐藏大臣琦善的懷疑和警惕。不久，二人即被抓獲並押至四川成都。審訊中，胡克承認了其非法潛入西藏欲開展傳教活動的企圖，「小的來藏，原欲學唐古特番經典，俟深通時把小的們的經典譯出番語，想傳教別人」[32]，並虛情假意地宣稱：「伊國習教之人，以傳教為修善，所傳益廣，功德益深，並不向習教之人索取銀錢……伊國出外傳教之人，各省皆有，無非勸人為善，別無他意……」[33]

最後，清廷下令將他們驅逐出境。剛至澳門，胡克和嘉伯特就開始公然叫囂：

> 我們準備立刻寫信給傳信部，詳細準確地彙報我們的全部經歷，同時也請求傳信部理解和贊同我們的舉動。然後，我們再通過我們的領事出面，向中國政府提出抗議，抗議中國欽差大臣對我們的迫害，以及對我們採取的暴力行為。我們還準備要求中國政府保證今後去拉薩傳教的傳教士的安全，彌補以往的過失。[34]

---

31 〔美〕約翰‧麥葛列格：《西藏探險》（拉薩市：西藏人民出版社1985年），頁238。

32 中國第一歷史檔案館、福建師範大學歷史系合編：《清末教案》（第1冊）（北京市：中華書局1996年），頁19-20。

33 中國第一歷史檔案館、福建師範大學歷史系合編：《清末教案》（第1冊），（北京市：中華書局，1996年，頁19-20。

34 〔法〕衛青心著，黃慶華譯：《法國對華傳教政策——清末五口通商和傳教自由（1842-1856）》（下卷）（北京市：中國社會科學出版社，1991年），頁632。

胡克和嘉伯特之詞，係有添油加醋之嫌。二人雖被截獲並驅逐出境，但期間並未受到任何迫害。在拉薩停留的那兩個月，他們博得西藏噶倫的好感並獲得關照，而由拉薩至成都的押送之旅，則始終是乘轎趕路，地方官對他們則是畢恭畢敬。

胡克和嘉伯特的拉薩行，使他們成為 100 年前卡普清傳教士被驅逐以來親眼目睹西藏首府的第一批使者。但是，他們既沒有像前輩那樣獲准興建教堂，甚至也沒有得到允許做長時間的停留。從教會的觀點看，他們的計劃失敗了，「我們感到自己的心已經碎裂，僅有力氣祈求上帝為處於蒙昧中的這些可憐的孩子們派遣一些能為他們帶來信仰之火炬的傳教士」[35]。然而，也正是這個失敗讓禁城拉薩更顯神秘，鼓動著傳教士前赴後繼。

三 路線調整：羅勒拿初嘗勝果

如何在西藏這個政教合一的地方樹立起十字架？該採取什麼樣的途徑？幾代傳教士努力的結果表明從南面和尼泊爾進入希望很小，那從東邊呢，是否有一線生機？

1846 年，羅馬教皇格列高利第十六世（Pope Gregory XVI）將原附屬於印度亞格那宗座代牧區（AGRA）的西藏地區分離出來，以拉薩為中心單獨成立教區，即西藏教區，地轄西藏、錫金和康區，同時為了避免教內紛爭，特委託在四川等地活動的法國外方傳教會全權負責該區教務。

1847 年，外方傳教會即派遣法國傳教士羅勒拿（Reuno Charles Rene Alexis）從四川崇慶出發，進駐巴塘，為下一步進藏做準備。次

---

[35] 〔法〕古伯察著，耿昇譯：《韃靼西藏旅行記》（北京市：中國藏學出版社1991年），頁584。

年 2 月，當他行至察木多（今昌都）一帶時被清軍截獲，予以扣留，押至四川，後又經琦善奏明「解回廣東」[36]。這次挫折並未讓羅勒拿就此放棄，為重返西藏，他差不多利用了 3 年的時間來認真研究和仔細考慮他的計劃。1851 年，他再一次出發了，另一名法籍傳教士蕭法日（Jean Charles Fege）與之同行。

為配合他們的行動，1851 至 1852 年年初，另一名叫格里克（Krick）的傳教士從印度阿拉姆東北潛入我國的察隅河谷。1854 年，他又協同傳教士布利（Boary）再次從這條道潛入該區，企圖探出一條直插我國川、滇邊區的捷徑。這裏的僜人懷疑他們是英方派來的奸細，便把他們都殺了，這才結束了法國傳教士從這一路線竄入藏區的計劃。[37]

這一次，羅勒拿調整了路線，決定不再去走完全置於中國嚴密警戒下的四川、打箭爐（今康定）那條路線，而是選擇由雲南進入藏東南這條路線。藏東南地區是川滇藏交界地帶，這裏民族成分複雜，而且地處偏僻，容易逃避地方官吏的監督，故羅勒拿一行選擇此地為進藏突破口。在做了準備並帶上一些小商品和錢之後，他沿金沙江東岸逆流而上，先到麗江，後輾轉去了中甸。在這裏，他以商人的身份住進了松贊林寺（歸化寺），並用贈送小禮物的方式贏得了洛主活佛的好感和信任，獲得了在寺中學習藏語的機會。為此，他不無得意地向遠在雲南傳教的夏瓦和蕭法日寫信彙報說：

---

36 吳豐培：《清代藏事輯要》（拉薩市：西藏人民出版社，1983年），頁447。

37 參見國家民委《民族問題五種叢書》編輯委員會、《中國民族問題資料・檔案集成》編輯委員會：《中國民族問題資料・檔案集成・第2輯・中國少數民族簡史叢書・第8卷：〈民族問題五種叢書〉及其檔案彙編》（中央民族大學出版社，2005年），頁284。

> 這些純樸的喇嘛們絕對沒有想到，我在他們的鐵砧上接受可貴
> 的鍛造，今後必將用他們賦予我的利矛去攻打他們的宗教。條
> 件成熟時，我決心向他們挑起捍衛我們的宗教、指出他們的謬
> 誤的戰爭。在全能的上帝護祐下，我將打敗他們。[38]

　　一年後，他從中甸南下再西北上，渡過金沙江和瀾滄江，翻越碧羅雪山，並試探著到了今貢山縣秋那桶等地，後來，再溯怒江峽谷北上，行至察瓦龍（今察隅縣察瓦龍鄉），以崩卡（Bonga，又稱博木噶）谷地為中轉站建立了他們的第一個傳教據點。據說，當地頭人為了繁榮地方經濟，想不要任何回報地將崩卡谷地贈予羅勒拿（這可能跟他假扮商人身份有很大關係），但羅勒拿並未接受，而是以每年100 法郎的價格租借了這一谷地。

　　一開始，地方頭人出於經濟目的出租了崩卡谷地，但羅勒拿他們在這裏卻大肆傳教，收洗教徒，而且強行購置和霸佔房產與地產，激起民眾仇恨。1859 年，羅勒拿、蕭法日遭到三岩藏人劫掠，被迫退至江卡（今芒康），後不得已又返回內地。[39]

四　弛禁與抵制：傳教士的進與退

　　1856 年，第二次鴉片戰爭爆發。次年，羅馬教廷趁英法聯軍節節勝利之際，公然無視清政府關於外國傳教士「概不准赴內地傳教」的規定，宣佈西藏正式成立主教區，並劃分了勢力範圍[40]，杜多明

---

38 範穩：《水乳大地》（北京市：人民文學出版社，2004年），頁10。

39 A. Launay. *Histoire de la Mission du Thibet*. Desclle, de Brouwer et cie, 1903: 318.

40 當時，郊區面積廣闊，界限含混不清，大致管轄西藏、康屬及上川南南部地區的一半（除去邛州、大邑、穆坪和天全州東部）及下川南的仁壽、井研兩縣，教徒約1.9萬人，絕大多數是漢族。

（Thomine Desmazure）被任命為西藏教區第一任主教。1858 年，中法
《天津條約》簽訂，其中列入了法國長期以來夢寐以求的派遣傳教士
進駐中國內地的條文。[41]接著，1860 年中法《北京條約》訂立，不但
再次肯定了傳教士有進入中國內地傳教的特權和自由，而且規定清廷
有義務對其進行有效保護。更甚的是，當時擔任翻譯的外方傳教會教
士艾美（Louis Delamarre）利用中國官員不懂法文之便，在中文約本
中私自加進「任法國傳教士在各省租買田地，建造自便」的條款。[42]
這一規定以巨大的權力武裝了天主教士，便於他們擴大宣傳到內地
去，並注定引起未來的很多摩擦。[43]

　　法國在第二次鴉片戰爭中的輕鬆勝利，助長了外方傳教會的囂張
氣焰。他們與羅馬教廷商議，決定趁熱打鐵，派遣一名主教率領教士
們，取道川藏大道，到拉薩去建立教區。於是，外方傳教會首次開列
了 7 個[44]傳教士名單，要求清政府頒發護照，准許入藏。傳教護照體
例大體一致，上書：

　　　　茲因遵行大清國大皇帝、大法國大皇帝，特派欽差便宜行事全
　　　　權大臣，於咸豐八年五月十七日及十年九月十二日，在天津、
　　　　順天兩城內，設立和約章程第八第六前後籌款。故本大臣將此
　　　　執照，交付本國人傳天主教之教士○○○（某教士姓名）收得
　　　　為據。本大臣因深知○○○係我國名士，才德兼優者。所以請

41　參見王鐵崖：《中外舊約章彙編（1689-1901）》（第1冊）（北京市：生活・讀書・新
　　知三聯書店，1957年），頁107。

42　參見〔法〕衛青心著，黃慶華譯：《法國對華傳教政策──清末五口通商和傳教自
　　由（1842-1856）》（下卷）（北京市：中國社會科學出版社，1991年），頁591。

43　參見〔美〕馬士著，張匯文等譯：《中華帝國對外關係史・第1卷：1834-1860年衝突
　　時期》（上海市：上海書店出版社，2000年），頁695。

44　分別為：杜多明、羅勒拏、蕭法日、顧德爾（Goutelle Jean Baptiste）、畢天祥（Biet
　　Cesar Alexandre）、呂項（Dubernard）和丁盛榮（Chauveau）。

煩大清執政大臣及各省文武官員、邊疆大吏，自此以後，傳教
士○○○在○○省（某地區）內來往傳教居住，勿論何處租買
田地，建造天主堂屋宇，均聽其便；絲毫不可留難，當以賓禮
相待。並望隨時照料，切勿袖手旁觀，庶臻妥協。為此，本大
臣給發此照。俾凡屬大清國所轄內外各處咸知，遵照毋違，以
示和約章程永垂不朽。此實本大臣之所厚望也。[45]

　　有了條約保護，這批傳教士公然沿川藏大道，經理塘、巴塘、江
卡，於 1862 年到達察木多。在拉薩三大寺的支持下，當地居民首先起
來進行抵制，採取了不與法教士往來，不賣給糧食草秣，不供給驢馬
運輸的手段，使這批教士在察木多困頓達半年以上，一籌莫展，不得
不從原路退回。後江卡居民也積極回應，以斷糧為威脅，迫使傳教士
又撤至博木噶。[46]鑒於川藏大道處處受阻，顧德爾、丁盛榮等則沿金
沙江、怒江谷地走廊南下至雲南，策劃建立向西藏傳教的另一個據
點。情況摸透之後，余伯南（Jules-Eienne Dubernard）、蒲德元（Pierre-
Marie Bourdonnec）二人帶領 6 戶四川教徒奉命前來，進行傳教活
動。[47]據說，他們用兩包煙草「購買」了茨菇村的一塊地皮，建成了
茨菇天主教堂[48]。

---

45 四川省檔案館：《四川教案與義和拳檔案》（成都市：四川人民出版社，1985年），
　頁24。
46 參見國家民委《民族問題五種叢書》編輯委員會、《中國民族問題資料・檔案集
　成》編輯委員會編：《中國民族問題資料・檔案集成・第2輯・中國少數民族簡史叢
　書・第8卷：〈民族問題五種叢書〉及其檔案彙編》（北京市：中央民族大學出版
　社，2005年），頁286。
47 參見迪慶藏族自治州民族宗教事務委員會：《迪慶州宗教志》（北京市：中國藏學
　出版社，1994年），頁187。
48 關於茨菇教堂的建成時間，文獻記載不一，1862年、1864年乃至1866年的說法皆有
　記載。參見劉鼎寅、韓軍學：《雲南天主教史》，頁107；《迪慶州宗教志》頁195。

　　羅勒拿等人憎恨西藏官民不令其入藏，四面出擊，大肆進行各種
非法活動，甚至假傳聖旨，捏造謠言，製造民族分裂。[49]這不但激起
了藏族民眾的反抗，也造成清廷的嚴重不滿。為此，清廷「嚴飭沿邊
各屬認真查察，如有內地傳教之人潛赴藏地者，概行截回，毋令乘間
偷越」[50]，並公開聲稱在西藏不可能對傳教士加以有效保護。與此同
時，法國借宗教勢力插足西藏的行為也引起了英俄兩國的極力抗議。
在其壓力下，法國駐華公使柏德於 1864 年 3 月 15 日秘密通知法籍天
主教士立即撤出藏東。4 月，外方傳教士離開芒康，回到巴塘。

　　宣佈放棄對在藏傳教士的支持，乃法國政府的一時之舉。[51]5
月，剛退至巴塘不久的傳教士不顧清政府及西藏噶廈政權的強烈抵
制，重新出發，再一次來到博木噶做進藏的準備。天主教徒的倡狂行
為，徹底激怒了藏族僧俗，一場反洋教運動正在醞釀。

　　1864 年 9 月 29 日，芒康的喇嘛頭領率大約 300 名教徒，持槍攻打
傳教士佔據的崩卡山谷。傳教士們倉皇逃命，其中呂項在秋那桶（今
貢山丙中洛）經過一道溜索時，被追趕上來的喇嘛開槍打死，掉到江
裏。與他一起逃命的還有 3 個教徒，一個頭部中彈，一個胳膊中彈，
另一個被捆住手腳投進怒江。同一天，喇嘛武裝五六百人沒有發生任
何戰鬥就輕而易舉地佔領了博木噶，不分男女老少所有教友都被逮捕
並遭到毒打，教堂和其它建築亦被全部燒毀。

　　與呂項不同，畢天祥成功逃脫了武裝仇教者的追擊。起初，他們
來到菖蒲桶（今貢山縣）喇嘛的領地，在那裏生活了幾個月。可是，

49　參見《藏族簡史》編寫組：《藏族簡史》（拉薩市：西藏人民出版社，1985年），頁
　　288。

50　吳豐培：《清代藏事奏牘》（北京市：中國藏學出版社，1994年），頁328。

51　參見澤擁：〈法國傳教士與法國早期藏族文化研究〉，《中國藏學》2009年第2期，頁
　　104。

他們不久就發現，這裏的喇嘛也十分討厭他們的存在，不得不另覓出路。於是，在教友們的陪同下，畢天祥翻過雪山，從怒江流域來到瀾滄江畔，活動在巴塘鹽井、蒲丁以及雲南阿敦子、茨菇等地。數十年後，法籍教士古純仁（Francis Gore Ouvrard）專程來到博木噶尋找教徒，但已是廢墟一片，難覓蹤跡。[52]

這是一次十分重要的宗教歷史事件，它的影響遍及西藏、雲南等地，還驚動了北京清朝政府。此後，傳教士的活動一直受到限制。[53]鑒於進藏傳教一時難以實現，法國傳教會不得不進行戰略調整：先在藏東至藏東南的地區建立傳教點，依託四川、雲南前往西藏的馬幫驛道，步步為營地向西藏的中心拉薩挺進。

> 由於局勢所需，駐西藏歐洲傳教團的教士們分為三組：第一組去雲南西北部的茨菇，那里居住著摩梭人、漢族人、藏族人和原始人，仍由常駐當地的亞歷山大·畢埃（畢天祥）和杜貝爾納（余伯南）先生負責。第二組去巴塘藏族王國。第三組去打箭爐，四川邊界的一個城市……在被特地稱為「西藏前廳」的這片遼闊土地上，傳教士們將要考驗他們的虔誠，創建發展布道會。[54]

自此，第一組傳教士便沿瀾滄江南下，謀求發展，以德欽茨菇、巴塘鹽井等傳教點為依託，縱向發展：1872 年，傳教會北上阿敦子，

---

52 參見〔法〕古純仁著，李哲生譯：〈察哇龍之行〉，《康藏研究月刊》1948年9月第23期，頁22-28頁。

53 參見周偉洲：《唐代吐蕃與近代西藏史論稿》（北京市：中國藏學出版社，2006年），頁183。

54 〔法〕弗朗索瓦·巴達讓著，郭素芹譯：《永不磨滅的風景香格里拉——百年前一個法國探險家的回憶》（昆明市：雲南人民出版社，2001年），頁44-45。

購買藏民南畿的地基,建起土掌房一幢為教堂;1880 至 1881 年,教士李雅敬(Antoine Leard)南下至維西廳屬小維西(今維西縣白濟汛鄉統維村),購買鶴慶人陳開泰的地基,建起中式房屋一棟為教堂;接著,又將傳教點推至吉岔村(今白濟汛鄉吉岔村)、花園箐、保和鎮以及巴東等地,以瀾滄江中段流域為活動區。及至 19 世紀末 20 世紀初,傳教士又翻過碧羅雪山,將傳教範圍拓至怒江流域。[55]

第二組傳教士基於長遠考慮,仍以巴塘為據點開展教務。從方位上看,巴塘處於川滇藏交通要衝,可以被視為拉薩、英屬印度、法屬印度支那和中國中原地區之間的中樞點,[56]戰略位置十分重要。同時,這裏山川秀美、物產豐富、氣候宜人,素有「高原江南」的美譽。至今,當地仍流傳有「外有蘇杭,內有巴塘;到了巴塘,忘了爹娘」的民間諺語。有這樣的「風水寶地」,法國傳教會自然不會輕言放棄。

而第三組傳教士則東退康定,並以此為中心向外輻射。1864 年,丁盛榮被任命為西藏代牧區主教,他取道川南,經敘州、嘉定、雅州,於 1865 年 12 月 21 日到達康定。此時,在藏傳教士已悉數被逐,外方傳教會深感入藏困難,遂決定在康定安置主教,購買土地,修建教堂、醫院,主教府亦由化林坪遷至康定。[57]

自此以後,外方傳教士便以康區為活動大本營,利用傳統的「走廊」地理特點,建立教堂,步步為營,滾動發展。但康區在人文環境

---

55 參見菖蒲桶行政委員會公署編纂:《菖蒲桶志》,第十八〈宗教‧耶教〉,中國人民政治協商會議貢山獨龍族、怒族自治縣委員會文史資料委員會編:《貢山文史資料‧創刊號》(1992年),頁14-15。

56 參見中國第一歷史檔案館、福建師範大學歷史系合編:《清末教案》(第4冊)(北京市:中華書局,1996年),頁334。

57 參見四川省地方志編纂委員會:《四川省志‧宗教志》(成都市:四川人民出版社,1998年),頁298-299頁。

上一如西藏，喇嘛教信仰早已根深蒂固，它不但影響當地人的衣食住行，還對倫理道德、民眾心理等各個層面產生作用。在此，僅舉一例即可窺其全貌：

> 土人患病從來不請醫生，當然就是要請也不容易請到。倘使病輕的，那麼就喝活佛的小便，或是把活佛的大便、頭髮、衣服等焚燒，用煙灰去熏病人的口鼻，以為這樣就能夠驅逐鬼魔。病重了，就施衣施粥，行善事，希望冥冥中能蒙受神靈的保祐。再不然，就請喇嘛占卦，決定請醫還是念經。要是占得請醫，方才可以去求醫生診療。然而，土著醫生也僅僅查看小便，給以草藥數味而已。在這裏，我們看到喇嘛的魔力是多麼的大呀！[58]

喇嘛寺在這裏，不僅維繫著當地群眾心靈深處的一片「精神天空」，而且還積極參與各項世俗活動，如商業、收租、發放高利貸等，甚至有外侮的時候，還可奮起抗擊，保衛屬於自己的神界。易詞言之，可謂民財教建之組織，具體而微，管教養衛之權能，無一不備。[59]天主教進駐康區，作為一個外來的闖入者，以一種新的世界觀和新的話語表述方式，形成了對藏傳佛教的衝擊。僧俗民眾則以審慎的眼光考量著「洋喇嘛」們的到來，並在現實宗教、政治及經濟利益的主導下，對衝擊進行回應。

---

58 李明：〈西康風光〉，《東方雜誌》1936年第33卷第4號，頁104-105。

59 《川康建設視察團報告書》，轉引自《中國少數民族社會歷史調查資料叢刊》修訂編輯委員會編：《四川省甘孜州藏族社會歷史調查》（北京市：民族出版社，2009年），頁38。

第三章
此起彼伏的佛耶博弈（上）

大道不同兩相殊，神仙一樣畫葫蘆。

漫說慈航渡鷲嶺，不為天主共桃符。

——（民國）劉贊廷《鹽井天主教》[1]

光緒三十二年（1906年）十一月，鹽井臘翁寺作亂，揚言劫鹽局、打教堂，教民大驚，即求漢官保護。時統領為趙淵，即令駐防軍隊予以保護，併發告示，曉諭百姓云：無論漢番，如有損壞者，格殺勿論。為此，教堂司鐸丁成莫還將此文翻印，每教民贈送一張佩戴於身，以為安慰。至宣統二年（1910年），此告示仍懸掛教堂。適逢劉贊廷[2]在趙爾豐麾下任西軍中營哨官，分防鹽井，見狀便作上文打油詩一首。簡單四句話，劍拔弩張的佛耶衝突便躍然紙上。

第一節　1873年巴塘教案

1863年，法籍天主教神甫巴布埃（Bourry）來到巴塘，在城郊四里龍修建教堂一所和住房兩座，自此，法國政府借助天主教勢力將殖

1　〔民國〕劉贊廷：〈鹽井縣志〉，《中國地方志集成・西藏府縣志輯》（成都市：巴蜀書社，1995年），頁390。

2　劉贊廷（1888-1958），名永燮，字燮丞，河北河間府東光縣人。其早年追隨川滇邊務大臣（後任駐藏大臣）趙爾豐拓土戍邊，在康藏地區推行改土歸流；民國間，改任川邊軍分統，繼任蒙藏委員會調查室主任等職。劉贊廷以自己「歷邊三十餘年」之經歷，纂成圖志數十種，有「清末民初康藏邊地一隻史筆」的美譽。

民觸角延伸到這裏。[3] 政治上的不平等加上宗教信仰上的巨大差異，使反洋人洋教鬥爭在這裏一幕幕上演。1865 年，法籍丁司鐸溺水身亡，但法國傳教會硬是誣陷其被當地丁零寺喇嘛殺害。當地民眾怒不可遏，隨即驅逐了法國傳教士，焚燒教堂，收回被占產業，拉開了巴塘乃至康區歷史上反帝愛國鬥爭的序幕。

1870 年，巴塘發生地震，3 年後又復生蝗鼠。為此，當地喇嘛們便大肆煽動群眾，聲稱「地動天旱，凶獸蝗鼠，乃洋人所使」，暗中支持屬下人等手執兇器驅逐洋人。關於這次反洋教鬥爭的大致經過，檔案文獻有零星的記載：

> 同治十二年八月十九日（1873 年 10 月 10 日），該處愚民突起禍心，將該處傳教士盡行驅逐四散，將教堂圍攻四日，初則擲石向擊，繼則傷害搶擄，後則力奮斧將教堂拆毀，迨八日之後，又將教堂附近郡房盡行焚燒，已成白地。[4]
>
> 忽於上年（同治十二年）八月二十三（1873 年 10 月 14 日）等日，聚集多人，各執器械，將巴塘、鹽井、莽裏三處教堂，先後打毀焚燒，並乘機搶掠對象米糧，司鐸、教士均逃避至爐（打箭爐）。[5]

事件發生後，法國公使熱福理即照會清廷，要求「飭知該省大吏

3　參見四川省巴塘縣志編纂委員會：《巴塘縣志》（成都市：四川民族出版社，1993 年），頁449。

4　「同治十二年六月十三日法國公使熱福理照會」，見中央研究院近代史研究所編：《教務教案檔》第3輯（二）（臺北市：中央研究院近代史研究所，1975年），頁1031。

5　「同治十二年八月初四日成都將軍魁玉等函」，見中央研究院近代史研究所編：《教務教案檔》第3輯（二）（臺北市：中央研究院近代史研究所，1975年），頁1 034。

及地方官，除將該處倡亂群匪嚴緝，治以應得之罪外，再將此次本搶之物，具一公平失單，以便照估價議償」[6]。當時，奕譞以親王身份總理各國事務，聞知此事後趕忙「飛諮川省大吏，轉飭該地方確切查明，迅即持平妥辦」，以免引起不必要的糾紛和摩擦。川督吳棠接到飭令後馬不停蹄，特派打箭爐同知鮑焯赴巴塘辦理此案，並委任候補同知趙光燮接手巴塘糧務，協同查察。

　　1874 年 10 月，鮑焯和趙光燮啟程至巴。反覆相商後他們認為，此案所牽扯的兩端——巴民和洋人，均屬「化外之人」，故這次爭端與他處漢洋交涉事件殊不相同，掣肘情形較諸內地也更為嚴重。主要表現如下：

> 其難一，伏查此案，肇釁滋事者，皆係番夷喇嘛。性情固執，言語不通。既難理喻情遣，更不能勢迫刑驅。徒以口舌相爭，雖自信開載布公，無偏無黨，而若輩蠢然無知，豈易感動。倘遽示威罰，難保不生絕望之心，轉阻向化之路。其難二，向來西藏番夷崇奉佛教，無論事之大小，咸求喇嘛請神，卜以決疑。自丁教主（即丁盛榮——作者注）派司鐸赴巴傳教後，適值天災流行，地震亢旱。夷類生計凋殘，求神祈禱。而喇嘛與教士道不相同，意即不合。遂謂年來災異迭見，由於洋人來巴傳教之故。以至相互播弄，人心惶惶。不約而同，竟將巴塘、鹽井、莽裏三處教堂先後燒毀，驅逐洋人出境，因而掠失各物。現在卑職等持平妥辦，勸誠敦敦，該番夷疑團未釋，終必聽之藐藐。其難三，況此案係同治十二年八月（即 1873 年 10

6　「同治十二年六月十三日法國公使熱福理照會」，見中央研究院近代史研究所編：《教務教案檔》第3輯（二）（臺北市：中央研究院近代史研究所1975年），頁1030。

月——作者注）之事，其時周糧務上達，先期來爐（打箭爐），聞信又未回臺。夷類遂視為無足輕重，旋允旋翻。迄今已隔兩載之久，案懸如故。無怪洋人怨望，更使該夷等輕視漢官。大有雖令不從之意。其難四，至鹽井、莽裏兩處司鐸，尚與百姓相安。而巴塘顧司鐸頗不睦於夷眾。前年縱令僕人將臨卡石夷民毆傷，事後並不懲治，因此夷眾各挾公忿，人人自危，即婦孺亦得有所藉口。[7]

依上述困難，鮑、趙二人認為：平息這次爭端，若僅僅是「高談情理，空言責備」，就想讓巴塘僧俗俯首貼耳，洋人亦自得安居，是萬萬做不到的，唯有「恩威互用，賞罰並行」才能期待他們「知恩而有所觀感，畏法而有所警懼」。

為此，鮑、趙二人各拿白銀三百兩，備買獎賞所需之茶包、緞疋、羊只、米麵等項，並在川省招募兵勇 21 名，由趙帶赴巴塘，作為武力後盾。一切就緒後，所謂「恩威互用，賞罰並行」的伎倆便如期上演了。據鮑焯、趙光燮等人事後稟報，其辦案過程如下：

先飭（巴塘）正副土司上緊辦理，並傳各寺內年老懂事之堪布喇嘛、夷類中之鼓譟頭目等，共四十餘人到署；一面移拔臺兵多名，協同楚勇羅列堂階，壯示聲威，始行傳見。入則饗以羊酒，給以賞需。隨將地震亢旱，乃偶然天災，不能歸咎洋人，彼傳其教，此務其業，兩無損礙，何得聽人刁唆，心生疑忌？反覆開導，該喇嘛夷眾，始猶倔強狡辯，繼又諭以各處教堂地

---

7 「光緒元年二月二十三日四川總督吳棠函」，見中央研究院近代史研究所編《教務教案檔》第3輯（二）（臺北市：中央研究院近代史研究所，1975年），頁1053-1056。

基，皆係洋人出銀買得，該夷民既經貪利賣地於先，使居境內，焉能挾嫌毀逐於後，自取愆尤？層層駁詰，曉以利害，該夷眾喇嘛無可置喙，始各俯首認錯。面稱咸知改悔，願賠燒毀教堂，清還損失各物，仍聽洋人在巴塘一帶傳教，以後不敢多事，懇求斷結等語。卑職光燮查看情詞，出於真誠，並無勉強形狀。飭令轉告四鄉夷眾，使皆遵從……旋據巴塘、鹽井、莽裏同四鄉喇嘛鼓譟夷民，分具夷結，呈由土司轉申前來。卑職先燮核明附卷，復加伏容安撫，今其各釋前嫌，永敦和好，所有各處司鐸，移由卑職焯轉教丁主教慎選妥人，安分駐紮，不得縱容僕從，欺凌滋事。各夷眾皆稱感激，仍給予賞需酒肉。遣歸住收。昨已鳩工伐木，仿照舊式，分別賠修三處教堂。其衣物尚有者悉數退還，遺失者酌量估賠，均由卑職光燮就近發司鐸收領。至夷民滋事，土司不能彈壓，實屬咎無可辭。擬請將巴塘正土司羅宗旺登、副土司郭宗剳保，各記大過三次，以示薄懲，俟三年無事，再行詳情免究。[8]

　　這次辦案，不僅煞費苦心，軟硬兼施，要義舉的僧眾「服罪」，就連幾無實憑，惟丁盛榮主教一人之言，所稱「主唆壞事」之土司翻譯曹玉琳，也被體察核辦，將其「密調赴爐，斥革看管」。[9]清廷這種欺內怕外的醜惡行徑，深得洋人歡心，教案雖得以平息，但它只是維持著表面上的平靜，矛盾仍在暗地裏集結。

8　「光緒元年二月二十三日四川總督吳棠函」，見中央研究院近代史研究所編《教務教案檔》第3輯（二）（臺北市：中央研究院近代史研究所，1975年），頁1053-1056。

9　劉傳英：《巴塘藏族反洋教鬥爭述論》，楊天宏主編：《川大史學》（中國近代史卷）（成都市：四川大學出版社，2006年），頁212。

第二節　1879 年巴塘教案

　　這次教案的發生，與中英《煙臺條約》的簽訂有著直接關係，故需從這裏開始講起。

　　英國侵略西藏蓄謀極久。[10]查自 1225 年以來，英人即有入藏探險之舉，惟能深入拉薩者甚少。[11]鴉片戰爭後，英國便試圖以殖民地印度、緬甸為基地滲入西藏，打開中國的西南門戶。1874 年，英國派遣陸軍上校柏朗，帶兵 200 餘名，自緬甸取道八莫入雲南探路，同時委派翻譯馬嘉理由雲南前往緬甸，為柏朗帶路。1875 年 2 月，馬嘉理引導柏朗率領的探路隊，從緬甸的八莫進入雲南。在雲南邊境，居民出於自衛起而進行堵擊，馬嘉理和幾名隨行人員被殺，英軍也逃回八莫，釀成「滇案」。英國政府借機訛詐，強迫清政府簽訂了《煙臺條約》。在此條約中，附有一項「另議專條」，與西藏有關：

> 現因英國酌議，約於明年，派員由中國京師啟行，遍歷甘肅、
> 青海一帶地方，或由內地四川等處入藏，以抵印度，為採
> （探）訪路程之意。所有應發護照，並知會各處地方大吏，暨
> 駐藏大臣公文，屆時當由總理衙門察酌情形，妥為辦給。倘若
> 所派之員不由此路行走，另由印度與西藏交界地方，派員前
> 往，俟中國接準英國大臣知會後，即行文駐藏大臣查度情形，
> 派員妥為照料，並由總理衙門發給護照，以免阻礙。[12]

10　參見盧秀璋：《清末民初藏事資料選編（1877-1919）》（北京市：中國藏學出版社，2005年），頁300。

11　參見中國第二歷史檔案館、中國藏學研究中心合編：《奉使辦理藏事報告書》（北京市：中國藏學出版社，1993年），頁95。

12　中國第二歷史檔案館、中國藏學研究中心合編：《奉使辦理藏事報告書》（北京市：中國藏學出版社，1993年），頁95。

　　要知道，對洋人入藏一事，清朝政府一開始持反對態度。這與一直以來清廷所倚重的治理蒙、藏兩地政策有很大關係，即人為限制西藏與外界接觸，大力推崇黃教，利用黃教控制蒙古，而又用蒙古遏制西藏。而《煙臺條約》的簽訂，是英人預謀入藏之先導。其險惡用心是，利用清朝中央政府對西藏地方涉外事務的處理權，援約入藏，實現夢寐以求的進藏計劃，打開中國的「後門」。[13]

　　從此，英國殖民主義者便以這個條約為依據，利用「通商」、「遊歷」等名義，手執清政府發給的護照，大搖大擺地奔赴西藏。他們明為「通商」、「遊歷」，實則「查看道路形勢，探明風土人情」，且「沿途皆密繪地圖」，帶有強烈的政治企圖，不能不激起藏族人民的強烈抵制和反對。[14]如《煙臺條約》簽訂後的次年（1877年），即有英國陸軍上尉吉為哩（W. J. Gill）由四川成都啟程，行經打箭爐至巴塘，準備向西藏進發。藏人聽聞吉為哩欲赴西藏，立即派人阻攔。吉為哩見勢不妙，這才不得已改道雲南回國。

　　西藏地方堅決反對洋人入藏，「心如鐵石，百折不回」[15]，使得清政府頗為頭疼：一方面，洋人援約入藏是當時所謂的「合法」行為，不能不予以保護；而另一方面，卻又擔心「（西藏）奉佛法為正宗，視洋教如冰炭……如操之過急，勢必驅散百年歸順之赤子從而攜二於

13　參見顧祖成：《明清治藏史要》（拉薩市：西藏人民出版社、濟南市：齊魯書社，1999年），頁282。

14　「光緒三年（1877年）十月十一日丁寶楨奏駐渝英人吉為哩經藏回國為藏人阻回折」，見中國藏學研究中心、中國第一歷史檔案館合編：《元以來西藏地方與中央政府關係檔案史料彙編》（北京市：中國藏學出版社，1994年），頁1050。

15　「光緒十一年（1885年）十一月二十五日色楞額等奏西藏通商事已遵旨派員開導藏人能否遵從實難逆料請飭總署告知馬科雷以息其窺伺之萌折」，見中國藏學研究中心、中國第一歷史檔案館合編：《元以來西藏地方與中央政府關係檔案史料彙編》（北京市：中國藏學出版社，1994年），頁1 077。

吾」。[16]時任四川總督之職的丁寶楨，因多次與洋人交涉，總結了一套頗為無奈的方法：

> 凡有由川入藏洋人，由臣寶楨隨時飭屬設法攔阻，一面諮會查照妥辦……現臣等擬於藏中與各路交界之處，擇要增設文報委員二人，歸駐藏大臣統屬，專司稽查護送遊歷洋人各事。如遇有洋人由外赴藏者，先行委曲阻止；倘力不能阻，則一面飛稟駐藏大臣，一面力為諭導藏番，並親為護送出入，不少疏玩。庶洋人之來藏者，我可以先為防範。即萬一有意外之事，則我既有員保護，彼亦無可藉口。[17]

不難看出，這套方法以「防」為主，能防則防，實在防不住而導致有事發生，也可做到使「彼亦無可藉口」。但在當時半殖民地半封建的歷史大背景下，這種方法只能治標不治本，根本起不了多大作用，正如打箭爐同知李之珂所描述的那樣，「外人覬覦邊荒，藉口傳教，譬如水銀瀉地，無孔不入……」[18]。

光緒四年（1878 年），奧匈帝國世襲伯爵攝政義（Szechenyi）一行得到總理衙門護照，準備由上海經湖北、陝西、甘肅，出嘉峪關而向西藏進發。次年二月，攝政義及兩個奧匈帝國人員抵達甘肅肅州（今酒泉），時任陝甘總督之職的左宗棠特意為他們接風洗塵，並告

---

16 「派員開導藏番折」，見吳豐培編輯，趙慎應校對：《清代藏事奏牘》（北京市：中國藏學出版社，1994年），頁477。

17 「光緒五年（1879年）閏三月初七日丁寶楨等遵旨會籌藏事必須漢藏各官合而為一方能提綱挈領並應設員防邊及勸阻外國人遊歷折」，見中國藏學研究中心、中國第一歷史檔案館合編：《元以來西藏地方與中央政府關係檔案史料彙編》（北京市：中國藏學出版社，1994年），頁1 056-1 057。

18 〔清〕李之珂：《四川新設爐霍屯志略》，轉引自政協四川省甘孜藏族自治州委員會編：《甘孜州文史資料・第12輯》（內部資料）（1993年），頁10。

訴他們：「關外敦煌，沙州西南概係沙山戈壁，無營汛臺站，不能護送。」為了讓他們迴心轉意，原路返回，減少不必要的麻煩，左宗棠仍苦口婆心地勸誡：「官書所載，雖有昔時準噶爾大策濬由準部擾藏，及羅布藏丹津由青海赴新疆之路，聞以大眾開山通道，因度險受瘴死填岩塹者無數，去路旋湮。迄今時異勢遷，飛走絕跡，無路可覓，去亦徒勞。」[19]

無奈攝政義一行固執己見，左宗棠也只好派主簿陳壽樽於三月二十六日護送他們出關。當他們到達敦煌縣沙州營時，發現這裏到處都是荒漠，只覺「天荒地老」、「杳無涯際」，歎息之餘也只得又按原路折回肅州。

再次商議之後，攝政義等人決定改道，由西寧、青海再覓通藏路徑。左宗棠也表示認可，他認為由肅州至西寧一段，設有防營臺站，由西寧到青海，道路亦可通行，所以仍派主簿陳壽樽並加派總兵劉德明，護送他們一行至西寧。而由西寧取道青海達西藏一路，左宗棠分別諮明西寧辦事大臣喜昌、駐藏大臣松溎及四川總督丁寶楨等，照飭所轄地方一體予以保護。然而，這一路徑也困難重重。西寧辦事大臣喜昌就這一路況談過自己的看法：

> 由西寧取道青海覓通前藏路徑，查得自西寧百一十里至申中卡，地屬青海，一片沙漠，杳無人煙。自申中卡至柴達木，約二千里，係海北赴藏大路。自柴達木以西，皆川藏地界，距前藏尚二千餘里，該處野番出沒，時虞劫掠……不能自衛。[20]

---

19 〔清〕左宗棠著，劉泱泱、岑生平校點：《左宗棠全集》（長沙市：嶽麓書院，2009年），頁152。

20 〔清〕左宗棠著，劉泱泱、岑生平校點：《左宗棠全集》（長沙市：嶽麓書院，2009年），頁152。

七月，駐藏大臣松溎接到指令，旋即轉飭噶廈政權，下令「速派
四十名藏族官兵，會同漢兵營官兵一起，攜帶口糧、帳篷、鐵鍋和足
夠數量的乘馬、馱畜，立即出發，不得延誤」[21]。然而，噶廈政府並
沒有遵旨照辦，而且還由達賴、班禪牽頭向松溎呈遞了一份禁止洋人
入藏公稟，內載：

> 伏查洋人入藏遊歷一案，屢接駐藏大臣譯文，內稱立定條約准
> 其入藏，奏明之件，萬無更改，各國到時，漢番一體照護，勿
> 滋事端等因，並面奉屢次剴切曉諭，遂將藏中向無洋人來過，
> 並習教不同，恐於佛地有礙，闔藏僧俗大眾苦哀，懇求駐藏大
> 臣代為奏報矣。而兩藏（指前、後藏）世世仰蒙大皇上天恩，
> 振興黃教，保護法地，何能仰報高厚鴻慈與萬一，豈敢執意抗
> 違不遵？惟查洋人之性，實非善良之輩，侮滅佛教，欺哄愚
> 人，實為冰炭，斷難相處，茲據闔藏僧俗共立誓詞，不准入
> 藏，出具切結，從此世世不顧生死，永遠不准入境，如有來
> 者，各路派兵阻擋，善言勸阻，相安無事，如或逞強，即以唐
> 古特之眾，拼死相抵，諒在上天神佛庇祐佛地，大皇帝恩護佛
> 教，斷不致被其欺壓而遭不幸也！[22]

差不多同時，攝政義又因青藏線道路難行，決定再次改道，擬由
四川巴塘入藏。八月份時行抵成都，剛到這裏，攝政義等便迫不及待
地要求護送入藏。丁寶楨則實施以防為主的策略，再三婉拒：

---

21 西藏檔案館檔案，全宗代號003-19-2，目錄號8，轉引自周偉洲主編：《英國、俄國
  與中國西藏》（北京市：中國藏學出版社，1997年），頁79。

22 中國藏學研究中心、中國第一歷史檔案館等合編：《元以來西藏地方與中央政府關
  係檔案史料彙編》（北京市：中國藏學出版社1994年），頁1059。

（丁寶楨）遂將藏番固執不通於外，洋人進藏即行攔阻，實難理喻。並舉前數次赴藏洋人及臣所派委員均被阻改道各情剴切與言，又以川省保護亦只能至交界之巴塘為止，此外繫屬藏地，向無管轄，不能前進。即勉強護送，而彼此呼應不靈，亦屬無益。至駐藏大臣派人迎護，自是一定辦法。惟駐藏大臣在藏亦不能儘管藏番之事。其中尚有藏王主持，且既係入藏，藏地乃該番地土，彼既不願人前進，駐藏大臣亦豈能強以必從。[23]

　　苦口婆心的勸阻並沒有讓攝政義放棄進藏計劃，無奈之餘，丁寶楨也不好再加以阻攔，便挑選「明幹之員」護送入藏。然而，當攝政義一行還未到巴塘之先，「藏中番眾一聞洋人入境，譁然聚兵攔阻，情勢洶洶」[24]。西藏攝政及三大寺所調兵馬，多達數千，「攔入川境百里有餘，直逼牛古渡口」[25]，禁止洋人進藏。

　　駐藏大臣松溎唯恐「別釀事端」，「特派夷情部郎主事開泰帶領僧俗番官七員，馳旨巴塘」，妥善開導。[26]還沒等他們到來，攝政義等人已抵巴塘，但在「茶樹山頂目所親睹」反洋人情形後，戰戰兢兢，

23 顧廷龍主編，《續修四庫全書》編纂委員會編：《續修四庫全書‧509‧史部‧詔令奏議類》，丁文誠公奏稿卷17（上海市：上海古籍出版社，2002年），頁500-501。

24 「光緒六年四月二十一日軍機處交出川督丁寶楨片」，見中央研究院近代史研究所編：《教務教案檔》第4輯（二）（臺北市：中央研究院近代史研究所，1976年），頁804。

25 「光緒六年四月二十一日軍機處交出川督丁寶楨片」，見中央研究院近代史研究所編：《教務教案檔》第4輯（二）（臺北市：中央研究院近代史研究所，1976年），頁805。

26 「光緒六年四月二十一日軍機處交出川督丁寶楨片」，見中央研究院近代史研究所編：《教務教案檔》第4輯（二）（臺北市：中央研究院近代史研究所，1976年），頁804。

「旋即改道入滇」，逃之夭夭。[27]

藏兵在聽聞洋使改道後，也決定暫行撤兵，在退回江卡的路上，經過莽裏教堂，為泄私憤便用刀劍砍壞門窗，拋擲器物，同時搬去桌椅木器及馬草、圓根（蘿蔔）等，然後呼嘯而去。[28]藏兵退後，附近居民「見其拋擲之物，間有十取一二者」[29]。雖拾取的東西「不過木器數事，為數甚微」[30]，但在後來的教案議結中卻為自己帶來了一些不必要的麻煩。

十二月，新任巴塘糧員稽志文走馬上任，並領命從速辦理莽裏教堂被毀一案。一陣探訪之後，他認為藏兵人數多達數千，根本無從查起，於是便拿當地民眾開刀，他說「莽裏番民究係川界熟夷，何得乘亂借取，實屬不合」[31]。於是便飭令土司傳喚拾取器物之人，不但要歸還原物，向教堂賠禮道歉，並且還要連帶賠償由藏兵刀砍門窗所帶來的經濟損失。就連扔棄的馬草、圓根，也被羅列在賠償清單之上，罰了「五兩」銀子。

清朝官員欺軟怕硬的行為，再一次激怒了西藏僧俗。加上還未退去的藏兵隊伍在行至阿足山溝時，被三岩夾霸（藏語「土匪」之意）「搶去馱支，傷其從人」，藏兵將領頗本香噶憤恨不休，分別調來昌都、乍了、疊蓋、江卡等四路兵馬萬餘人，氣勢洶洶，揚言要徹底驅

27 「光緒六年四月三十日四川成都將軍恒訓等文」，見中央研究院近代史研究所編：《教務教案檔》第4輯（二）（臺北市：中央研究院近代史研究所，1976年），頁807。

28 「光緒六年四月三十日四川成都將軍恒訓等文」，見中央研究院近代史研究所編：《教務教案檔》第4輯（二）（臺北市：中央研究院近代史研究所，1976年），頁807。

29 「光緒六年四月三十日四川成都將軍恒訓等文」，見中央研究院近代史研究所編：《教務教案檔》第4輯（二）（臺北市：中央研究院近代史研究所，1976年），頁807。

30 「光緒六年四月三十日四川成都將軍恒訓等文」，見中央研究院近代史研究所編：《教務教案檔》第4輯（二）（臺北市：中央研究院近代史研究所，1976年），頁807。

31 「光緒六年四月三十日四川成都將軍恒訓等文」，見中央研究院近代史研究所編：《教務教案檔》第4輯（二）（臺北市：中央研究院近代史研究所，1976年），頁807。

逐洋人。他們向清廷攤了底牌，聲稱：「必須巴塘文武土司將各處洋人逐去，勒令土司出具永無洋人進藏切結，方可罷兵。否則直到巴塘，焚毀教堂及土司房屋。」同時，又遍告黎川、滇邊區寺院僧侶人等，「以後一體不許洋人過境，亦不准各處迎護接送（洋人）」，形勢相當嚴峻。[32]

丁寶楨聞悉，急得團團轉。他知道事態惡化了，這已不再單單是禁止洋人入藏了，而是更進一步，要驅逐川邊和滇邊各處洋人。於是他連忙上書朝廷：

> 該番官調兵攻擊（三岩夾霸），蠻觸相爭，事所恒有。川省只需嚴防邊界，保護教堂，斯為正辨。今該藏番等乃竟以直至巴塘，驅逐洋人，焚毀教堂及土司房屋之語。公然具稟，出言無狀。更敢稱兵挾制土司出結，遍諭川滇交界僧俗不准洋人入境，不許護送洋人，實屬橫悖無理，毫無忌憚。所稟驅逐焚毀尚無實據，而該藏番迭次聚兵攔阻洋人，不服理喻，已成積習。此次竟敢無故興兵，百端刁制。若竟不為戒備，設該番兵逞其故態，突入巴境，地方必遭蹂躪，且恐傷害洋人，更屬難辨理。[33]

從奏摺的內容即可看出，清朝官員上行下效，迂腐至極。邊民相爭，實屬內政，理應想方設法予以制止，但他們卻認為「蠻觸相爭，

---

32 「光緒六年四月二十一日軍機處交出川督丁寶楨片」，見中央研究院近代史研究所編：《教務教案檔》第4輯（二）（臺北市：中央研究院近代史研究所，1976年），頁804。

33 「光緒六年四月二十一日軍機處交出川督丁寶楨片」，見中央研究院近代史研究所編：《教務教案檔》第4輯（二）（臺北市：中央研究院近代史研究所，1976年），頁804。

事所恒有」，輕描淡寫的一句話，道出了當時清廷對西南形勢的無知和無奈。要不是擔心藏兵有可能「突入巴境」、「傷害洋人」，估計這件事定會不了了之。

　　出於保護教堂、息事寧人的目的，四川總督丁寶楨即命令阜和協副將況文榜「帶漢土弁兵三百名」馳赴巴塘，會同巴塘糧員嵇志文、都司李萬春等，一方面防範彈壓、扼守要塞；一方面保護教堂，不得妄行出結。同時，飛諮駐藏大臣色楞額（此時松溎已卸任離職），「速將番官頗本香噶等刻日調回，撤退番兵，以免日久滋事」，另外，又分別函文雲南督撫及打箭爐文武，讓他們轉告各自地方的土司、漢夷人等，「切勿聽其煽惑，致違條約」。[34]

　　嵇志文派使前往，婉言勸導：「此事非區區巴塘文武土司所可主持，現已將實情向上級稟報，等待批示回來，自有定奪，在此期間萬不可造次。」[35]雖百般開導，藏兵卻視若無睹，「一味強橫，意在必得，一是永無洋人遊歷入藏，一是打毀法國教堂，如若退兵，二者缺一不可」[36]。正當雙方僵持，無可勸諭之時，情況有了轉機。駐藏大臣色楞額接到諮文後，即嚴飭西藏噶倫：「巴塘洋人，往彼有年，相安無事，且係川境，何得越境尋釁，實屬謬妄。」[37]並飛檄頗本香噶，勒令其限期撤回，解散藏民。光緒六年（1880年）六月，色楞

---

34 「光緒六年四月二十一日軍機處交出川督丁寶楨片」，見中央研究院近代史研究所編：《教務教案檔》第4輯（二）（臺北市：中央研究院近代史研究所，1976年），頁804-805。

35 「光緒六年四月三十日四川成都將軍恒訓等文」，見中央研究院近代史研究所編：《教務教案檔》第4輯（二）（臺北市：中央研究院近代史研究所，1976年），頁811。

36 「光緒六年四月二十一日軍機處交出川督丁寶楨片」，見中央研究院近代史研究所編：《教務教案檔》第4輯（二）（臺北市：中央研究院近代史研究所，1976年），頁805。

37 吳豐培編輯，趙慎應校對：《清代藏事奏牘》（北京市：中國藏學出版社，1994年），頁500-501。

額在西藏接到朝廷諭旨詢問情況時，藏官已撤回前藏，地方較安靖了。[38]

在這次反洋人、洋教鬥爭中，西藏僧俗做足了強硬姿態，但也沒有如宣稱的那樣直搗巴塘及滇西北，驅趕洋人教士，並未造成人員傷亡，惟莽裏教堂遭受微創，但這足以挑動清廷「致洋人有所藉口，別生枝節」[39]的那根脆弱神經。

彼時，巴塘轄區內有教堂三處：一在巴安，一在鹽井，一在莽裏。巴安教堂接近漢地，易於清軍保護，鹽井教堂雖地處偏僻，但民風淳樸，一向相安無事，只有莽裏教堂建在大道之側，並與藏界緊連，時常引起西藏僧俗的懷疑：一是可能有意勾引江卡一帶百姓入教；一是可能暗藏遊歷洋人於內。[40]由是，屢次向莽裏教堂尋釁滋事。然而，清廷所派漢藏各官距此甚遠，實難兼顧。為了確保莽裏教堂安全，避免日後與洋人發生一丁點糾葛，糧員稽志文提議，將莽裏教堂遷往較為偏僻的鹽井，依原樣重建：

> 欲求巴塘、江卡解嫌釋怨，惟有移遷莽裏教堂之一法。查莽裏教堂修建草屋五楹，買地不過數千畝，教民僅止八九家，且彼處天時六月猶飛霜雪，稞麥每多不收。本年因避藏兵，春耕又復失時。卑職已屢商巴塘司鐸，勸其捨此他圖，既可自省煩惱，亦免教庶流離……此舉如能有成，在洋人固可仰體川藏各憲保衛之心，而巴塘亦可稍順江卡番情，使彼以後無所藉口，

---

38 參見鄧銳齡：〈清代駐藏大臣色楞額〉，《中國藏學》2011年第4期，頁45。

39 「光緒七年（1881年）九月六日軍機處交出諭丁寶楨片」，見中央研究院近代史研究所編：《教務教案檔》第4輯（二）（臺北市：中央研究院近代史研究所，1976年），頁855。

40 「光緒六年十二月二十五日成都恒訓等文」，見中央研究院近代史研究所編：《教務教案檔》第4輯（二）（臺北市：中央研究院近代史研究所，1976年），頁831。

實可使川藏少生嫌隙。現已由諭土司立差占操，於鹽井地方，
照莽裏地畝大小踩出一假，典興教堂。即可將莽裏教民移附彼
地，事事已為之籌備。[41]

　　可以窺見，莽裏教堂深處藏境，緣於信仰上的差異，教徒發展不
容樂觀，「教民僅止八九家」，「且自建立莽裏教堂以來，從未傳一藏
界之民」，[42]但教會財產卻發展迅速，「房屋五間，地數千畝」，要知道
在康藏山區能有如此教產，是何等規模！然而，清朝官員對此早已熟
若無睹，「不過」（數千畝）二字即表達出無大驚小怪之感，足見當時
外國教會在藏邊的發展與勢力。

　　遷移教堂，雖立意甚好，但畢天榮主教及巴塘司鐸仍顧慮重重。
一方面，就這麼輕易撤走，他們擔心會被當地民眾說成是膽小怕事，
畏怯西藏僧俗，從而影響教會在民眾心目中的地位；另一方面，他們
又害怕教堂一旦遷走，其所佔地價莽裏百姓不能繳還，從而使教產蒙
受損失。是以推託。[43]

　　嵇志文看出了他們的心思，採取了兩手措施：第一，迅速飭令土
司「詳查應退價值及原修教堂經費共需若干」[44]，解除他們唯恐教產
有損的後顧之憂。然而，莽裏地方民生凋敝已極，一時很難籌措到這
麼多的資金。嵇志文擔心夜長夢多，為了速遷教堂，他答應先由自己

---

41 「光緒六年十二月二十五日成都恒訓等文」，見中央研究院近代史研究所編：《教務
　　教案檔》第4輯（二）（臺北市：中央研究院近代史研究所，1976年），頁831-832。
42 「光緒六年十二月二十五日成都恒訓等文」，見中央研究院近代史研究所編：《教務
　　教案檔》第4輯（二）（臺北市：中央研究院近代史研究所，1976年），頁833。
43 「光緒六年十二月二十五日成都恒訓等文」，見中央研究院近代史研究所編：《教務
　　教案檔》第4輯（二）（臺北市：中央研究院近代史研究所，1976年），頁832。
44 「光緒六年十二月二十五日成都恒訓等文」，見中央研究院近代史研究所編：《教務
　　教案檔》第4輯（二）（臺北市：中央研究院近代史研究所，1976年），頁832。

墊付資金，日後再由莽裏百姓分年償還；第二，好言相勸，極力奉承，嵇志文反覆解釋，「藏番勤兵之際，如彼時移走教堂，則情近畏葸，刻下伊等已經退去，我等自願棄此就彼……巴人藏番斷不至於恥笑」[45]，再三開導，以解除他們害怕落下「畏懼藏民」的思想之憂。多次懇請後，畢天榮才答應將莽裏教堂遷至鹽井。

　　光緒六年（1880 年）秋天，「在鹽井新造房屋一律落成，教民也於九月間移走完畢」[46]。翌年（1881 年）二月，法國公使寶海為表欣慰之心，「專此函覆」。前後歷時一年零四個月，此次教案才得以了結。

第三節　1881 年梅玉林案

　　論述此案之前，有必要先認識一下梅玉林其人其事。根據勞內的《福音傳道會紀要（卷二）》可知：梅玉林乃是 Brieux, Jean Baptiste Honore 的漢名，1845 年 2 月 6 日生於法國上索恩省的邦博永，後入瑪律奈和呂克瑟伊的初等神學院，再升入貝桑松的高等神學院，畢業後繼為神甫。1876 年 10 月 18 日入巴黎外方傳教會，兩年之後，被派往中國藏區傳教，駐四川巴塘。接下來的故事，就由此開始。

　　光緒七年閏七月十五日（1881 年 9 月 8 日），梅玉林自巴塘出發，押運由本國帶給教堂的對象箱支 13 馱，前往鹽井交收分送。按清朝政府與西洋各國的約定，傳教士外出遊歷及傳教，需知會該地方衙門，方便準備進行有效保護。然而，梅玉林性情孤傲，他認為這次行

45　「光緒六年十二月二十五日成都恒訓等文」，見中央研究院近代史研究所編：《教務教案檔》第4輯（二）（臺北市：中央研究院近代史研究所，1976年），頁832頁。

46　「光緒六年十二月二十五日成都恒訓等文」，見中央研究院近代史研究所編：《教務教案檔》第4輯（二）（臺北市：中央研究院近代史研究所，1976年），頁834頁。

動「係自馱自馬,並有乍丫(今察雅)番商人夫馬匹同行,恃無妨
礙」,於是在未經知會照料的情況下便出發了。

　　檔案文獻對梅玉林的行程路線並沒有確切記載。王炎曾依據清人
遊記和當時驛站狀況復原了當時情形:

> 梅玉林與乍丫商人閏七月十五日打早從巴塘出發,順流南下,
> 午後即到竹笆籠,下午續行至公拉,乍丫商隊因故落後。梅玉
> 林以天色尚早,決意趕往空子卡過夜,以便三日走完全程,抵
> 達鹽井,行經核桃園,人困馬乏(已行約 150 里),見風景秀
> 美,又有塘戶人家,便插帳休息,等待乍丫商人。乍丫商隊熟
> 悉沿途情況,計劃兩日趕到南敦,當天欲住公拉,行路不緊不
> 慢。抵達公拉時,發現梅玉林已冒險單獨進山,情知容易出
> 事,遂報告公拉塘兵四郎洛布,請其快馬單騎勸導梅玉林返回
> 公拉住宿。[47]

　　塘兵四郎洛布快馬加鞭趕至核桃園,告知梅玉林此地夾霸野番時
常出沒,萬萬不可在此紮營過夜,千萬請回。川藏邊境,道路崎嶇難
行,好不容易跋涉至此,梅玉林不願退回,便決定在此過夜,以待天
明。事實證明,他為這個決定付出了昂貴的代價。

　　當夜初更時分,聽聞犬聲陣陣,梅玉林便令教民向興順出帳查
看。剛至帳門,向興順就被突然竄出的三人按倒在地,並有數十人趁
機湧進帳篷。梅玉林見勢不妙,施放隨身攜帶的洋槍,立即轟倒一
人。眾匪徒驚愕稍退。接著,又從四面一起圍攻,擲石亂打。梅玉林
驚慌失措,持槍亂放一通,終因寡不敵眾而受傷倒地。眾匪見狀,便

---

47 王炎:〈梅玉林事件發生地考實〉,《中國藏學》1996年第1期,頁31-32。

一擁而上，持刀亂砍，其頭面均被刀石砍擊，血肉模糊，右手手腕骨裂，左手手腕亦被砍殺，當場斃命。而向興順則趁亂躲避，待天亮查點貨物後，即刻趕赴公拉報告凶訊。

塘兵聞悉後立馬出動，馳驅 130 里，下午趕到巴塘糧臺衙門。然此時糧員嵇志文赴打箭爐廳會算交代尚未歸還，糧臺守備見情節嚴重，隨即另派專差，草就文書，連夜趕赴打箭爐廳向嵇志文匯報。是夜，當專差行至距離巴塘有三站之路的奔叉木時，與正要趕回的嵇志文相遇。聽聞奏報後，嵇志文星夜趕回。

講述這件事情，不得不說明的是，有關梅玉林的被害地點，學界曾有不同的看法。方建昌認為梅玉林被殺地點為夾霸，即夾霸公社，屬左貢縣，位於北緯 29.7°、東經 97.4°處。而王炎則反對此說，他這樣寫道：

> 方先生由「三岩野番」推斷「夾霸野番」為「夾霸」地方的野番，又循音估地，竟將梅玉林事件的地點搞到了左貢縣的加壩公社，這是萬不可取的。查加壩在左貢縣以西，從地圖上測量與巴塘空中直線距離約 360 公里，其間隔著金沙江、瀾滄江、怒江等許多名川大河，又橫亘著橫斷山、芒康山等無數崇山峻嶺，實際路程爬山涉水，鳥道盤旋，何止千里之遙？！梅玉林「十五日」從巴塘出發，當夜出事，嵇志文於出事當天（十六日）在奔叉木接到專差飛報……則兩地應在快馬一日里程之內。然依據清制驛遞里程，最快者每日馳 600 里，次者為 400 里，一般為 200 里。前兩者很少使用，凡用「皆有規定之事體，濫用者雖總督、將軍，亦應得降二級處分」。用 600 里者，只限於總督、將軍、提督、學政四人在任病故，丁憂或戰爭期間攻克城池、要塞失守；用 400 里者限於每年秋審全案，每三

年大計舉劾之奏報以及其它緊要檔……可見梅玉林事件奏報，應為日程 200 里（最多不超過 400 里），怎麼可能從加壩趕到奔叉木呢？況且，加壩不在巴塘—鹽井途中，也不在巴塘—乍丫途中，無論梅玉林或乍丫商人都不會路過加壩，就連左貢也不經過；再說，夾霸、加壩二者在藏語中發音不同，寫法不同，並非一回事……據此可見，方文的謬誤是顯然的。[48]

其實，梅玉林的被害地點，檔案文獻中有明確記載，即上文所提及的「核桃園」。然古之「核桃園」在今天的什麼地方呢？王炎認為，今西藏芒康縣之達格頂（大蓋頂），舊屬巴塘轄境，乃是梅玉林事件發生之處。其理由是：①達格頂與核桃園地望吻合，藏文讀音相同；②達格頂地近三岩，匪患特徵、塘兵設置與梅玉林事件相若；③核桃園風景獨特，為藏區所罕見，難找別處與之相比，非達格頂莫屬。[49]

接上文往下說。稽志文回巴後，便找來司鐸畢天祥（Biet Cesar Alexandre）和教民向興順等人瞭解情況。當得知梅玉林是在沒有知會地方衙門予以保護的情況下冒昧前往，被匪徒所殺，故「不能相怪」，並請畢天祥出具洋字切結一紙，表明責任在己，與地方衙門無關。畢司鐸自知理虧，據實辦理，但希望巴塘地方能為他們查緝番匪，予以嚴懲。稽志文一面調集土兵 600 名前往清剿，一面將此情形上報四川總督丁寶楨，奏請酌調營兵至巴協同剿捕。

丁氏聞報，察覺此事非同小可，即刻上奏朝廷。他認為，梅玉林性情執拗，從前到川之時，係由東路直抵打箭爐，沿途經過州縣均不

---

48 王炎：〈梅玉林事件發生地考實〉，《中國藏學》1996年第1期，頁29-30。

49 參見王炎：〈梅玉林事件發生地考實〉，《中國藏學》1996年第1期，頁31-32。

知會地方驗照護行，這次又經勸阻，仍我行我素，故禍由自取，不能相怪。[50]然而，三岩野番以劫掠為生，「實屬凶頑」，應予以剿捕。

關於「三岩野番」，清人傅嵩炑有這樣的記述：

> 三岩野番，居德格之南，江卡之北，貢覺、乍丫之東，巴塘之
> 西，跨金沙江之上，有上岩、中岩、下岩之分。自東至西，僅
> 二百餘里，自南至北，計四百餘里。無土司頭目管束，各不相
> 下，或數十戶為一村，或百餘戶為一村，不相往來。各村亦常
> 互鬥，一人有仇，同村為之報復。歲時與漢人不同，與番人亦
> 異，自耕自牧，草場地畝，疆界甚嚴，且以行劫侵毆為業。各
> 屬番人，往來商旅，無不畏之惡之，清時屢因藏事出兵，不由
> 三岩捷徑，特繞道五六日程經江卡者，亦以其地險人強雲。[51]

三岩過去叫作「熱蓋」，這裏處處山峰雪嶺、懸崖峭壁，道路崎嶇、交通閉塞，長期處於「無法無官」的狀態，也造就了當地人的封閉意識和驍勇彪悍的個性。他們半農半牧，居無定所，主要以劫掠殺人為生。外地人懼怕，稱之為「三岩」，意指荒涼不毛之地。清朝政府因權力不能及，多以「野番」相稱，甚至有軍事行動路經該地時，也不得不繞道而行。

光緒六年（1880 年）十一月，駐藏幫辦大臣維慶由打箭爐入藏，當行至巴塘轄境大石包地方時，就遭到三岩野番數十人的攔路劫掠，甚至等該地方官帶領土目前來查拿時，他們仍敢施放槍炮，肆行抗

---

50 「光緒七年九月初十四川總督丁寶楨等函」，見中央研究院近代史研究所編：《教
　　務教案檔》第4輯（二）（臺北市：中央研究院近代史研究所，1976年），頁857。

51 付嵩炑：《西康建省記》（南京市：中華印刷公司，1932年），頁49。

拒。[52]事後，朝廷震怒，「飭該文武認真捕緝」[53]。但因這裏地勢險要、道路崎嶇，加上三岩匪徒多深居山中，居無定所，一直難以得手。

舊案未破，又添新案。況且此案涉及洋人被殺，洋物被劫，關乎中外關係，引起清廷的高度重視。為了不「致洋人有所藉口，別生枝節」[54]，同時也為了肅清川藏大道，方便商旅往來，光緒帝遂決定舊賬新仇一起算，全力清剿三岩匪徒。

光緒帝的擔心不無道理。自鴉片戰爭以來，清室日衰，對西方列強節節退讓，洋人被中國人所殺，往往成為糾紛甚至戰爭的藉口。[55]雖然在這次事件中，梅玉林沒有知會地方衙門，純屬咎由自取，按理應與清廷無關，但「強者才有話語權」的道理，相信清政府在近代以來比誰都更有體會。於是，為防患於萬一，清廷不得不予以主動配合。

針對此案，丁寶楨認為，「三岩野番本係另種野夷，向來不歸漢官與土司管轄」，但「其地究屬附近土司轄境，似未便以無人約束稍從寬宥」，命令摘去巴塘土司等人頂戴，以示薄懲，並勒令嵇志文「督率所調土兵六百名，剋日深入番巢，懸立重賞，務將滋事首夥凶番四面兜拿，並設法購捕栓獲，追贓給領，盡法懲辦」。又恐土兵不能得力，另飭「阜和協副將況文榜，挑選該營兵丁二百名，泰寧營兵一百五十名，飭派得力都守一員管帶起程，以資兜拿」。同時，還命

---

52 參見吳豐培、曾國慶編纂：《清代駐藏大臣傳略》（拉薩市：西藏人民出版社，1988年），頁210-211。

53 「光緒七年九月初六日軍機處交出諭丁寶楨片」，見中央研究院近代史研究所編：《教務教案檔》第4輯（二）（臺北市：中央研究院近代史研究所，1976年），頁854。

54 「光緒七年九月初六日軍機處交出諭丁寶楨片」，見中央研究院近代史研究所編：《教務教案檔》第4輯（二）（臺北市：中央研究院近代史研究所，1976年），頁855。

55 參見王川：《西藏昌都近代社會研究》（成都市：四川人民出版社，2005年），頁102。

令打箭爐同知李忠清馳往巴塘，督同嵇志文、土司人等，趕緊查拿，追贓懲辦，以期迅速，而慰遠人。[56]

　　為速破此案，法國傳教會不斷向清廷施加壓力。他們打著「搶奪銀錢有數可清，殺斃人命無價可償」的旗號，借機要脅清政府，甚至舊事重提，「務使夷藏一路通達，敝傳教毫無阻滯」[57]，希望以此為機，由康入藏，建立教會，完成多年來夢寐以求的大業。針對這一企圖，該地方官都表示屬難辦到，成都將軍托克瑞曾上書予以辯明：

> 畢監牧（即畢天榮）所呈情節，其明知梅司鐸冒昧輕行，致有疏失之意，已見於言外。至中國辦理命盜案件，向係緝拿贓賊迅辦償命追贓給領。此件業經照案嚴飭速辦，照約亦別無異議。茲該監牧來文以人命無價可償，意近居奇，屬難照辦。至夷（岩番）藏（西藏）各有疆界，岩番實係一種野夷，歷無統屬。梅司鐸在巴塘傳教多年，應知岩番野夷向無管束。當日如果知會臺員及土司選派弁土各兵護送前行，斷無此失。且夷、藏疆界各分各辦各案，安能以彼例此。今畢監牧因此案而欲使夷藏一路通達，毫無阻滯，其用意既屬勉強，其情勢亦萬有不能。[58]

　　唯有盡快破案才能消除法國人的非分之想。為此，嵇志文絲毫不敢懈怠，處處留心，連日暗查走訪。終於，一個異常的細節跳入了他的眼簾。

---

56 「光緒七年九月初六日軍機處交出丁寶楨片」，見中央研究院近代史研究所編：《教務教案檔》第4輯（二）（臺北市：中央研究院近代史研究所，1976年），頁854。

57 「光緒七年十月十二日成都將軍托克瑞等文」，見中央研究院近代史研究所編：《教務教案檔》第4輯（二）（臺北市：中央研究院近代史研究所，1976年），頁862。

58 「光緒七年十月十二日成都將軍托克瑞等文」，見中央研究院近代史研究所編：《教務教案檔》第4輯（二）（臺北市：中央研究院近代史研究所，1976年），頁863。

　　稽志文留意到，近段時間每天都有岩番借貿易之名來往於丁零喇嘛寺，形色怪異，大有可能是打探消息。八月初六，乃是丁零喇嘛寺演跳布紮[59]。的日子。這一天，巴塘民眾會聚集於此，載歌載舞。稽志文認為在這個當口人員混雜，利於那些番匪來此探聽消息，但也更容易讓他們放鬆警惕，所以正可抓住時機將其一網打盡。當天，稽志文便以彈壓為名，點兵撥將開往該寺。但不知是提前走漏了風聲還是其它原因，結果卻一無所獲。

　　後又經巡查暗訪，逐步縮小了偵破範圍。

　　八月十九日夜四更，巴塘土司於下喜松工噶瑪地方擒獲夾霸工布曲批、策珠二人，並收繳洋錢 37 元、藍布 6 尺、茶 7 包，詢明確係梅玉林丟失的贓物。次日帶回審訊，二人對同搶分贓供認不諱，並揭發說還親眼見到丁零寺喇嘛降巴納小、毅熱根堆等人也參與其間。丁零寺聞言，速派該寺鐵棒、頭人等來臺署衙門，細說詳情，聲稱與此事並無瓜葛。但稽志文對此頗有懷疑，在給成都將軍托克瑞的稟文中，他如此說道：

> 該喇嘛降巴納小等既被人供出行劫得贓，自應送案質訊，何得飾詞迫獲。該喇嘛等總以策珠誣衊為詞，而降巴納小等現仍禁寺中，尚未送案……雖據八家公項喇嘛等堅供並無其事，而細核該喇嘛供詞，降巴納小等既與夾霸相處一日，隨行馬匹鐮刀一物未失，並與夾霸策珠攜帶什物回家。岩番已將伊釋放，該降巴納小等何以不急速奔回，仍敢在被劫地方守候。迨營弁土司均在喜松工地方捕拿夾霸，駐紮該處二十餘日。降巴納小等

---

59 藏傳佛教的一種舞蹈

即係喜松工之人，又何不向土司稟訴？種種情節，均屬可疑。[60]

丁零寺因此案涉及西方傳教會，不敢輕易獻人。而穐志文等人也擔心追剿過急，必滋疑懼，別釀事端。此時，又恰逢大雪封山，進兵剿辦已非最佳時期。因拿捏不定，穐志文就將此情形稟報川督丁寶楨及成都將軍托克瑞，請求指示。

丁、托認為，問題的關鍵應該是，一方面趕緊「傳集八家公項等妥為諭導，令其交出降巴納小等，提同策珠等與之質訊」，另一方面「就現獲各匪研訊，當日夥劫之實在人數果有若干？首夥係何姓名？迅即督飭兵役設法嚴捕凶番懲治」。同時又提出兩點意見：①此事涉及喇嘛教，切不可操之過急，另肇事端；②以獲犯追贓為第一要務，不得以山深雪大稍涉延遲，而致法國傳教士有所藉口。[61]然而，丁零寺卻還是遲遲不願交人，唯恐一經交出，窮追根源，遭受株連之罪。十一月十五日，各處喇嘛數百餘人，齊聚該寺，意圖抗拒官兵。穐志文本著「切不可操之過急，另肇事端」的指示精神，將該寺堪布、鐵棒等招至三霸地方，「開載布公，再三曉諭」，並最終說服了他們將降巴納小等二人交付歸案。到案後，提同工布曲批、策珠二人質訊，並召向天順前來指認。經審訊得知，工布曲批曾於當日白天在洋人帳房外帶刀走過，其餘三犯亦均繫同行上盜，確切無疑。[62]

至此，案件情由已屬明朗。穐志文主要採取了兩方面措施：第一，嚴懲兇犯。案件審理至此，暫告段落，雖其餘岩番仍在逃未獲，

---

60 「光緒七年十月二十日成都將軍托克瑞等函」，見中央研究院近代史研究所編：《教務教案檔》第4輯（二）（臺北市：中央研究院近代史研究所，1976年），頁865。

61 「光緒七年十月二十日成都將軍托克瑞等函」，見中央研究院近代史研究所編《教務教案檔》第4輯（二）（臺北市：中央研究院近代史研究所，1976年），頁866。

62 「光緒八年二月初八日成都將軍岐元等函稟」，見中央研究院近代史研究所編《教務教案檔》第4輯（二）（臺北市：中央研究院近代史研究所，1976年），頁871。

但上述四犯據證言實，自應照章懲辦。於是，嵇氏先將情罪重人之工布曲批、毅熱根堆這一俗一僧就地正法，以示懲戒；而策珠、降巴納小等二犯，即刻押回，拘禁打箭爐廳待質，等在逃餘番捉拿歸案，再行訊供擬辦。第二，照價賠償。據教堂估計，除追回贓物外，尚欠白銀 1,935 兩 7 錢 1 分。嵇氏認為，此案雖係岩匪為首，但竟有多名僧俗參與其間，是該正副土司與丁零寺堪布約束不嚴所致，均難辭責，所有賠贓銀兩「應飭令該土司及丁零寺堪布分別賠繳，以為約束不嚴之戒」。[63]

畢天榮主教見兇犯既經正法，贓物又失而復得，心悅誠服，遂由現駐巴塘司鐸畢天祥親手領銀，並出具了案切結。法國公使寶海也於是年三月初九日（1882 年 4 月 26 日）致函總理衙門表示感謝，還假惺惺地說道：

> 現在我兩國友誼往來無事，能令互相親近，有彼此相信之同心……當日本國（法國）飭派本大臣（寶海）來中國辦理緊要事件，遇事時，本大臣所能為，即可盡力而為，可顯明兩國篤厚之情……今視四川大吏相幫法國人之事，本大臣較前明晰深知，所有好處係在國政友邦相同往來之內。貴國國家相待友邦之臣甚憂……貴國之所為，亦如本國前之所為。由此，兩國生有幫助之好法，比和約為勝，再一年深似一年，不能更改，何也？此兩國互有益處也。除現今之事，嗣後本大臣視將來之事，兩國日親日近。[64]

---

63 「光緒八年二月初八日成都將軍岐元等函稟」，見中央研究院近代史研究所編《教務教案檔》第4輯（二）（臺北市：中央研究院近代史研究所，1976年），頁871。

64 「光緒八年三月初九日法國公使寶海照會」，見中央研究院近代史研究所編《教務教案檔》第4輯（二）（臺北市：中央研究院近代史研究所，1976年），頁877。

　　丁寶楨等認為此案辦理甚為妥速，並取具畢天榮主教了案切結，尤為結實可靠。但考慮到三岩野番頻年越境搶劫滋事，若不將此案逸匪悉數拿獲，嚴行究辦，實不能做到以儆效尤、警示他人的目的。於是，又「批飭糧務秘志文，督飭巴塘正副土司隨時購線，設法密捕，務將在逃餘匪上緊弋獲，盡法懲辦」[65]。

　　為徹底解決三岩匪患，秘志文親赴竹巴龍，查看岩番歷年出行搶劫各處，並調派泰寧營兵丁逐段駐紮，實力嚴拿。同時，駐藏幫辦大臣維慶亦奏請選帶漢藏官兵馳往查辦，與秘志文部遙相呼應，成兩面夾擊之勢。不幾日，維慶所率分部便將紫打團團圍住，番民見如此陣勢，均有投順之意。然恰在此時，維慶被調職赴京。番民見狀又思反覆，並派人到上、中兩岩乞求援助，以抗清廷。秘志文速用漢、藏二文書寫告示，派遣熟悉三岩環境之藏民，遍貼上、中兩岩各地，曉諭「各清各界，毋得聽人唆弄，自罹自戾」。威懾住上、中兩岩後，秘志文便命令前軍速為進攻，後路隨時帶隊入山搜捕。然而，東打岩番卻糾合納窪、尾角、暮洗等族共 900 餘人，前來紫打寨前郎隆拉山會戰，以解紫打之圍。

　　秘氏指揮若定，分路迎擊，番匪勢力不支，四散敗逃。官兵乘勝追擊，殺死各族 20 餘人，受傷逃回者不計其數，後又擊斃紫打賊首霞朵一名。於是，寨中男女老少均哀哭求饒，情願投誠，發誓以後再也不敢搶劫大道。擦納寺喇嘛汪根亦代各族再三懇求，希望秘志文能網開一面，從輕處罰。秘氏認為，此次攻克賊巢，斬擒首要，已足以寒賊膽而快人心，為免興師動眾、勞民傷財，即決定除了在紫打一村查明不法之家，將其房屋盡行燒毀、田畝分賞他人外，其餘東打、納

---

65 「光緒八年二月初九日軍機處交出丁寶楨抄片」，見中央研究院近代史研究所編《教務教案檔》第4輯（二）（臺北市：中央研究院近代史研究所，1976年），頁874。

窪、尾角、暮洗、宗巴各村一概准其投誠，但必須各獻有身家之頭目前來巴塘做人質，而押質之人是否真實可靠，則有擦納喇嘛出結擔保，若以後川藏大道稍有劫掠，查出係何族夾霸所為，即拿該族在押人質是問。

因畏懼官兵聲威，各族紛紛納質請降。至於在逃餘匪，均責成歸順各族設法擒獻。法傳教會見清廷如此辦理，心悅誠服，表示毫無異義。光緒八年十一月二十日（1882 年 12 月 29 日），巴塘教堂、丁零喇嘛寺和巴塘土司三方具結，冰釋前嫌，歷時一年零四個月之久的梅玉林事件終得平息。

第四章
此起彼伏的佛耶博弈（下）

昂著頭出征，夾著尾巴回家，

是庸駑而好戰的人的常態。

——摘自馮雪峰《雪峰寓言》[1]

　　順承上文，本章將接著講述過往在瀾滄江谷地發生的另兩起重大教案，即 1887 年巴塘教案和 1905 年鳳全事變。與前面幾次教案相比，這兩起鬥爭更具新特徵：一是規模大，都一度超出了事件爆發點——巴塘的地界，波及滇西北地方；二是起事僧俗對晚清政府有了更清晰的認識，在反洋教的同時也把反封建提到了一定高度（這在 1905 年的鳳全事變中表現得尤為明瞭）；三是成案後交涉歷時時間長，如 1887 年巴塘教案，前後綿延逾十載，在巴塘乃至中國教案史上都具有重要地位。

第一節　1887 年巴塘教案

一　鷸、蚌、漁翁：嚴峻的西南形勢

　　把歷史的指標撥回到 19 世紀後半葉，正是從這個時候開始，西方列強掀起了一場瓜分中國的狂潮。若聚焦至西南藏區，則主要呈現出英俄鷸蚌相爭、法國伺機而動的態勢。

1　馮雪峰：《雪峰寓言》（北京市：人民文學出版社，1980年），頁63。

　　緣於其特殊的地理位置和宗教文化，西藏早早就成了西方列強覬覦的目標。這對英俄兩國而言，尤為如此。「西藏者，英俄必爭之地也。英人得之，則可以固印度之門戶而為之屏藩；俄人得之，則可以拊印度之背而扼其吭，以為高屋建瓴之勢。」[2] 1875 年，英國人納爾薩海在與不丹部長歐拄汪曲會晤時，就曾用威脅的口吻要求從噶爾薩嶺一帶租地修路，以通西藏。及至 1885 年秋，英國政府更是巧尋藉口，一舉吞併了緬甸。當時，緬甸與中國存在「宗藩關係」，但在英國的威逼利誘下，清廷不但承認了既成事實，還應允了在中緬邊界通商問題。次年，英軍在藏哲（哲孟雄——今錫金）邊境步步進逼，西藏地方則在熱納宗隆吐山設卡自守，雙方劍拔弩張。

　　在英國人加緊侵略西藏的同時，沙皇俄國也沒閒著，接二連三地以「探險」、「遊歷」、「學術研究」為幌子，派人潛入西藏進行陰謀活動。如 1871 至 1888 年間，沙俄軍官普爾熱瓦利斯基上校曾帶領「探險隊」先後數次到達中國，從新疆南部翻越祁連山，在新疆、青海、西藏等地進行長期活動。與英國向以武裝威懾為手段不同，俄國則主要以宗教籠絡為主，極力在藏族僧民中培養親俄觀念，共同抵制英國。「吃軟不吃硬」是大多數人的本性，放在政治關係中亦是如此。英國人赤裸裸的做法，只會激起西藏僧俗的強烈反對，而俄國人的和緩手段則收到了一定的成效，影響了一些僧俗人士，使其產生了親俄傾向。而這愈加引起了英殖民者的不安，同時也刺激著他們採取進一步的侵藏計劃。

　　法國在西藏爭奪戰中企圖扮演「得利漁翁」的角色。1846 年，正是在英俄兩國的壓力下，法國傳教會不得已退出西藏，蟄伏於川滇康區。但這一恥辱法國從未忘記，他們在這裏「臥薪嚐膽」，依託有

2　盧秀璋：《清末民初藏事資料選編（1877-1919）》，（北京市：中國藏學出版社，2005年），頁297。

利地形建立教堂，傳播教義，發展教徒，伺機而動。19 世紀 80 年代，法國也加快了侵略我國西南地區的步伐。其中，《中法新約》的簽訂，不但承認了法國對越南的統治權，而且同意在雲南、廣西兩省的中越邊境開闢商埠，並給予特殊待遇。法國勢力的介入，使英法矛盾大大激化。這種矛盾的發展，在國家獨立自主和正確政策路線的指導下，是可以拿來利用，並會產生良好效果的。遺憾的是，在半殖半封和清廷事實上已經成為洋人政府的情況下，這種矛盾反而成為英國加緊侵藏的動力。[3]就這樣，西南形勢變得越來越嚴峻，藏洋矛盾也跟著步步升級。本文所要講述的這次教案，正是這種矛盾激化的表現。

二 忍無可忍：教案的全面爆發

19 世紀 80 年代初，巴塘自然災害頻發，「暮春即酷暑難耐，麥苗枯槁；七月山蕎未刈，即遇嚴霜」[4]。在藏洋矛盾的刺激下，當地僧俗便以「洋人具有妖術」所致為藉口，開始向傳教士發難。光緒十三年（1887 年）閏四月及五月間，巴塘等處教堂就多次遭到藏族僧俗前來攻打。只不過地方官都及時趕來，予以彈壓，未釀成巨禍。然而五月三十日（7 月 20 日），「巴塘以外人民受西藏喇嘛之賂，直沖該處教堂，焚毀一空」。教堂被毀後，所有奉教之人，也都被驅逐出境，其田地、莊稼、牲口、衣服等件，也均被紛搶無餘。就連已故傳教士梅玉林及教民 7 人棺木也被藏民刨挖，屍身棄沉於河中。[5]此為「巴塘教案」。

---

3 參見段楚英：《每日一史》，（北京市：解放軍出版社，1988年），頁91。

4 「光緒二十五年五月十四日成都將軍恭鏜文」，見中央研究院近代史研究所編：《教務教案檔》第5輯（三）（臺北市：中央研究院近代史研究所，1977年），頁1248。

5 「光緒十三年八月二十二日法國公使蘇阿爾照會」，見中央研究院近代史研究所編：《教務教案檔》第5輯（三）（臺北市：中央研究院近代史研究所，1977年），頁1419。

　　滇西北毗連川、藏，教士、教民易潛逃至此。為徹底把洋人教士趕出藏區，噶廈政權於稍後不久即發佈「飭驅洋教」文書，傳至滇西北土司手中，阿敦子土弁和定邦在後來的案件審理中，回憶稱「墩境昆連川藏，前屢接藩澤藏書飭驅洋教，不准窩留在境，彼屬已將洋教驅逐墩地，若不遵依，定即率兵前來，地方必受藏屬騷擾」[6]。維西通判翟繼廉竭力調兵彈壓，「而夷眾蓄恨甚深，始終不聽勸諭」[7]。七月份，見形勢越來越嚴重，和定邦旋將此事通告駐阿敦子傳教士顧德爾（Goutelle Jean Baptiste）與任安守（J. Jevestieg），勸其暫行趨避。在他們兩位撤離的同時，茨菇天主教堂傳教士余伯南（Jules Eienne Dubernard）、畢天祥以及駐小維西天主教堂傳教士李雅敬（Antoine Leard）、畢天榮等也收拾行裝，鎖閉教堂，將行李雜物等存放於當地夥頭（小土官）趙喃家中後，逃往葉枝、大理等處。八月，阿敦子教堂被該地方喇嘛寺堪布、土千總旺堆、土把總三德買服百姓，搶劫焚燒，釀成「阿敦子教案」。

三　往返周旋：綿亙十載的教案議結

　　事件發生後，法國公使蘇阿爾即照會清廷，並提出四點要求：① 安置外逃教士；② 賠償教會損失；③ 限期追凶治罪；④ 約束西藏僧俗。[8]清政府馬不停蹄，一邊命令打箭爐廳前後兩任官員周溎、石光

6　「光緒十七年十月初九日雲貴總督王文韶函」，見中央研究院近代史研究所編：《教務教案檔》第5輯（四）（臺北市：中央研究院近代史研究所，1977年），頁2269。

7　「光緒二十五年四月二十八日雲貴總督崧蕃函」，見中央研究院近代史研究所編：《教務教案檔》第6輯（三）（臺北市：中央研究院近代史研究所，1980年），頁1822。

8　「光緒十三年八月二十二日法國公使蘇阿爾照會」，見中央研究院近代史研究所編：《教務教案檔》第5輯（三）（臺北市：中央研究院近代史研究所，1977年），頁1419。

照協同教士丁盛榮奔赴巴塘，會同查辦；一邊委任劉存義、馬保山二人，率領兵丁 16 名前赴雲南阿敦子、中甸、維西、葉枝等地，探尋傳教士下落。然而次年，英軍發動了侵藏戰爭，西南形勢風雲突變。這也使得教案議結一拖再拖，無太大進展。光緒十七年（1891 年），清廷頒佈了速結各省教案的上諭，給這次教案重新得以解決提供了契機。因這次教案波及滇省，實為案中案，且兩案焦點各有側重，故下文分而述之。

（一）巴塘教士：返？不返？

整體上看，巴塘教案的議結，並未在賠償銀上糾纏不清。光緒二十一年（1895 年）七月，2 萬兩索銀即由川省悉數付清，但雙方卻在教士返堂問題上各執一詞。川省認為，教士刻日返堂「地方民情不願，勢難勉強」，「若教士定願前往，倘有參差，地方官斷難保護」。[9] 而法國公使施阿蘭卻聲稱：「現當賠款既已付清，亟應教士速即送回安置，以全其事，而恪遵成議」，同時，還把中法《天津條約》搬出為其證明，要求總理衙門「將教士按約保護……送回安置於護照註載巴塘等地方」。[10] 在那個危機四伏的年代，清廷也毫無辦法，遂行文川督妥為籌辦。

命令下達後，巴塘糧員陳溥會同都司吳以忠分別傳喚當地正副土司及喇嘛寺堪布等人到署，告訴他們教案已結，賠銀已交，同時也不

9　「光緒二十一年八月初一日給法國公使施阿蘭照會」，見中央研究院近代史研究所編：《教務教案檔》第5輯（三）（臺北市：中央研究院近代史研究所，1977年），頁1731。

10　「光緒二十一年八月初三日法國公使施阿蘭照會」，見中央研究院近代史研究所編：《教務教案檔》第5輯（三）（臺北市：中央研究院近代史研究所，1977年），頁1732。

再追究焚燒教堂之事，但在教士返堂問題上，希望能予以理解並盡力保護。眾喇嘛聽後憤憤不平，沉默不語。正副土司以眾怒難犯為藉口，一再相求，希望能容他們私下商議後再予以答覆。陳、吳二人應允了他們的請求，眾人當即散去。稍後，正副土司便召集各頭目人等進行商議。其結果是，參與人員口徑一致，教士返堂，萬不可能：

> 以前洋人在巴時行為詭逆，以致連年乾旱、五穀不熟、牛瘟流行，神人之所同嫉，天地之所不容。因而眾百姓歃血為盟，將該教堂焚毀。以後如有洋人教士復行來時，我等願將彼殺斃，各逃一方，或有容留居住者，滅其滿門。自毀之後，稍可年豐。忽今又聞該洋人教士復歸原堂，我等寧可與彼決一死戰，斷不能容。況我巴塘又無教堂，彼非岩上傳教？昨聞既蒙大皇上施天高地厚之恩，賞賠彼銀二萬兩。彼尚不足，猶復包藏禍心，輒欲復歸原堂，可見虺蜴為心，豺狼成性，狡詐多端。明為傳教，暗行邪恩，實傷風壞俗，深堪切齒。若不早除，實為地方之大害。此番累爾要來，我等邀懇上司妥為阻止。如能阻擋得住，我眾百姓等沾恩不淺，如其阻止不住，倘遂一人之私心，貽萬民之深害，情可遠逃別方。請大皇上或安洋人教士在此傳教，或留小民當差，惟命是聽，我等勢不兩立，死且不休。[11]

　　稟文內容可謂情詞懇切、態度堅定，「寧可與彼決一死戰」，也「斷不能容」。正副土司見狀，實有騎虎不能下背之勢，他們認為當

---

11 「光緒二十一年十二月初二日成都將軍恭壽等文」，見中央研究院近代史研究所編：《教務教案檔》第5輯（三）（臺北市：中央研究院近代史研究所，1977年），頁1773-1774。

地百姓均繫差民，生活已非常貧苦，今若勉強，只能徒增怨氣，而且他們一旦逃至遠方，往來差使便無人支應，當地管理也將會陷入混亂。為此他們提議，希望朝廷能查照稟文，轉囑法國駐京大臣，飭令其教士教民暫緩前往，等這邊設法開導，眾喇嘛醒悟悅服後再護送返堂。總理衙門也認為，在此民情未平之際，教士貿然前往，定會別釀事端，況且，傳教士勸人為善，隨時隨地皆無不可，何必急於冒險，徒令地方官為難，遂採納了上述建議，暫緩教士返堂。

陳、吳二人繼續耐心勸說、反覆開導。但情況卻不容樂觀，起初只要一傳喚，眾人便立刻到署，接著，當眾人知道每次都為了討論教士返堂問題時，便屢傳不至。再後來，陳溥等官員親自前往，也閉門不納，即使偶而至署，也是三言兩語，一哄而散。光緒二十二年（1896 年）五月十八日夜，當地民眾聚集多人，齊聲吶喊，攻打官署衙門，一時間亂石橫飛、槍子如雨。過了許久，吳以忠聞信帶兵前來，鬧事百姓才始行散去。經查看，頭門以外全部被打壞，所幸的是，沒有造成人員傷亡。

勸諭不成反而被攻打衙署，教士返堂問題也就一直懸而未決。為了盡快結束這種僵持局面，法公使施阿蘭命令駐重慶領事哈士（F. Haas）出面，親自過問此事。哈士得令後毫不遲疑，在短短 20 天內〔光緒二十二年（1896 年）九月二十七日至十月十七日〕，就 5 次前往川東道署衙，同賴鶴年進行交涉。為深入瞭解其間的明爭暗鬥，摘錄若干對話如下：[12]

---

12 「光緒二十一年十二月二十四日四川總督鹿傳霖文」，見中央研究院近代史研究所編《教務教案檔》第5輯（三）（臺北市：中央研究院近代史研究所，1977年），頁 1229-1241。

雙方第三次交涉

地點：川東道署衙；時間：十月十二日

……

哈云：貴道聰明才俱如此，何難辦結此事？只恐故意扯皮推諉。

賴答：我輩辦事既欲其速，尤欲其妥，速而不妥，不如不速。

哈云：該處不過一二喇嘛作難，應按律治罪，何必好言相勸？

賴答：誅之不難，然如此一來，彼必更仇教士，不能久而相安。

……

哈云：該喇嘛之所以敢抗拒，定有人暗中幫助。同樣，作為朋友，我方亦可助爾，必使喇嘛人等不敢滋事。

賴答：既為朋友，就更不敢冒昧（將教士）送去，此非待朋友之道。以問路之人譬之，一有交情，一無交情，同欲至一豺狼盜賊之區。無交情者問之，必不計其死活，聽之任之；若有交情者問之，則將據實以告之，多方勸阻，或讓其中止前行，或改道以相避。今勸教士暫緩返堂，其為講交情乎！

……

哈云：如不速回，恐藏之有變，更難成行。[13]

賴答：藏之有無事變尚不可知。倘如貴領事所言冒昧前往，則巴塘必然有事。且藏之有事有中國主之，巴之因送教士以致有事，勢必累及貴國。貴領事實慮巴有事，不必慮藏有事也！

……

雙方第五次交涉

地點：川東道署衙；時間：十月十七日

……

---

13 檔案文獻中並無此問，可能是疏忽遺漏所致，但根據下文賴氏所答，亦可揣測一二。

哈云：貴道前雲，先派委員開導不聽，再為設法。何妨今即設
法使貴國主權一振？

賴答：我國主權自在，非巴番之不認主人，實巴番之不認客耳。

哈云：藏事日變，必須早送教士回巴。倘藏不能支，他國干
預，敝國尚可幫中國說話。緣我國通商傳教均無在藏境臨近地
方，只有巴塘一處，相去不遠，如教士並不在巴，我國即欲說
話，他人也必謂與我無關，無從幫助。故此舉關係兩國甚大，
不可拖延也！

賴答：誠意甚是感人，然未免過慮矣。藏事我國自有經營，豈
容外人干預？！況巴塘教案現已派員開導，以定行止。藏即有
事，斷不能在教士未回巴之前。中法兩國睦好，既願幫助，何
事不可仗義執言，豈必借一巴塘以為說話之地？

……

　　引文中部分文字的加重是筆者所加，從中我們可以很清楚地瞭解
到法國之所以催逼教士遣返甚緊是何居心。

　　十一月，法外交部聽聞英國「欲由滇藏開道，以通四川後路，而
踞長江上游」，分外擔心和焦慮，他們認為英國這種行為是在圖謀西
藏後進一步攫取康巴，嚴重威脅自己的利益，於是旋即電飭駐重慶領
事官哈諾德就近查探。哈諾德將此事交與哈士，令其親赴巴塘，一則
就教士遣返問題給清政府施壓，一則就地查探英人動向。清政府恐哈
士赴巴突發意外，特派出使大臣慶常與哈諾德進行談判。同時又重新
起用前任巴塘糧員、已革雅州知府穚志文速往巴塘從速處理。談判
中，哈諾德這樣直白地解釋事件起因：

　　外部本無他意，只探英人動靜……法國不願侵佔中國土地，而

亦不願他國有所侵佔。法國前因遼事[14]出力，中國稍給利益，尚有可說，若英國坐視中國危難不救，而事平之後，轉欲有所要求，殊屬不合情理。中國若能卻之，則名正言順，否則各國不平，從此多事。[15]

哈諾德所言，雖然從「狗咬狗」中揭發了其對手英國的侵略野心，同時也欲蓋彌彰地暴露出了自己同為一丘之貉的醜惡面目。

光緒二十三年（1897 年）三月，嵇志文抵巴後，採取了「胡蘿蔔加大棒」的策略。首先，他將「大棒」對準了土司及寺院頭目，除十年來亡故者不計外，將曾經參與巴塘事變並還存活於世的土司、寺院頭目人等，按治邊慣例，「斷以罰服銀兩各示薄懲」[16]。接著，嵇志文投擲「蘿蔔」，他動情地說：

爾等須知巴塘雖有夷賦，朝廷盡留為本地之用，並未解回內地，更每歲因在本臺安設臺站，年年耗用數萬金。遇有災異，撥款賑恤。待爾巴番之恩，天高地厚，何以不知感激，反造釀教案，耗費國帑，上勞聖慮，爾等是何居心？[17]

這一招果然奏效，「僧俗人等愈知懺悔，甘願出具重設教堂、清

---

14 指的是《馬關條約》簽訂後，俄、德、法三國逼迫日本放棄對遼東半島佔領的事件。俄、德、法三國出面干涉還遼，並不是出於友善、同情的目的，而是根據各自利益的需要與日本發生的一次正面衝突。

15 「光緒二十三年二月初六日出使大臣慶常函」，見中央研究院近代史研究所編：《教務教案檔》第5輯（三）（臺北市：中央研究院近代史研究所，1977年），頁1245。

16 「光緒二十三年五月十四日成都將軍恭鐺文」，見中央研究院近代史研究所編：《教務教案檔》第5輯（三）（臺北市：中央研究院近代史研究所，1977年），頁1249。

17 「光緒二十三年五月十四日成都將軍恭鐺文」，見中央研究院近代史研究所編：《教務教案檔》第5輯（三）（臺北市：中央研究院近代史研究所，1977年），頁1249。

還地畝，遵辦切結」[18]。稍後，副主教倪德隆協同司鐸蘇烈、常保祿等，在漢藏兵丁一路護送下，於是年四月十四日返回巴塘，其中，常保祿留巴，蘇烈被派往亞海貢。二十五日，巴塘各教堂也開始破土動工，原有地畝，除鹽井地方仍歸教士自行雇人耕種外，其餘已悉數交清，並補交了十年租息。倪德隆見教士返堂且凶頑被懲，甚為合意，旋於六月十二日出具了案切結。至此，跌宕綿延十載之久的巴塘教案終宣告完結。

（二）滇省償銀：給？不給？

與巴塘各教堂議結狀況恰恰相反，在阿敦子一案中，教士早早返堂，但卻一直在賠償銀問題上糾纏不清。

光緒十九年（1893 年）十一月，候補提舉彭國楨領命前赴維西廳議結此案。途經大理時，彭氏會晤了還滯留於此的法籍傳教士顧德爾和李雅敬，並最終商議三人共赴維西，協同操辦。5 個月後，即光緒二十年（1894 年）三月初九日，一行三人抵維西。談判伊始，顧德爾就提出：在阿敦子教案中，茨菇和阿敦子兩地教堂被焚毀，傳教士在茨菇村下瀾滄江江面所建造的繩子橋也被破壞，要求賠償白銀 5 萬餘兩。

對此，阿敦子及茨中兩處土弁和僧俗頭人各發表了自己的看法。阿敦子方面說，其破損教堂實係土掌房，因年久雨淋雪壓，以致坍塌，並非燒毀。況且，此間僧俗民眾異常貧困，無力賠修，希望能在退還教士外逃時所遺留 17 隻箱子的基礎上，了結此案。茨中方面則言，自余伯南率教民返堂至今，民教相安，故無可議之處。對此勒索，雲貴總督王文韶也曾照會法國領事，發表自己的看法：

---

18 「光緒二十三年五月十四日成都將軍恭鎧文」，見中央研究院近代史研究所編：《教務教案檔》第5輯（三）（臺北市：中央研究院近代史研究所，1977年），頁1249。

顧教士要求銀兩萬五千兩，實為苛求。查阿敦子一案，教堂雖已坍塌，而地基猶存。當日顧德爾去買，價銀一百二十兩，係土掌房三間，耳房兩小間，兩邊兩小間，大門一道。即議賠修，尚可代為設法。其顧教士對封寄箱子十七隻，查明尚存趙夥頭家，亦可照數交還。此外，本無應賠之款。若該教士意在索賠，則此案竟無了結之法……繩子橋係本地居民於同治年間建制溜繩，以渡行人，並非教士所造。十八年（1892 年）間，因江邊兩村人民與教民爭訟拆壞，現在差催籌修。如教案早日議結，則繩子橋不難修復。[19]

當彭國楨把上述意見轉述給顧德爾時，他連連搖頭說，茨中雖未出現焚教堂、逐教士的惡性事件，但阿敦子卻實有其事，然考慮到「邦交睦誼」，減半賠銀 25,000 兩。彭國楨據理力爭，「輾轉辯論」，但顧德爾咬口不放，談判陷入僵局。光緒二十一年（1895 年），法國政府見清廷對賠款一節意見很大，為減少阻力，便又虛情假意地把賠銀數額再降至 2 萬兩。同時，又利用中日戰爭期間清廷急需外援之機，迫使光緒皇帝頒佈諭旨，命令滇省速結此案。

是年六月，顧德爾病故。他的去世，使談判中的法國一方少了一個偏執的索賠狂。此時，雲貴總督崧番提議，如法使不提賠款，便籌銀將教堂及繩子橋代為照舊修復，並聽從教士回墩領箱設教，以後仍飭該地方官隨時約束居民，妥為保護。清廷處理此案的態度不可謂不積極，讓步也不可謂不大，但法使館仍抓著賠款一項死死不放，並大做文章：

---

19 「光緒二十年九月初九日雲貴總督王文韶函」，見中央研究院近代史研究所編：《教務教案檔》第5輯（四）（臺北市：中央研究院近代史研究所，1977年），頁2285。

現今病故之顧教士，於十八年十一月，提到賠款亦須補給。在
教士用表和平之誼，易於了結此案，所以減半二萬五千兩等
語。嗣經本大臣與貴衙門商妥，此項賠款銀再減至二萬兩。查
該教堂受害至今，已閱八年之久，虧累甚巨。雖經中國修復教
堂，未能補償所虧。是以本大臣相應援照前者與貴署商議辦
法，再為酌定，是為切要。至賠款一節，擬將中國修復教堂所
用之費若干計算扣除外，下余多寡付清，方能銷案。[20]

從照會內容即可看出，法國教會設堂布道的目的，並不像他們自
己所宣揚的那樣是為了傳播福音、拯救萬民，而更多地在於敲詐勒
索，收取教徒奉獻。

對於這種無理要求，清廷也頗為憤慨。總理衙門認為，阿敦子教
堂不過區區草屋數間，且已經飭令雲貴總督崧番著該地方官照樣修
復，以舊易新，這對教士來說已獲天大好處，至於所存趙家箱只，毫
無損傷，並已下令如數交還，滇省所言無可賠償，確係實情。為此，
在照會施阿蘭的文書中，總理衙門稱：「除本衙門催促迅速修復教
堂，俾教士仍回居住外，貴大臣（施阿蘭）所擬賠款一節，應請毋庸
置議。」[21] 為彰顯誠意，總理衙門旋即飭行雲南善後局酌籌銀兩，並
委派熟悉工程之試用巡檢陳家鏞，會同維西通判周文鎬，並約同教士
任安守馳往阿敦子，先行照舊修復教堂。

十一月二十四日，修復工作正式啟動。十二月初五日，任安守在

---

20 「光緒二十一年九月初四日法國公使施阿蘭照會」，見中央研究院近代史研究所
　編：《教務教案檔》第5輯（四）（臺北市：中央研究院近代史研究所，1977年），頁
　2293-2294。

21 「光緒二十一年九月十九日給法國公使施阿蘭照會」，見中央研究院近代史研究所
　編：《教務教案檔》第5輯（四）（臺北市：中央研究院近代史研究所，1977年），頁
　2296。

阿敦子夥頭等人的陪同下，清點查收了所存趙喃家箱籠 18 隻，「計天平一架、洋號一樣、供十字亭一架，當同開箱驗明，約值銀四百兩之數」。十四日，茨菇繩子橋修理完畢。十七日，教堂修復工程告竣，「照舊修復土掌房一所，計上房三間、廂房二間、廚房一間、馬房一間、槽門一道」。教堂翻修後，「闊大華美有過於前」，任安守見狀甚為喜悅，次日即搬進新堂居住，並稱：「蒙中國感慨，教堂照舊修復。敝國欽使函件亦云何幸如之。箱籠等件均親收清楚，溜繩亦蒙修復。教堂房屋實與前相似。現已搬進堂駐。欣躍沾威，民教相安。」[22]

看到這裏，大家或許會發現一個細節，就是所存趙家箱只數量與前文不符。原說 17 隻，清查時卻有 18 隻，甚至還有人不著邊際地說成 30 來隻：「在這座城中，八年前傳教士有三十來個宗教飾物箱被盜。以前維西的官員說只有十七個，現在確認為十九個，神甫問官方是不是『這些箱子又生了小箱子』，中國人從來不講信用，到處都是如此。」[23]這句話出自法國親王亨利‧奧爾良之口。1895 年，他率領一支探險隊在雲南瀾滄江流域進行了為期一年的考察活動，可能道聽塗說聞知此事，才有了上述言論。查檔案資料，在之前的反覆交涉中，對於箱只數量（當時認為 17 隻），雙方均無異議。查收時，對多出的一隻箱子，任安守用調侃的語氣問：「這些箱子又生了小箱子？」要知道，任安守是寄存箱只的事發當事人，按理說，箱只到底有多少他應該比誰都清楚，在這裏他為何只是隻言片語地調侃一番，而不準確地說出箱只數量？引文中，亨利‧奧爾良更為誇張，說是 30 來個，30 來個到底是幾個？自己都沒有搞清楚，為何硬說別人是錯的？退

---

22 「光緒二十五年四月二十八日雲貴總督崧番函」，見中央研究院近代史研究所編：《教務教案檔》第6輯（三）（臺北市：中央研究院近代史研究所，1980年），頁1822。

23 〔法〕亨利‧奧爾良著：《雲南遊記──從東京灣到印度》（昆明市：雲南人民出版社，2001年），頁206。

一萬步講，若果真是 30 來個，那便與實際清還數相差甚遠，而當時
正值法使索銀步步緊逼之時，若果係實情，他們為何不拿此事作為索
銀 2 萬兩的籌碼，而卻順利接收並出具單據？答案不言自明。

　　按理說，教堂復修，教士送返，此案結案。然施阿蘭認為「教堂
前八年以來受累損失，非修復教堂、交還箱只所能酬足」，再次提出
賠款一節。接著，新任公使呂班也不斷向清廷發出照會，索逼賠款。
為使清政府就範，還一度捏造事實，說什麼雲南猛卡、亞本、朗補三
處產業應交還天主堂，拆毀梅（梅玉林）、白（白義思）二司鐸墳墓
之兇犯應予以查辦，等等。雲貴總督崧番對法方伎倆有過很準確的揭
露，他說：「查雲南並無以上三處地名產業，亦無梅、白二司鐸墳
墓。諒非雲南境內之事。乃死灰復燃，又欲索銀二萬兩。窺其意在外
既已詞窮，是以數年不便向滇中理論，不如一面與鈞署饒舌，由京飭
辦，希冀可得鉅款。」[24]崧番的分析不無道理，查資料知：梅玉林於
1881 年被三岩夾霸所殺，葬於巴塘，而白義思於 1894 年也死於巴塘
鹽井，二者與滇省均無干係。如硬要討回「公道」，則目標也應該是
川省而非滇省。但在巴塘教案議結時，法使館隻字未提，緣何此刻又
向滇省興師問罪？或許正如崧番所披露的那樣，無非是他們理屈詞窮
時的最後一搏。認清他們的意圖後，清廷照會答覆，「已銷之案，不
至復翻」，不予理睬，賠款一節也就不了了之。

　　整體上看，這是一個案中案，不僅規模大，而且歷時久。綜觀這
次事變的解決，依然沒有跳出特定歷史背景下「百姓怕官僚，官僚怕
洋人，洋人怕百姓」[25]的怪圈。尤其是在巴塘教案議結上，清廷雖據

24　「光緒二十五年四月二十八日雲貴總督崧番函」，見中央研究院近代史研究所編：
　　《教務教案檔》第6輯（三）（臺北市：中央研究院近代史研究所，1980年），頁1823。
25　〔美〕弗裏曼、畢克偉、塞爾登著，陶鶴山譯：《中國鄉村：社會主義國家》（上海
　　市：社會科學文獻出版社，2002年），頁29。

理力爭，但最終還是不得不交了償銀，送返教士。當地百姓忍氣吞聲，但未必心悅誠服，尤其事關教士教務，在反洋反教之激昂情緒下，一時屈服，只為下一次更大的衝突埋下引線而已。[26]事實的確如此，幾年之後這裏便爆發了又一次教案，即「鳳全事變」。這是一次把反洋教和反官府糅合在一起的案件，具有新的嚴重性。

第二節　1905年巴塘教案

要弄清這次教案，須從「鳳全之死」說起，而在講述鳳全事件前，有必要對當時清廷的治藏理念做一番概述。

一　治藏必先安康

19世紀末20世紀初，英俄兩國各施渾身解數在西藏你爭我奪。在藏事日危急需中原王朝為之撐腰的時候，清廷卻泥菩薩過河自身都難保，因而西藏上層統治集團不可避免地表現出了分裂傾向。連帶受影響的是，位於川藏交界帶的理塘、巴塘、瞻對（新龍）、察雅、察木多（昌都）等地時有騷動，「各處土司、喇嘛，只知有西藏，不知有朝廷」[27]，反叛事件時有發生。更為嚴重的是，西藏地處高原，對四方皆有建瓴之勢，此處一旦不保，川滇等地頓失屏障。正如張蔭棠所言：「藏地東西七千餘里，南北五千餘里，為川、滇、秦、隴四省遮罩。設有疏虞，不獨四省防無虛日，其關係大局，實有不堪設想者。」[28]

---

26 參見孫子和：《西藏史事與人物》（臺北市：臺灣商務印書館，1995年），頁73。

27 吳豐培：《趙爾豐川邊奏牘》（成都市：四川人民出版社，1984年），頁503。

28 張蔭棠：〈致外部丞參函詳陳英謀藏陰謀及治藏政策〉，見許廣智、達瓦編：《西藏地方近代史資料選編》（拉薩市：西藏人民出版社，2007年），頁226。

　　一些有識之士見形勢嚴峻，出謀劃策，上書朝廷：「西藏為川滇之外藩，欲固滇蜀，則必固西藏⋯⋯然則謀西藏者，內固滇蜀之形勢，外杜英俄之狡謀，此二者缺一不可也。」[29]有鑑於此，清廷決定實施「經營川邊」以「固川保藏」的戰略，在川邊（康區）試行屯墾、練兵、招商、開礦等新政，並將駐藏幫辦大臣由拉薩移往察木多，居中策應，以為藏援。

　　1904年，英國遠征軍在榮赫鵬的帶領下第二次入侵西藏。駐藏幫辦大臣桂霖見藏事又起，形勢嚴峻，便藉口身體抱恙請求退職。正是在這種情況下，鳳全接桂霖之職，加賞副都統銜，出任駐藏幫辦大臣。同年六月，英軍進駐拉薩，十三世達賴喇嘛也在積極抗英失敗後出逃庫倫（烏蘭巴托），欲求俄國援助，西藏局勢遂陷入一片混亂之中。面對這一動盪局面，清廷一方面派唐紹儀為專使赴印與英方辦理交涉，一方面則督促鳳全迅速入藏，經營川滇藏邊。在給鳳全的諭令當中，光緒皇帝特別強調：

> 所有西藏各邊，東南至四川、雲南界一帶，著鳳全認真經理；北至青海一帶，著延扯認真經理。各將所屬蒙番設法安撫，並將有利可興之地，切實查勘，舉辦屯墾畜牧，寓兵於農，勤加訓練；酌量招工開礦，以裕餉源。目前所需經費，著會商崧蕃、錫良妥籌具奏⋯⋯務即盡心籌畫，不避艱難，竭力經營⋯⋯[30]

29　〔清〕單毓年：《西藏小識》卷1，光緒三十四年（1908年）手抄本，頁4。

30　吳豐培、曾國慶：《清代駐藏大臣傳略》（拉薩市：西藏人民出版社1988年），頁250。

二　鳳全與巴塘教案

　　鳳全，字弗堂，滿洲鑲黃旗人，舉人出身，同治十二年（1873年）捐官入四川，歷知縣、州、府及道員。鳳全在晚清被稱為「幹員」，「直法行治，雖豪必夷」[31]，深得岑春煊賞識，一再論薦。但另一方面，他為人傲慢，剛愎自用，不善聽取他人意見，即使同僚、上司亦常頂撞，意見稍有不合即拍案而起，還大大咧咧罵道：「你請鳳老子回家去。」[32]他的這種性格特徵，為後來其在巴塘遇難埋下了伏筆，注定了其人生悲劇。

　　光緒三十年（1904年）八月，鳳全由成都啟程踏上了赴任之旅。自出打箭爐，一路上「冰霜荊棘，滿目荒寒」，直到十一月十八日行抵巴塘，「氣候稍為和煦，近臺數十里，土地膏腴」，鳳全很喜歡，遂決定在此駐紮下來，實施屯務，併兼辦「練兵」、「飭收三瞻內屬」等事。按清廷指令，鳳全的駐節地點應為藏東的察木多，但他認為「巴塘屯墾，遠駐察臺，恐難兼顧」，於是上奏朝廷請求變通，希望能讓他分駐兩地，半年巴塘，半年打箭爐，「以期辦事應手」。[33]雖然清廷不准所請，命他仍駐察木多，但其倔強性格使然，仍滯留於此。

　　鳳全初入藏區便對勢力很大的喇嘛寺深感不滿，曾有言：

　　　　十室九空，僧多民少；大寺喇嘛多者四五千人，藉以壓制土司，刻削番民，積習多年，駐防營汛單薄，文武相顧，莫敢誰何，搶劫頻仍，半以喇嘛為逋逃藪；致往來商旅，竟向喇嘛寺

31　吳豐培、曾國慶：《清代駐藏大臣傳略》（拉薩市：西藏人民出版社1988年），頁250。

32　〔清〕查騫：《邊疆風土記》（手抄本）卷2，「鳳都統被戕始末」。

33　參見張雲俠：《康藏大事紀年》（重慶市：重慶出版社，1986年），頁319。

納賄保險；即弋獲夾霸，輒復受賄縱逸。[34]

　　他認為，只有使喇嘛寺的僧人權力受到一定的限制，才能換來這一地區的安寧。於是上奏朝廷，提出了四條限制喇嘛寺人數的措施：①設置喇嘛寺人數上限，「凡土司地方大寺喇嘛，不得逾三百名」；②以 20 年為期，暫停剃度，且「嗣後限以披單定額，不准私度一僧」；③其年在 13 歲以內喇嘛，飭家屬領回還俗；④將大寺喇嘛令其各歸部落，另建小寺散住梵修，以此分散人數。[35]此言一出，立刻遭到了包括十三世達賴喇嘛在內的所有喇嘛教徒的強烈反對。

　　巴塘有一喇嘛寺，名曰丁零寺，內有僧侶 1,500 多名，轄有四鄉小寺 16 座，在當地很有影響力。鳳全到巴後不久，即與該寺發生了摩擦。整個事件大抵如此：在推行墾務的過程中，鳳全看中了巴楚河谷七村溝茨梨隴一帶廣闊地方，於是便從內地招來漢民進行墾種。丁零寺深感利益被侵，指其地為「神山不可犯」[36]，並暗中唆使七村溝民眾集體上訪鳳全，請求停止開墾。鳳全不但不聽，還「笞責其代表」，強行將該處劃作農場，並委派糧員吳錫珍及都司吳以忠兼墾。

　　該寺的囂張氣焰使鳳全更加清醒地認識到，要順利推行墾務，施展自己的滿腔抱負，就不得不對其予以打擊。因而，在朝廷還未批准其限制喇嘛寺奏議的情況下，鳳全就「時常當堂對眾言道，每寺只許住喇嘛三百名，餘則一千二百名即行還俗，如不遵允，定行誅戮」[37]，想以此為手段打壓該寺氣焰，鞏固政府權威。鳳全的言行引起了該寺

---

34 吳豐培：《清代藏事紀要續編》（拉薩市：西藏人民出版社，1984年），頁171-172。

35 參見吳豐培：《清代藏事紀要續編》（拉薩市：西藏人民出版社1984年），頁172。

36 吳豐培：《趙爾豐川邊奏牘》（成都市：四川人民出版社，1984年），頁2。

37 〔清〕劉延恕：〈不平鳴〉，引自任新建：〈鳳全與巴塘事變〉，《中國藏學》2009年第2期，頁9。

嚴重不安，喇嘛們便開始利用民眾排外的情緒謀求驅逐鳳全，「謂鳳全辦事悉為洋人而來」[38]。就這樣，鳳全和巴塘喇嘛的衝突與當地民眾和西方傳教士的矛盾被交織在了一起。[39]

光緒三十一年（1905 年）二月中旬，大約有三四百人嘯聚巴塘，聲稱要阻止練兵開墾、攻打教堂和衙署。當鳳全派兵前往捉拿時，這些人又遁入丁零寺。二月二十一日，官兵追至丁零寺外，喇嘛從牆內擲石打傷兵勇，兵勇隨即開槍打傷喇嘛，局勢開始無法控制。

二十一、二十二日，七村溝群眾在丁零寺喇嘛們的煽動下聚眾尋釁，先是在附近各處劫搶，繼而又至茨梨隴，焚燒墾場，驅殺墾夫。初嘗勝果後，群情更加激憤，幾日下來，人數愈聚愈眾，不下三四千人。鳳全見形勢危急，特派吳錫珍與正副土司及丁零寺喇嘛商議，答應從優犒賞，讓鬧事群眾散去，但卻絲毫沒有作用。二十八日夜，當地百姓和丁零寺喇嘛們串通一氣，四處擾亂：一路將法國教堂放火燒毀，司鐸牧守仁與其助手逃至副土司郭宗縶保官寨中避難；一路截斷了上下街道，見到有結怨的漢兵、漢民就進行報復；再有一路直沖鳳全行轅所在的糧臺衙署，守衛士兵和騷亂的民眾彼此槍擊，都司吳以忠、委員秦宗藩不幸陣亡。鳳全見勢不妙，不得已乃向空中拋撒盧比，鬧事百姓哪見過如此陣勢，遂相互爭搶，撿拾盧比，鳳全等人則趁機逃往正土司羅進寶寨中。[40]

此時，吳錫珍也被困在羅土司的業墀（即大管家）家中，身邊只有 20 餘人。然巴塘城中，街頭巷尾都被騷亂的民眾擠得水泄不通，

38　盧秀璋：《清末民初藏事資料選編（1877-1919）》（北京市：中國藏學出版社，2005年），頁251。

39　參見吳彥勤：《清末民國時期川藏關係研究》（昆明市：雲南人民出版社，2007年），頁57。

40　參見楊銘：〈《美國藍皮書》中有關「巴塘事件」的若干檔〉，《檔案史料與研究》1995年第1期，頁92。

無法去見鳳全，只好拜託房主阿登代其向鳳全請安，並傳話羅進寶速設法將眾人勸散，不要再如此地鬧下去。

羅進寶以「限日離境、不得逗留」為條件，一面說服鬧事者後撤，一面勸說鳳全立即動身，前往成都。鳳全無奈之餘隻好答應。後來得知，羅氏要鳳全離巴，純粹是他和副土司郭宗綮保勾結丁零寺喇嘛設下的圈套。[41]三月初一日，鳳全及其隨從開始出發，離開巴塘。當行至距離巴塘20里路遠的鸚哥嘴[42]時，被早已埋伏好的鬧事者截殺。鳳全連中數刀倒在血泊之中，與他同行的陳式鈺、王宜麟、李勝貴、何薄臣，以及衛隊戈什哈等 50 多名官兵全部遇難，無一人幸免。糧員吳錫珍因臨行時被馬踢傷，留在城中，故並未受到傷害。第二天，吳聞知鳳全被殺，趕緊請房主業墻阿登轉請正副土司傳集頭人，設法遣散群眾，將鳳全、吳以忠、秦宗藩等人屍骸運回城內，棺木裝殮，暫放昭忠祠及城隍廟內，其衛隊戈什哈 50 餘人分埋數處。當日午後，僧民代表還向吳錫珍遞交了四份「公稟」，內容除了控訴鳳全一切為洋人，全然不顧百姓外，還略帶威脅地宣稱：

> 此番原為國除害，實出無奈，求乞恩肯善辦，無生兵釁。如再有差派官兵勇丁進來，則眾百姓發咒立盟，定將東至里塘，西至南墩十餘站差事撤站，公文折報一切阻擋。甘願先將地方人民盡行誅滅，雞犬寸草不留，誓願盡除根株，亦無所憾也。[43]

---

41 鳳全所推行的復興川邊的措施，尤其是改土歸流，很大程度上侵害了川邊土司的既得利益。

42 鳳全被害地點，不同文獻有著不同的記載，一說鸚哥嘴；四川總督錫良在《錫良遵旨查明巴塘起釁緣由派兵剿辦摺》中說是在「紅亭子地方」；而《美國藍皮書》中所附〈鎮北營管帶楊建勳關於巴塘暴亂事件的報告〉中又有「吉蘇塘」之說。

43 〔清〕劉廷恕：《不平鳴》，「巴塘梁員吳錫珍向爐廳稟巴變經過」，轉引自任新建著：〈鳳全與巴塘事變〉，《中國藏學》2009年第2期，頁8。

從「公稟」所述不難看出，在鳳全被殺後，巴塘僧民反官府和反洋人、洋教的集體意識達到了頂峰，竟敢用威脅的口吻和清廷對話，這足見他們對西方傳教勢力的嚴重不滿，但同時也從另一個側面反映出當時川邊土司的離心傾向，更加說明了「經營川邊」以「固川保藏」戰略的重要性。

遞交「公稟」後，他們派人扼阻要塞，封鎖消息，並決定一不做二不休，將所有還滯留於此的西方傳教士擒拿致死以泄公憤。三月初九日晚，丁零寺喇嘛格桑吉村率領鬧事群眾前赴鹽井，捉拿駐彼教士蒲德元（Pierre Marie Bourdonnec）和魏雅豐（Andre Alphone Vignal），二人聞悉，趁夜逃往阿敦子。鬧事群眾一路追蹤至此，並與維西官兵展開激戰，後又波及整個滇西北地方，釀成歷史上所謂的「維西教案」。（此屬後話，下文將詳述。）這就是當時震驚朝野的「鳳全事件」，其間，巴塘教士牧守仁、蘇烈被打死，教民多人被殺，巴塘、亞海貢及鹽井三處教堂亦遭焚毀，已故貝姓、姜姓二教士之墳墓也被刨挖，引起教案爭端，故又被稱為「巴塘教案」。

鳳全被害的消息報聞京師，朝野震驚。要知道，在此之前，整個藏區出現戕害朝中大臣的案件僅有一例，即乾隆十五年（1750年）珠爾默特之亂時，駐藏大臣傅清、左都御史拉布敦不幸遇難。鳳全被殺是第二次出現這種狀況，且有清一朝也僅此兩件而已。這一突發事件強烈刺激到了清朝政府的神經末梢，使當時朝野對治理西藏和川邊康區有了更清醒的認識。為速平此事穩定西南局勢，清廷遂飭派四川提督馬維騏帶兵先行前往鎮壓，後又續派建昌道道員趙爾豐添募兵勇，會同剿辦。

馬維騏廣施方略，剿撫兼施，先進攻二郎灣山之頭殿喇嘛寺（六月十八日），然該寺地勢高峻，久攻不下，且致多人受傷。第二天，馬氏親往增援，擊斃數十人，餘眾逃散，趁勢又進擊三壩山頂，斬獲

甚眾。二十日，副中營馬德又在喇嘛寺擊退 300 騎，於是鬧事民眾皆
退據大所關，高築寨門以死守。大所關石壁峭峙，終年積雪，馬維騏
恐仰攻難以奏效，便密遣馬德及幫帶江定邦、馬榮魁等繞道 60 里以
突襲其背後。二十三日中午，各營前後夾擊，斃眾數百，克取雄關。
自此，連戰連捷，迭破要隘。二十四日，各營克復巴塘。喇嘛先據丁
零寺為巢穴，後見勢不能支，舉火自焚。餘眾渡河拆橋，遁入西藏境
內。二十六日，馬維騏抵巴，調查事件本末，安撫受難商民，立將正
土司羅進寶、副土司郭宗割保從嚴拘禁。後馬氏又分派營員，帶隊四
出，搜捕到殺害鳳全之喇嘛阿澤、藏人隆本郎吉，以及首犯阿江、格
桑洛米、阿松格鬥等，均予正法。叛亂平息後，馬氏酌留所部，率餘
眾回川休整，由趙爾豐軍留駐於此，以為善後。[44]

趙爾豐，字季和，漢軍正藍旗人，祖籍山東蓬萊。史書載，其人
明敏廉潔，辦事公正，但性情殘忍，「嘗殺數百人無反顧」，故有「趙
屠夫」之稱。趙氏抵巴後，不顧肇事首領對鳳全事件的陳說，一意主
剿，將歷年戕官、撤站之喇嘛、土司一一懲處。是年（1905 年）
冬，趙爾豐又派兵進駐巴楚溝河兩岸，殺戮七村溝藏民數百人，後又
殘酷鎮壓鄉城、稻城、貢嘎嶺等地群眾和寺廟的反抗活動，為其後來
在川邊大刀闊斧地實施「改土歸流」奠定了基礎。

伴隨著巴塘事變的逐步平定，教案議結遂提上了日程。光緒三十
年（1905 年）十月間，倪德隆主教親赴巴塘，趙爾豐就燒毀教堂，
打死教士、教民等項與之面商。倪德隆同意就地議結，但一上來便獅
子大開口，不僅索款 10 萬兩，還要求劃撥巴塘、鹽井等處基地多片。
由於趙爾豐此前已派員對教堂損失狀況作過調查，因此在會商時拒絕

---

44 參見吳豐培：《清代藏事紀要續編》（拉薩市：西藏人民出版社，1984年），頁173-
　　176。

了倪德隆的土地要求，最後議定賠銀 44,500 兩，其中，又以副土司官
寨抵銀 1,000 兩，還曾因賑濟教民給過教堂青稞，抵銀 500 兩，計算
下來，實賠銀 43,000 兩。然而，對於殺死教士一事，倪德隆認為事關
法國人命，情節重大，需到省會同領事商辦後才能議定。十二月初
間，倪德隆到成都，會同法國駐成都領事何始康，與四川洋務局官員
開議。何領事初索銀 10 萬兩，以撫恤被殺二教士，且貝、姜二教士
墳墓被挖等賠款尚不包括在內，並再次索要巴塘、鹽井土地以修造養
濟院。四川洋務局認為，「土地尺寸當重，撕端一開，恐滋流弊」，故
對劃撥土地一項力駁不允。雙方往復相持，耽延數日，最後議定：劃
撥土地一項在此不允，但以後倪德隆主教可按照條約自行購買，到那
時候，「既於條約相符，自可允許」；至於賠償二司鐸命價及被挖墳墓
等項，亦經屢次磋商，減至川省通用九七平銀 78,500 兩，其中包括
挖毀貝、姜二教士墳墓的賠償及修造養濟院的費用。後來，何始康又
要求「貝、姜兩司鐸墳墓應立碑序文，將來如別國享受利益，法國應
一體均霑」。四川洋務局覺得「立碑序文」無關緊要，可以照允，但
對「利益均霑」之說，雖表示「非辦理教案所應議及，決不能允」，
但又同意在合同中寫入「以後如有別國教務在川屬享有何等優待，天
主教亦一體辦理」。

　　以趙爾豐和四川洋務局前後兩次所議賠款合計，須賠九七平銀
121,500 兩，案內應賠款項一切在內。雙方議定分五期付款：自光緒
三十二年（1906 年）二月為始，每年以二月、十月這兩個月為交銀
關期。第一、二、三、四等期，每期交銀 25,000 兩，第五期交銀
21,500 兩。至於交付賠款一項，則由打箭爐茶關按期就近撥發，以為
便利。十二月十五日，雙方在合同上簽字畫押蓋印，此案了結。[45]

---

45 「光緒三十二年二月初一日四川總督錫良奏文」，見中央研究院近代史研究所：《教
　　務教案檔》第7輯（二）（臺北市：中央研究院近代史研究所，1981年），頁903-907。

三　殃及池魚：維西教案

接上文巴塘事變說起。光緒三十一年（1905 年）三月初九日晚，蒲德元和魏雅豐二人在巴塘僧俗的追趕下，趁著夜色倉皇逃至阿敦子，在這裏他們得到了清朝駐軍的保護，並被送往茨菇教堂暫住避難。二更天時，首批巴塘、鹽井僧俗 200 餘人追蹤而至，他們舉著火把氣勢洶洶地包圍了阿敦子天主教堂。駐阿敦子清軍鎮北營哨弁木崇華聽到消息後率兵出營，雙方一照面即爆發了衝突，駐軍營兵開槍打死打傷僧眾 3 人，餘眾逐漸退出城外。稍後不久，巴塘、鹽井後援的 500 餘僧眾相繼趕到，兩股勢力匯合後又與駐軍展開激戰。

雲貴總督丁振鐸聞報後，即飭派麗江知府李盛卿率鎮北、達字、建威三營，督同維西通判李祖祜（率土百姓為一營）前往彈壓。來到這裏後，李祖祜發現，土千總禾文耀在整個事件中與巴塘起事僧俗有勾結，罪不可赦，遂將其拿獲就地正法，並把其頭顱懸掛於德清寺內，以達殺雞儆猴之效。可惜的是，這一招不但沒有達到預期的效果，反而更進一步地刺激了鬧事民眾的憤怒情緒。在這裏要補充的是，說禾文耀勾結起事僅是其中的一種說法，另有記載說，巴塘僧民追蒲、魏而至後，禾文耀對他們進行了勸阻，為使他們退去，並補償了他們勞師動眾之費。然而，李盛卿到來後，豔羨僧民財物，便暗中授意李祖祜將其殺害。[46]

兩種說法，到底哪一個是事實呢？一說禾文耀勾結起事，這是有可能性的，要知道滇西北不論是從民族成分還是從地緣關係上都與川

---

46 參見〔清〕段鵬瑞：《劍川詩》，國家民委《民族問題五種叢書》編輯委員會、《中國民族問題資料‧檔案集成》編輯委員會編：《中國民族問題資料‧檔案集成‧第5輯，中國少數民族簡史叢書‧第94卷：〈民族問題五種叢書〉及其檔案彙編》（北京市：中央民族大學出版社，2005年），頁198。

邊藏區有著千絲萬縷的聯繫,清政府經營川邊的種種措施,尤其是改土歸流,不僅僅對川邊土司構成威脅,對滇西北土司來說,情況也一樣。所以,說禾文耀勾結起事,不是沒有可能。一說禾文耀不但沒有對外勾結,還及時進行了勸阻,只不過是李盛卿貪慕錢財,授意李祖祜將其殺害。這種說法也很有可能,據檔案記載,禾文耀「居心仁厚,夷眾悅服,事親孝順,愛悌誠摯」,這說明禾文耀在當地是出了名的「大好人」,深得百姓擁戴。可以想像,如此宅心仁厚的一個人,怎麼會不計後果地做出反清、反洋人洋教的舉動?巴塘土司參與變亂還可理解,因為這裏是鳳全開展經營川邊舉措的大本營,尚屬不得不反,然阿敦子地方在當時並未受到任何真正的衝擊(就連巴塘也只是剛剛試辦而已),禾文耀在做出辨別前也肯定有所掂量。當然,這只是推測。然而,從後來丁振鐸上奏朝廷處死李祖祜的文書中可以窺見一絲端倪:

> 本年(1905 年)三月間,川境巴匪倡亂,擾及維西廳之阿墩地方,業經擊退,詎通判李祖祜帶團前往該處,率將土千總禾文耀正法,並有勒索供應情事,以致眾情激怒,釀成重案;復委咨幕友汪如海、通事趙天錫,竟將兩人處斬,請將該員革職。命將李祖祜即行正法,以昭炯戒。[47]

上奏文書中,丁振鐸羅列了李祖祜的幾條罪狀,其中就包括處死禾文耀一項。如果禾文耀勾結起事,證據確鑿,果係實情,想丁振鐸也不會把它作為處決李祖祜的罪狀之一。以此來看,兩種說法都有記

載，也都能講通，情況到底如何，還要靠協力廠商史料以為佐證。先把這個問題放一放，不管原因如何，最終的結果是禾文耀被處死了。這一下子連帶點燃了滇西北地方僧民的反抗情緒，德欽林、東竹林和羊八景（今紅坡寺）三大寺與巴塘、鹽井過來的起事僧眾糾合在一起，達一萬餘人，與清廷公開對立宣戰。

在搗毀阿敦子天主教堂後，他們分兩路進兵攻打清軍：一路往奔子欄，該處全哨官兵 50 餘人全部陣亡，哨官楊桂珍甚至被扒皮抽筋，懸掛於東竹林喇嘛寺內；另一路則沿瀾滄江南下茨菇與清軍作戰，圍困維西土守備和清朝官兵達 3 個月之久。六月十八日（7 月 20 日），羊八景僧眾數千人佔據要地，圍攻茨菇，清軍哨弁李谷安不幸陣亡，茨菇教堂也遭焚毀，教士蒲德元、余伯南亦被戕害。現任茨中天主教會會長一職的吳谷底的爺爺曾經保護過神甫逃離喇嘛追捕，但後來和神甫一起被殺。吳谷底回憶到：

> 當時，余伯南一直逃至吳易邊境的傈僳族村莊。有個當地的傈僳人，穿著以前當地人的麻布衣服，他把神甫比較華麗的衣服和自己的換了，讓神甫穿自己的麻衣服，把神甫藏在山洞裏面，用石頭擋著。但後來，在利益的驅使下，那個傈僳族村民又把實情告知了土司及寺廟喇嘛。就這樣，余神甫被捕。殺神甫的地方就是現在位於瀾滄江上的羅馬河電站，傈僳文叫作「古都」（gudu）。余伯南將要被殺時，他說等一下，然後把聖經拿出來說要再念一遍經文。他把經文念一篇就撕一篇，念到最後說你們可以殺了。但那幾個人又不敢殺了，土司說：「不該殺的時候要殺，該殺時候又都不幹了，我來！」手裏的大刀一揮，神甫就被砍了頭。然而，傷口沒有流血，而是流出了白色乳狀物。神甫被殺之後，那個殺害余神甫的土司到哪都躲不

住，有一對鴿子一直撐著他。後來，他跑回家躲在放糧食的櫃
子裏，但那對鴿子還是一天天地啄那個櫃子的蓋子。一天晚
上，他出來方便時，被四處搜尋他的教友捉住並將其殺害。為
泄怒氣，教友們甚至將他的心、肝、腰子全炒著吃掉，每人分
一點。

此外，在戰亂中，法國傳教士彭茂德（Jean-Theodore Monbeig）
和一名來茨菇作考察的英國植物學家傅禮士（George Forrest）逃散，
不知所蹤。是月二十二日（7月24日），李盛卿親督靖、御、翼字各
軍馳抵葉枝，在拿下換夫坪、燕子岩後，直逼黃龍關。但該處「崖險
路窄」，清軍被滾木礌石傷亡頗多，久攻不下。稍微值得「慶幸」的
是，傅禮士和彭茂德相繼被找到。李盛卿見黃龍關一時難克，便一面
分派營員土弁將傅、彭二人竭力保護出險，送至大理府城安置，一面
率軍返還，仍退紮葉枝。

在教案風潮的影響下，整個滇西北，醞釀成一團憤恨帝國主義分
子的怒火，雖無統一組織，但是此呼彼應，聲勢浩大。[48]

貢山丙中洛各族人民在這個時候也組織起來，他們推選藏族青年
高瑪昂珠和怒族青年甲旺楚匹為首領，決心發動一場驅逐洋人、洋
教的鬥爭，保衛自己的家園。當時，在白漢洛村駐有清兵一哨，約
80人，負責保護傳教士和天主教堂。當哨頭楊玉林聽聞周邊地區爆
發了聲勢浩大的反洋人洋教鬥爭後，心驚膽戰，遂藉口另有任務，逃
之夭夭，只留下2個士兵作為任安守的貼身侍衛。七月二十日（8月

---

48 參見國家民委《民族問題五種叢書》編輯委員會、《中國民族問題資料・檔案集
成》編輯委員會編：《中國民族問題資料・檔案集成・第2輯・中國少數民族簡史叢
書・第13卷：〈民族問題五種叢書〉及其檔案彙編》（北京市：中央民族大學出版
社，2005年），頁423。

20 日），普化寺僧眾數百人，身背弩弓火槍，手持大刀長矛，浩浩蕩蕩地向白漢洛教堂殺去。任安守聞訊，在兩個清兵的保護下，帶上一群教徒，倉皇逃往附近山林中躲避起來。等鬧事群眾吶喊著衝進白漢洛教堂的時候，卻不見了任安守的蹤影，於是，憤怒的人們在一陣翻箱倒櫃後焚燒了白漢洛教堂。

任安守逃出白漢洛村後，收買了一個名叫段廷瑞的人作為他的保鏢，一路將他護送至維西廳。守備李學詩忙令逃兵楊玉林將功贖罪，折回當地鎮壓起事民眾。楊自知闖了大禍，趕緊調集槍炮原路返還。任安守仍不甘心，又至昆明，通過法國駐昆領事館，向雲貴總督丁振鐸提出抗議，要求迅速鎮壓貢山和維西的起義群眾，並賠償教會損失30 萬兩白銀。

清廷見事態越發嚴重，一怒之下，將疏於防護且在戰事上毫無進展的麗江知府李盛卿革職留營，戴罪立功，並調集大理府提督張松林、鶴慶總兵謝有功率重兵、攜火炮前赴維西鎮壓。為了抵禦從南路殺來的新到之軍，起事民眾只好從阿敦子處抽調力量，結果被圍困於此達 3 個月之久的李祖祜一隊及鎮北、達字、建威三營等部趁勢突出重圍，他們沿瀾滄江一路南下，於七月二十五日（8 月 28 日）進抵葉枝，以待新到之軍再圖進剿。七月二十八日（8 月 31 日），張松林部行抵魯甸，仔細考察地勢敵情後，決定兵分三路進剿：張松林親率信軍炮隊，並姜德興所部為西路；謝有功率領新軍、益以楊發旺一營，並靖武等營為東路；土司木汝誠，同建威左營扼守中路。

八月二十二日（9 月 20 日），西路軍行抵小燕子岩江邊，僧民隔江死力抗拒。清兵冒著炮火匍匐前行，架炮展開攻擊，守江僧民傷亡慘重而潰退。後拖拉土目王福投誠，退出大燕岩、紅坡各要隘，張松林率兵趁勢進剿羊八景寺，「寺僧二百餘，夷匪千餘，相與震懾，各攜輜重，分頭潰竄」，一部分逃至瀾滄江邊，其餘匿藏於東林寺內。

二十九日（9月27日），張松林進駐羊八景寺。當時連口下雪，天氣
酷寒，將士們簇擁在一起還是凍得瑟瑟發抖。更嚴重的是，部隊挺進
過深且軍糧也即將告罄。張認為「非涉險出奇，無以自存」，於是每
兵各發五日糧餉，背水一戰：一路冒雪由紅坡山開道，披荊斬棘，潛
赴到東林寺之背；另派兵追剿逃往瀾滄江邊之僧眾，一路由張親率，
赴白蟒山進行夾擊。九月初六日（10月4日）中午，出其不意，進
駐東林寺。雙方短兵相接，清軍殺死僧民7人，生擒管事喇嘛老梭直
實等9人，其餘人等由寺後潰逃。逃往瀾滄江邊之僧眾，或斬或投
誠，也基本上被剿平。[49]木汝誠一軍扼守中路，曾遭僧民的多次猛烈
攻擊，勢頗難支，東路謝有功馳往增援，奮力擊退。中路解圍後，謝
有功又復率各營，節節進取。八月二十六日（9月24日），謝有功率
軍抵洛沙，「決蕩數次，斃賊甚多，生擒五名，溺死者尤不可勝計」，
並奪獲槍炮多件。謝有功乘勝進剿，連克孔多、匡多、補牙坪等寨，
最後進駐東竹林與西路張松林軍會合。[50]

　　至於白漢洛一案，在哨頭楊玉林領命前往鎮壓的基礎上，維西廳
又派出前任哨官木崇華帶兵來到臘早增援楊玉林。兩哨官兵沿江北
上，進攻喇嘛寺，但到達達拉村前即被起義群眾堵在山下。起義群眾
憑藉天險封住江邊山口，依靠滾木礌石、弩弓、火槍，打退了官兵數
次進攻，兩軍對峙相持半個多月。無奈之下官兵只得撤退，沿途焚燒
民房以洩憤。退至臘早後，楊玉林即因鎮壓人民不力而被撤職。這
時，被任安守收買的當地商人段廷瑞，拉起一幫結義弟兄，收買了一
批亡命徒，利用熟悉本鄉本土地理的優越條件，為官兵打頭陣，猛烈

攻擊起義群眾把守的山頭。經過三天三夜的浴血奮戰，終因火力相差懸殊，起義群眾被迫放棄了達拉山口，從小路退到丙中洛。官兵追到丙中洛，起義群眾潰散逃到山林。[51]

「仇教抗官」的民眾鬥爭剛剛有所平息，英法兩國政府便迫不及待地照會清廷進行教案議結。法國駐雲南領事羅圖閣將教會損失開單遞呈滇省，英國公使薩道義就傅禮士在逃亡中丟失對象一事也照會清政府，要求賠償。為此，雲貴總督丁振鐸飭令已革麗江知府李盛卿，與法教士任安守議辦教案，並會同新任麗江知府彭繼志將善後及教案分別妥辦議結。至於英國植物學家傅禮士一案，由於人無大礙，且損失對象為數不多，便與英國駐滇務總領事言明，等李盛卿與法國議定後，再行分案議辦。

同以往涉外案件一樣，維西教案議結的談判也並不順利。談判一開始，任安守就漫天要價，提出賠償白銀 30 萬兩的要求，並威脅如不答應即請法國政府出兵干預。清政府見狀，一面委任麗江知府彭繼志的紅筆師爺（秘書）夏瑚為阿敦子彈壓委員，併兼怒俅（獨龍江）兩江事宜，追剿餘「匪」，以防教案再起；一面飭令已革麗江府知府李盛卿細查阿墩子、丙中洛等處教堂被毀、教民被害情形，核實呈報，作為與法方談判的有力證據。

夏瑚到任後，首先以「治民不力」的罪名處死了維西廳守備李學詩，接著到了丙中洛，又將高瑪昂朱、旺丙初、恒初、色差、永宗此理、龍公此理、農布桑匹、喜勒甲木車等 9 名起事群眾領袖抓入維西廳，幾年後，除高瑪昂朱放回外，其餘 8 人均遭殺害。

---

51 參見國家民委《民族問題五種叢書》編輯委員會、《中國民族問題資料‧檔案集成》編輯委員會編：《中國民族問題資料‧檔案集成‧第2輯‧中國少數民族簡史叢書‧第13卷：〈民族問題五種叢書〉及其檔案彙編》（北京市：中央民族大學出版社，2005年），頁424-425。

　　如果說夏瑚的「彈壓委員會」主要採用「武」的手段預防教案再起的話，那麼麗江知府彭繼志在中甸、維西二廳「辦理軍務、安撫各事」時則主要運用「文」治策略，為此他曾廣貼告示，曉諭當地僧俗多讀漢書、懂漢禮，試圖從文化上拉近與內地之間的差異。在這份告示中，他還特別叮囑當地群眾不得仇教：

> 他們洋人，到我們中國傳教，不是他們自己來的，是他外國王子與我們中國皇帝主子講相好，講人情，承認保護，載在條約，他才來的。那洋人就是我們中國皇帝主子的客人一樣，官長、百姓都要好生款待他，豈可輕慢得的麼？……這個道理，你們僧俗都是知道的。何以皇帝主子請些外國客人到中國傳教，你們當百姓的，並不以客禮款待他，反要恨仇他，殺害他，擄搶他的什物，燒毀他的教堂，這豈不是找人得罪麼？自罹法網麼？你想，你們寺裏、家裏的客人被小喇嘛、丫頭娃子得罪了，你們知道跟究，要為客人出氣，皇帝主子的客人被你們殺害燒搶了，豈有不跟究的麼？……官長跟究的時候，殺了的洋人要抵命，還要命價銀兩，燒了教堂要賠修，搶了東西要賠價，都在你們身上跟究。現在教你們所攤之糧食五百石，均繫分給教民吃食。如你們不鬧事，你們的糧食，他們教民拿著銀子向你們買，還要看你們願不願。願賣才賣，不願就不賣，教民不能把你怎樣，哪有白白拉拉馱著背著送與他吃的道理呢？鬧來鬧去，總鬧在自己頭上，這豈不是自殺自、自燒自、自搶自麼？官長如父母，百姓如兒女，父母豈有不愛兒女的麼？只因你們兒女鬧了大事，犯了大法，做父母的替你們包涵不下來，看著你們可憐的樣子，心中紮實的難過。所以我這第二樣，就教你們不要仇教，從今以後，你們弁目、僧蠻，都要

以此為戒。洋人自外國帶著銀錢，吃的用的，都是他自己的銀錢買的，願從教的從，不願從教的不從，他亦無強逼之事。我不惹他他亦不得惹我，平時相遇，存一個主客之心，自然相安無事。如教民欺壓你們，盡可到衙門控告，廳官自然秉公訊斷，不能袒護教民冤屈你們的。若因洋人相貌、種族不同，心中有些不樂，你們奉的如來佛祖，原說過「無人無我，無人相，無我相，無壽者相，無一切等等相」，這就是教你們「天下一家，中外一人」的玄秘大道理，何以於洋人，遂分彼此呢？佛祖能知過去未來，早知數千年後，外國人當入中國，傳教通商，怕你們看不得，聽不得，鬧到滅亡的地步，所以於數千年前，說下這幾句話，要你們體會，方得保全。何以你們朝朝暮暮都在禮佛念經，沒把這幾句話體會出來，以致糊糊塗塗遭此大禍。[52]

　　告示的內容淺顯易懂，總結一個字，就是「忍」。彭繼志在告示中把洋人比作「客人」，說他們是跟我國的主子（皇帝）「講好」後才進來的，可要知道，這個「講好」是他們通過槍桿子逼來的。雖然他又說，忍無可忍之時可到衙門控告，但在那個「民怕官，官怕洋」的年代，這就是一句空話。下面將要講述的「魏雅豐殺人案」即是明證：

　　光緒三十一年（1905 年）十一月，教士魏雅豐在變亂剛剛有所平息後不久，便從維西出發率教民返回鹽井，一路上飛揚跋扈。當時，麗江知府彭繼志正在阿敦子辦理教案議結等善後事宜，見魏雅豐大搖大擺，安穩行走，為防激起民變，再出意外，特派兵丁予以保護。是月十二日，在行抵阿敦子納姑村時，魏雅豐誣指藏族老漢茨稱

52 李汝春：《唐至清代有關維西史料輯錄》（維西傈僳族自治縣志編委辦公室編印，1992年），頁321-323。

及藏族婦女四郎珠瑪參與搶劫了鹽井教堂的財物，命令教民趙樹芳將
二人抓去，捆弔了一夜，嚴刑逼供。二人大呼冤枉，全村老少也都跪
地求情。魏雅豐還是不信，於次日臨行前，將兩家洗劫一空，但並無
發現任何教堂物什，一怒之下竟將茨稱斬首挖心，四郎珠瑪也被割去
右耳。[53]次年（1906 年）春天，茨稱的妻子格苴珠瑪、女兒女婿及四
郎珠瑪的丈夫令青等前赴麗江府擊鼓鳴冤。清廷雖然迅速將魏雅豐拘
押在案，但卻在與法國公使的交涉中同意將魏雅豐從麗江府押往蒙
自，交與法駐蒙領事審理。其結果也可想而知，法領事公然宣佈魏雅
豐「無罪」，並護送回國。

　　由此可以看出，「為民撐腰」這句話在當時是多麼的站不住腳。

　　就在清政府「文武」兼施以靖邊民的時候，教案議結也在唇槍舌
戰中進行著。中方代表李盛卿與教會代表任安守先將教民身命、房屋
什物各項議賠恤銀 9,000 兩。此款由倡亂各寺攤繳，以示懲戒。又經
該地方官籌給教民籽種 500 擔。丁振鐸認為，教民被害、對象丟失等
項可就地議結，但教士命價、教堂賠款事關重大，非就地所能辦結，
於是電飭李盛卿偕同任安守赴雲南省城，留辦教案。到省後，丁振鐸
則飭派新授貴州按察使司興祿率李盛卿與羅圖閣、任安守開議。羅圖
閣堅持按照原來單據所列賠償白銀 225,000 兩，並聲稱這是駐京法使
所能接受的最底線，不得再商，談判陷於停滯。後來，清朝政府採納
了劍川木匠施永春所提出的「賞他一官半職，賠銀可以減半」的建
議，給任安守「四品頂戴」的官爵。在此基礎上，雙方最終議定賠償
余伯南、蒲德元二教士命價庫市文銀 65,000 兩，作為修墓建碑，設
立養濟院、醫院、學堂之用；被毀所有教堂及財務，賠款庫市文銀
85,000 兩，共計 15 萬兩。雙方訂立合同，於光緒三十二年（1906 年）

---

53 參見雲南省檔案館：《清末民初的雲南社會》（昆明市：雲南人民出版社2005年），
　　頁17-19。

六月初三日簽字，與法方議結即告結束。[54]為更加詳細地瞭解雙方議結等項，現將合同摘錄如下：

維西教案議結恤款合同[55]

一、滋亂首犯二名已誅外，其拏獲到案禁押維西廳監者，應飭現署麗江知府彭繼志速行訊辦。其司鐸單開交彭守指名緝拿未獲各匪，仍飭彭守認真緝拿。俟拿獲到案時，再行質審，得有犯罪實據，按中國例懲辦。

二、余、蒲二司鐸被戕，滇省大吏殊深惋悼，已將全體清獲埋葬，將來尚須由教會自行起立墳柱、墓碑，並設養老院及種種兩有裨益之件。彼此議定由滇省交給天主教會庫市文銀六萬五千兩，將來再有應辦好事時，教會中便以此款創辦各事，為民間有益善舉，如設立學堂、醫院等項。

三、滇省允籌庫市文銀八萬五千兩交天主教會，作為賠償損壞茨菇、白漢羅（洛）等處共十餘處教堂、經堂、房屋、公私銀物之款，所有一切損失由教會自行修建製備。

四、以上第二條、第三條內所載賠恤二事，法員原請賠教會損失銀十五萬兩，余、蒲二司鐸恤銀七萬五千兩，共二十二萬五千兩。現經和平議定以上兩項，共賠銀十五萬兩，並議簽押後，先交銀四萬兩，其餘十一萬兩，分四年清還。光緒三十三年六月初一日交銀二萬兩，三十四年六月初一日交銀三萬兩。按期交清，聲明並無息銀，各允立案。

---

54 參見中國第一歷史檔案館、福建師範大學歷史系編：《清末教案》（第3冊）（北京市：中華書局，1998年），頁905-906。

55 轉引自怒江傈族自治州文物志編纂文員會編：《怒江傈族自治州文物志》（昆明：雲南大學出版社，2009年），頁98-99。

五、茨菇等處教民九十五戶，共四百二十九丁口，內中房屋被
毀六十二戶，教民被害九名，所失財物一切經李盛卿於光
緒三十二年三月十二日，西曆一千九百零六年四月五號，
在茨菇與司鐸任安守商定賠恤銀六千兩，糧食五百擔，又
白漢洛教民戕、溺四命，房屋被毀四十餘處，給賠恤銀三
千兩，作為完結，先畫草押，所議各節，滇省大吏允准
辦理。

六、法員議請：雲貴總督再於維西一帶出示曉諭漢、夷人等，
俾知教士傳教為約章所許，應聽自行傳播。又飭各地方
官，再遇民教，無論何事，均照約章辦理，不得稍存偏
袒。天主教會應再常喻教士約束教民，專意行善，以後收
納投教之人，務必訪係平日安分良民，並非現有訟案，方
準收入，以期教民永弭猜嫌。

七、夷民昂貴地基、茨菇溜繩橋舊案既經李盛卿在茨中與司鐸
任安守辦結，其一切關涉此次教會、教民之爭，復經省
議，一概完結，允准銷案，並依照面議，委李盛卿再往維
西，給予辦理善後事宜之權，以資熟手，庶使民、教、僧
日久相安。

八、此次合同彼此核對無偽，繕寫華文、法文各六份，俱各親
筆畫押簽字，蓋用印信，兩相互換，各執華文、法文各三
份，以昭信守。由大法國駐滇正領事羅詳報大法國駐紮北
京大臣核准銷案。大清國雲貴總督部堂丁奏明大清國國
家，並諮請外務部查照備案。

　　　　　　　　　光緒三十二年六月初三日

　　　西曆一千九百零六年七月二十三號在雲南省城同訂

　　還在與法國議結時，英國就喋喋不休，要求速辦傅禮士一案。傅禮士，英國植物學家，英文名稱為喬治・福瑞斯特，1904 年受愛丁堡皇家植物園派遣來到我國雲南採集標本，次年三月至維西廳。當時巴塘變亂已全面爆發並波及滇西北地方，維西廳擔心會出意外，竭力勸誡，並托法國教士彭茂美挽阻，但都未奏效。傅禮士剛到茨菇後不久，就因戰亂逃避，途中丟失若干標本、花籽等對象。在這次事件中傅禮士不聽規勸堅持前往，應該說是咎由自取，但英國公使薩道義仍就此事理直氣壯地照會清廷，要求償銀 4,100 兩，還威脅說要按期歸還，不然就「按一分索取利息」[56]。滇省認為英使所要銀兩其實並不算多，但當時正在和法國議結教案，如果對英使所提賠款全額照付的話，「法當比照」，教案議結便難以進行。[57]於是電飭騰躍道與英使相商，不認賠款，酌情送川資 2,000 兩，以示體恤。後又經雙方再三磋議，以償銀 3,600 兩完結此案。

---

56 「光緒三十二年二月二十三日收英國公使薩道義照會」，見中央研究院近代史研究所編：《教務教案檔》第7輯（二）（臺北市：中央研究院近代史研究所，1981年），頁1 043。

57 參見「光緒三十二年二月二十九日收滇督函」，見中央研究院近代史研究所編：《教務教案檔》第7輯（二）（臺北市：中央研究院近代史研究所，1981年），頁1 044。

上編小結

　　地理環境，包括自然與人文，是考察人類社會歷史發展的一大面向。如果把人類社會歷史看作是個大系統，那麼地理環境就是這個系統中的一個要素，或者說是一個子系統，它與其它要素，尤其是人的活動，相互影響，相互制約，並最終影響著社會歷史這個大系統。同樣，這種觀點也適用於解釋天主教的區域傳播史。以本書為例即可發現，天主教進駐康區從一開始就特別注意對自然、人文地理的利用及適應，正是三方的合力才導致了早期傳教格局的最終形成。若再深究而言，天主教在康區對人文環境而不是自然環境的利用與適應更弱一些，這也正是傳教會雖能進得來但卻一直不甚發展的關鍵所在。因前文第一章已對本書的考察區域——瀾滄江谷地的地理概況（包括自然與人文）做了概述，故省去這一環，下面直接從自然、人文地理兩重視野出發，對天主教在這裏的早期傳播進行探討，看看他們是如何利用環境，又如何適應環境，希望能從一個側面窺視天主教的區域傳播史。

一　自然地理層面的考察

　　緣於特殊的地理位置和宗教文化，藏區很早就成為西方列強覬覦的目標。正如前文所述，早在 17 至 18 世紀初，就有天主教徒在西藏阿里、日喀則及拉薩等地進行傳教活動，並一度產生較大影響。然而，西藏複雜的政教合一局面、深厚的宗教土壤，以及傳教會自身存

在的財政、傳教方式、方法等問題，使它在斷續百年之後仍被清埋出
高原。鴉片戰爭後，國門洞開，以此為契機，天主教士又開始前赴後
繼地奔赴藏境。若從自然地理的視角對其進行宏觀考察，可以發現：
天主教在康區的傳播充分利用了「走廊」的便捷。

1846 年，羅馬教皇格列高利第十六世將原附屬於印度亞格那宗
座代牧區的西藏地區分離出來，以拉薩為中心單獨成立教區，即西藏
教區，地轄西藏、錫金和康區，同時為了避免教內紛爭，特委託法國
外方傳教會全權負責該區教務。

1847 年，外方傳教會即派遣法國傳教士羅勒拿從四川崇慶出發，
進駐巴塘，為下一步進藏做準備。次年 2 月，當他行至察木多（今昌
都）一帶時被清軍截獲，予以扣留，押至四川，後又經琦善奏明「解
回廣東」[1]。這次挫折並未讓羅勒拿就此放棄，為重返西藏，他差不多
利用了 3 年的時間來認真研究和仔細考慮他的計劃。1851 年，羅勒拿
協同另一名法籍傳教士蕭法日，從廣東出發進入雲南西北部，他沿金
沙江東岸逆流而上，先到麗江，後輾轉去了中甸，在這裏，他以商人
的身份住進松贊林寺（歸化寺），還獲得了在寺中學習藏語的機會。
一年後，他從中甸南下再西北上，渡過金沙江和瀾滄江，翻越碧羅
雪山，並試探著到了今貢山縣秋那桶等地，後來，再溯怒江峽谷北
上，行至察瓦龍（今察隅縣察瓦龍鄉），以崩卡谷地為中轉站建立了
他們的第一個傳教據點。據說，當地頭人為了繁榮地方經濟，想不要
任何回報地將崩卡谷地贈予羅勒拿（這可能跟他假扮商人身份有很大
關係），但羅勒拿並未接受，而是以每年 100 法郎的價格租借了這一
谷地。

可以看出，羅勒拿兩度進藏都注意到了「走廊」的便捷。第一次

1　吳豐培：《清代藏事輯要》（拉薩市：西藏人民出版社，1983年），頁447。

探路，羅勒拿選擇由川藏大道直通西藏，但當時內地並未弛禁天主
教，不久即被抓獲。第二次入藏時，羅勒拿吸取了經驗教訓，不再去
走完全置於清廷嚴密警戒下的四川、打箭爐（今康定）那條線路，而
選擇了由雲南入藏。[2]之所以會選擇滇西北地方作為突破口，不單單
因為這裏是民族雜居靠近邊境，容易逃避清朝官吏的監督，[3]還在於
這裏也有便捷的「走廊」可以利用：他們從大理出發，沿金沙江谷地
這條天然走廊一路向北，而所經過的麗江、中甸及阿敦子等，也都是
自古以來茶馬交易的必經之地，最後，他們溯怒江峽谷走廊北上至崩
卡，才擁有了一個稍微穩定的落腳點。丁盛榮神甫曾述及在此建立傳
教點的有利之處，他認為除當地頭人允諾外，順此谷地便可深入西藏
並直達拉薩的便利路況也是其重要因素。[4]

　　一開始，地方頭人出於經濟目的出租了崩卡谷地，但羅勒拿他們
在這裏卻大肆傳教，收洗教徒，而且強行購置和霸佔房產與地產，激
起民眾仇恨。1859 年，羅勒拿、蕭法日遭到三岩藏人劫掠，被迫退
至江卡（今芒康），後不得已又返回內地。[5]

　　1858 年，中法《天津條約》簽訂，其中列入了法國長期以來夢寐
以求的派遣傳教士進駐中國內地的條文。[6]接著 1860 年，中法《北京

2　參見〔法〕弗朗索瓦‧巴達讓著，郭素芹譯：《永不磨滅的風景：香格里拉》（昆明
　　市：雲南人民出版社，2001年），頁137。

3　參見國家民委《民族問題五種叢書》編輯委員會、《中國民族問題資料‧檔案集
　　成》編輯委員會編：《中國民族問題資料‧檔案集成‧第2輯‧中國少數民族簡史叢
　　書‧第8卷‧〈民族問題五種叢書〉及其檔案彙編》（北京市：中央民族大學出版
　　社，2005年），頁284。

4　參見何岩巍：《京韻西風：北京歷史文化與法國人筆下的中國》（北京市：線裝書
　　局，2006年），頁128。

5　A. Launay. *Histoire de la Mission du Thibet*. Desclle,de Brouwer et cie,1903：318.

6　參見王鐵崖：《中外舊約章彙編（1689-1901）》（第1冊）（北京市：生活‧讀書‧新
　　知三聯書店，1957年），頁107。

條約》訂立，不但再次肯定了傳教士有進入中國內地傳教的特權和自由，而且規定清廷有義務對其進行有效保護。更甚的是，當時擔任翻譯的外方傳教會教士艾美利用中國官員不懂法文之便，在中文約本中私自加進「任法國傳教士在各省租買田地，建造自便」的條款。[7]這一規定以巨大的權力武裝了天主教士，便於他們擴大宣傳到內地去，並注定引起未來的很多摩擦。[8]

法國在第二次鴉片戰爭中的輕鬆勝利，助長了外方傳教會的囂張氣焰。他們與羅馬教廷商議，決定趁熱打鐵，派遣一名主教率領教士們，取道川藏大道，到拉薩去建立教區。於是，外方傳教會首次開列了 7 個傳教士名單，分別為羅勒拿、蕭法日、顧德爾、杜多明、畢天祥、呂項及丁盛榮，要求清政府頒發護照，准許入藏。

有了條約保護，這批傳教士公然沿川藏大道，經理塘、巴塘、江卡，於 1862 年到達察木多。在拉薩三大寺的支持下，當地居民首先起來進行抵制，採取了不與法教士往來，不賣給糧食草秣，不供給驢馬運輸的手段，使這批教士在察木多困頓達半年以上，一籌莫展，不得不從原路退回。後江卡居民也積極回應，以斷糧為威脅，迫使傳教士又撤至博木噶。[9]鑒於川藏大道處處受阻，顧德爾、丁盛榮等則沿金沙江、怒江谷地走廊南下至雲南，策劃建立向西藏傳教的另一個據點。情況摸透之後，余伯南、蒲德元二人帶領 6 戶四川教徒奉命前

7　參見〔法〕衛青心著，黃慶華譯：《法國對華傳教政策——清末五口通商和傳教自由（1842-1856）》（下卷）（北京市：中國社會科學出版社，1991年），頁591。

8　參見〔美〕馬士著，張匯文等譯：《中華帝國對外關係史·第1卷：1834-1860年衝突時期》（上海市：上海書店出版社，2000年），頁695。

9　參見國家民委《民族問題五種叢書》編輯委員會、《中國民族問題資料·檔案集成》編輯委員會編：《中國民族問題資料·檔案集成·第2輯·中國少數民族簡史叢書·第8卷：〈民族問題五種叢書〉及其檔案彙編》（北京市：中央民族大學出版社，2005年），頁286。

來,進行傳教活動。[10]據說,他們用兩包煙草「購買」了茨菇村的一塊地皮,建成了茨菇天主教堂。

　　羅勒拿等人憎恨西藏官民不令其入藏,四面出擊,大肆進行各種非法活動,甚至假傳聖旨,捏造謠言,製造民族分裂。這不但激起了藏族民眾的反抗,也造成清廷的嚴重不滿。同時,法國借宗教勢力插足西藏的行為也引起了英俄兩國的極力抗議。在其壓力下,法國傳教會不得不放棄崩卡傳教點,兵分三路撤至康區:第一路沿瀾滄江南下茨菇(今茨中)謀求發展;第二路赴巴塘開展教務;第三路則東退打箭爐(今康定)。[11]

　　明顯看出,這次調整經過深思熟慮,充分體現了對「走廊」的完美利用。先以第一路傳教士為例,他們南下茨菇後便以瀾滄江「走廊」為軸縱向發展:1872 年北上阿敦子(今德欽縣城);1881 年南下小維西(今維西縣白濟汛鄉統維村);接著又將傳教點推至吉岔村(今白濟汛鄉吉岔村)、花園箐、保和鎮以及巴東等地,以瀾滄江中段流域為活動區。再看第二路,巴塘地處川滇藏交通要衝,進可入藏退可據守,地理位置重要,他們自然不會放過。第三路傳教士東退康定,一面利用大渡河這條縱向「走廊」,西南推至瀘定、漢源,東北進到丹巴、懋功等地,一面順橫向的茶馬驛道(即川藏線)傳至道孚、乾寧及甘孜等地。

　　自此以後,法籍傳教士便以康區為活動大本營,利用傳統的「走廊」地理特點,建立教堂,滾動發展,步步為營地向拉薩挺進。[12]但

10 參見迪慶藏族自治州民族宗教事物委員會編:《迪慶州宗教志》(北京市:中國藏學出版社,1994年),頁187。

11 參見〔法〕弗朗索瓦・巴達讓著,郭素芹譯:《永不磨滅的風景:香格里拉》(昆明市:雲南人民出版社,2001年),頁44-45。

12 參見秦和平、張曉紅:〈近代天主教在川滇藏交界地區的傳播——以「藏彝走廊」為視角〉,《西南民族大學學報・人文社科版》2009年第2期,頁245。

在康區這種縠嶺縱橫的地方，「走廊」的便捷也只是相對而言，除此之外，他們還要忍受極高、酷寒、缺氧等各方面的環境壓力。鑒於此，1929 年外方傳教會總會長光若翰（Guebriant，Jean Baptiste Marrie de）向教皇庇護十一世求援，強調在藏區傳教十分困難，缺乏足夠從事危險工作的神甫，希望能增派相關人手。教皇馬上想到了瑞士的伯爾納鐸會（St. Bernard），遂建議光若翰與該會領袖布林熱主教商討此事。最終，在對傳教可行性進行仔細分析的基礎上，伯爾納鐸會同意了外方傳教會的請求，決定正式派遣傳教士赴雲南藏區援教，這才有了後來擅長高原作業的伯爾納鐸會修士們的到來。[13]由此看來，天主教在康區的傳播一直都很注重對自然地理條件的利用與適應。

二 人文地理層面的考察

在人文地理學中，「文化區」是一個重要概念，其範疇主要包括語言、生活習慣、經濟特色、社會組織、民族心理及宗教信仰等方面的內容。[14]康區在長期的歷史積澱中，也形成了自身獨具特色的文化

---

13 1933年1月13日，第一批伯爾納鐸會傳教士——梅賴、考閣之、修士公以正（Louis Duc）及俗人自願者普勒特（Robert Chappelet）離開馬賽前赴中國。入滇後，外方傳教會就將維西保和鎮、小維西及不遠處的吉岔三個堂點移交給他們，進行合作。1935年，由於法國政府的資助問題和在藏區衝突流血不斷發生的處境，巴黎外方傳教會在教宗的命令下將西康教區管理權正式轉交伯爾納鐸會。1936年2月，為進一步充實這一新的傳教區域，伯爾納鐸會又向雲南鐸區增派了第二批傳教士，分別是賴昭神甫（Guell Lattion）、杜仲賢神甫（Maurice Tornay）及修士羅維義（Nestor Rouiller），同年5月抵維西。然彼時恰逢中共領導的工農紅軍長征途徑雲南，第一批伯爾納鐸會傳教士早已聞訊外出躲避，直到10天之後兩批傳教士才得以在維西城會面。接著，1947年，第三批伯爾納鐸會傳教士——傅光榮（Frangois Fournier）、艾正理（Loujs Emery）及沙維爾（Acphonse Firmin Savioz）3人赴雲南傳教。

14 參見金其銘等編著：《人文地理概論》（昆明市：高等教育出版社，1994年），頁184。

區，在這個文化區內，天主教的傳播受到了來自不同層面的制約。

來這裏傳教，首先便會碰到語言不通的問題。所以，來康天主教徒，為了傳教的需要，無一不把學習藏語作為首務。[15]如上文所提及，羅勒拿在第二次入藏時就曾混跡於中甸歸化寺學習藏語近一年時間。當然，他們學習藏語的目的非常明確，那就是更加方便地抨擊喇嘛教，宣傳天主教義。談到這一點，羅勒拿就無不得意地說過：「這位正直的人絲毫沒有料到，我在他的鐵砧上鍛造，用他的鐵製武器去攻打他的教會。」[16]

然而，語言的學習並非朝夕之功。所以，他們便會經常利用一批能說漢話、藏語的漢康遊民，到處宣傳洋人東西如何好，國家如何強盛，民族如何優良，交往如何守信，上帝如何慈善、為眾生受苦，等等。但這種做法亦有弊端，傳教士拉普特塞（Rapetersom）曾說：

> 我在邊區接觸到的幾乎所有的漢人拒絕學習野蠻人說話，特別是藏民沒有文字，導致漢人用藏語閱讀和表達出的思想裡面，是漢人而不是藏民的想法，除非一個人終生生活在他們中，否則很難掌握藏民的心理，也不能用藏民的生活背景去吸引他們信教。[17]

其次，飲食習慣對傳教士也構成威脅。藏人之食品不易消化，均不適合於外國人。[18]為解決口糧問題，傳教會不得不開墾大量荒地，引進土豆、玉米、葡萄，並試種蔬菜、水果等作物。以道孚為例，該

---

15 參見劉君：〈康區外國教會覽析〉，《西藏研究》1991年第1期，頁93頁。

16 參見李旭〈眾神聚會在山谷〉，《中國國家地理》2004年第7期，頁98。

17 Rapetersom. "Call of Tibetan Borderland". The Chinese Recorder, 1930, 61 (4):226.

18 參見中華續行委辦會調查特委會編：《中華歸主：中國基督教事業統計（1901-1920）》（中），（北京市：中國社會科學院出版社，1987年），頁565。

縣蝦拉沱地方於光緒二十七八年間（1901-1902 年），有法國神甫田養蓀者於此設立教堂，招夫開墾，得良田 4,000 餘畝，教種大頭、花生、玉蜀黍、馬鈴薯等，產量甚豐，由此人煙輻輳，成為該縣之重鎮。[19] 再如茨中等地，因天主教聖事需用葡萄酒，所以傳教士們便千里迢迢從法國老家帶來種子，教藏民們如何種植，然後又教他們如何釀製葡萄酒。至今，在這些地方仍保留有當時遺傳下來的釀酒工藝。

雖然語言、飲食等方面的困難傳教士還勉強能應付，但是喇嘛教所表現出來的抵制態度卻讓他們無可奈何。眾所週知，喇嘛教信仰是康文化區的基石，它不但影響當地人的衣食住行，還對倫理道德、民眾心理等各個層面產生作用。有關這方面的論述頗多，在此不贅。

天主教進駐康區，作為一個外來的闖入者，以一種新的世界觀和新的話語表述方式，形成了對當地社會的衝擊。而地方僧俗則以審慎的眼光考量著「洋喇嘛」們的到來，並在現實宗教利益、政治利益以及經濟利益的主導下，對衝擊進行著回應。以巴塘為例，自 1963 年巴布埃（Bourry）來此設堂傳教開始算起至 1905 年鳳全事變止，這裏就爆發大小教案 6 次，平均 7 年 1 次，其中有的教案前後綿亙十餘載，你來我往，糾纏不清；亦有的教案甚至超越巴塘邊界，影響波及滇西北地方，其爆發頻率、激烈程度都實屬罕見。

在這種疾風驟雨般的「回應」面前，傳教士則主要依靠清朝政府的支持與保護。清廷在處理這些案件時軟硬兼施：一方面，臨之以威，以求速結教案，不致「洋人有所藉口，別生枝節」[20]；另一方面，又多方曉諭，反覆勸導，甚至把這些傳教士比作客人，要以禮相

---

19 參見〔清〕劉贊廷：《道孚縣圖志》（北京市：民族文化宮圖書館，1992年），頁19。
20 「光緒七年九月六日軍機處交出諭丁寶楨片」，見《教務教案檔》，第4輯（二）（臺北市：中央研究院近代史研究所，1976年），頁855。

待，希冀從內心感化當地百姓，叫他們不要仇教。[21]其結果可想而知，都沒能跳出特定歷史背景下「百姓怕官僚，官僚怕洋人，洋人怕百姓」[22]的怪圈。地方僧俗屈以兵威，一時屈服，但他們未必心悅誠服，尤其是在每一次教案的解決都會讓傳教士們顯得更加肆無忌憚的情況下，反而使得反洋人洋教的情緒步步高漲。[23]以1887年巴塘教案為例，在這次事件中，地方民眾把教堂及附近田莊、房屋燒毀後，又將該處所有奉教之人悉數驅逐出境，甚至梅玉林等教士教民7人棺木也被藏民刨挖，屍身棄沉於河中。[24]在法國政府的威逼下，川省照付了2萬兩賠銀，但在教士返堂問題上，巴塘僧俗口徑一致：「寧可與彼決一死戰」，也「斷不能容」。

可以窺見，當時天主教與瀾滄江谷地社會之間的矛盾至深。1894年，阿敦子（德欽）土弁就曾這樣說道：「查顧教士同任司鐸在阿敦子設立教堂十餘年，並無居民從教。其左右伺應供役者，僅川民數名，該處蠻夷人等，大都皆格格不相入者。」[25]在這種情況下，天主教在此雖握有種種傳教特權，但還是舉步維艱，出現了較為奇特的「虛假繁榮」——教堂硬體大發展[26]並未帶來信教人數同步增長。數

---

21 參見李汝春：《唐至清代有關維西史料輯錄》（維西傈僳族自治縣志編委辦公室編印，1992年），頁321。

22 〔美〕弗裏曼、畢克偉、塞爾登著，陶鶴山譯：《中國鄉村：社會主義國家》（北京市：社會科學文獻出版，2002年），頁29。

23 參見孫子和：《西藏史事與人物》（臺北市：臺灣商務印書館，1995年），頁73。

24 「光緒十三年八月二十二日法國公使蘇阿爾照會」，見《教務教案檔》，第5輯（三）（臺北市：中央研究院近代史研究所，1977年），頁1 419。

25 「光緒二十年九月初九日雲貴總督王文韶函」，見《教務教案檔》，第5輯（四）（臺北市：中央研究院近代史研究所，1977年），頁2285。

26 據資料記載，1906至1910年，法國傳教會先後擴建或新建了巴塘的巴塘、鹽井和亞海貢三所教堂，阿敦子的阿敦子、茨中和巴東教堂，維西的小維西教堂，貢山的白漢洛、查臘、重丁和秋那桶教堂等，並且還在幾個教堂分設了男女學堂、養老院和施藥點，還在茨中教堂開設了一所女修院。

字顯示，1920 年前後，整個打箭爐教區共有教徒 3,541 人，其中四川藏區 1,221 人，雲南藏區 1,544 人，西藏地方僅為 776 人。[27]即使如此，其中又包含了很多因一時困難被迫入教但卻一直心不在教的人。甚至有學者通過相關資料對比發現，上述教會統計數字存在誇張之嫌。[28] 20 世紀 30 年代，陶雲逵先生途經重丁教堂，司鐸任安守談到「偌大教堂，且已開辦三十年，至今教友十餘人」時，也不禁啞然了。[29]

伯爾納鐸會在這個時候臨危受命，接替了外方傳教會在西康教區的管轄權。他們吸取先前的經驗教訓，對傳教策略做了微調，不但注重慣用的診病救人手段，而且加大了教會學校的投入，以圖培養本土初級神職人員，擴大教會在當地的影響。1936 年，梅賴在維西縣城天主教堂開設預修院，招收學童 20 名，因教授拉丁語課程，被當地人稱為「拉丁學校」。1940 年，花落壩備修院開辦，由杜仲賢任院長，課程設置以講授拉丁語為主，併兼修神學等。修生主要來自維西、貢山、德欽和西藏鹽井等地，最多時達 39 人，畢業後一般返回原籍教會協助工作。在田野調採訪中，老教友蕭傑一對擔任教師的杜仲賢印象尤為深刻：

> 1943 年，維西縣境內遭嚴重旱災，土地失收，大鬧饑荒。我們一日三餐，飯裏要拌三分之二的蕨菜當飯吃，做主糧，可是身負重責的杜神甫卻不許炊事員給他開小灶，堅持與學生同吃

---

27 參見中華續行委辦會調查特委會：《中華歸主：中國基督教事業統計（1901-1920）》（下冊）（北京市：中國社會科學出版社，1987年），頁1064。

28 參見楊學政：《雲南宗教史》（昆明市：雲南人民出版社，1999年），頁405。

29 參見陶雲逵：〈傈江紀程〉，見中國人民政治協商會議怒江傈僳族自治州委員會文史資料研究組編：《怒江文史資料選輯》第4輯（1985年），頁91。

大鍋菜。杜神甫很關注神修，每天除了做彌撒、念經祈禱外，還效法耶穌用皮鞭抽打自己，住在樓下的學生每天早上都能聽見陣陣皮鞭聲。作為教師，杜仲賢神甫還甘當學生，拜外地派來的漢語老師為自己的教師，恭恭敬敬地學習中文、學習漢語。他總是精神抖擻、熱情飽滿、鬥志昂揚，但又慈祥善良、和藹可親。

為了加深藏族學生的記憶，杜仲賢還把所教內容譜曲後教給學生唱，並且對《詩經》的描寫讚不絕口。記得有一次杜仲賢在教學生背誦《詩經·蓼莪篇》後深有感觸地說：「這首詩與天主教第四誡很吻合，就是教育世人不可忘記父母生養照顧之恩，要孝敬父母。」杜神甫離開迄今已經 60 多年了，但他的一言一行在許多曾經接受過其教育的學生心目中仍栩栩如生，猶如昨日。他們認為杜仲賢神甫的一生可彙集成 16 個大字：生活聖潔、行為正直、虔誠事主、終生不渝。

這一階段，雖然天主教會留意到了神職人員本土化對天主教未來發展的巨大作用，但鑒於教區、鐸區、修會、教堂逐級負責的嚴密的組織體系，神甫以上的職級仍然僅由外國傳教士擔任，中國的神職人員僅充任司門員、誦經員、驅魔員、襄禮員、助祭、副助祭等工作，所有教堂的中國神職人員僅有施光榮、和致祥是神甫，其餘均為助祭以下及次級神品，其中又以漢族教徒占大多數。[30]但是，這畢竟是天

---

30 這一時期見諸記錄的中國神職人員有：施光榮，維西縣小維西村人，漢族，1946年由杜仲賢推薦，曾在昆明天主教堂大修院進修，1948年返回；和致祥，德欽縣燕門鄉茨中村人，藏族，1950至1953年在昆明路南縣海邑天主教堂任神甫，1954年返回茨中天主教堂；趙瑞珍，漢族，自幼領洗入教，13歲入維西保和鎮天主教堂，曾在德欽天主教堂修女院學習，後入小維西天主教堂擔任修女；蕭國恩，漢族，四川人，1949年曾在越南河內大修院進修，1950年遷入德欽，茨中教堂負責人；徐樹林，漢族，師宗縣人，住茨中，曾任茨中教堂管事、助祭之職；梁曾剛，漢族，原

主教在藏區的當地語系化進程邁出的重要一步，對 1951 年以後天主教
在藏區的繼續發展奠定了不可或缺的基礎。 1945 年，根據康定教區
的安排，小修院停辦，在校修生大多被送往昆明、大理繼續修習，部
分遣返回家鄉，[31]院長杜仲賢則被派往巴塘鹽井，並最終命喪於此。
下面將對杜仲賢殉教一案做一番概述，以更清晰、明白地理解本地人
文環境對天主教傳播所起到的阻撓和抵製作用。

三 案例：西藏殉教者──杜仲賢

清末民初，鹽井地方最大的寺院是格魯派的臘翁寺（今拉貢寺）
和崗達寺，前者有僧侶 300 多人，後者亦達 70 餘人。此外，本地尚
有熱浪、碩和二寺，但規模稍小。剛達及臘翁二寺分別坐落於瀾滄江
東西兩岸，歷史上大體以江為界有屬於各自的傳教範圍，西岸之加
達、達雪、木許（歐曲卡）、阿東、曲孜卡等村主要為臘翁寺教民，
而江東岸的上鹽井、下鹽井、覺龍、拉覺秀，以及雲南的必用功、巴
美、納古等村則主要是崗達寺的信徒。

然而，法國傳教會的進入打破了這一平衡。在地方衙門的保護
下，傳教士憑藉雄厚的經濟實力，較先進的醫療技術，通過為村民免
費看病、救濟家庭貧寒者等「慈善」手段拉攏附近居民入教。由於傳
教士的「聰明才智」和不懈努力，尤其是採取因地制宜、因人施教的

籍保山縣人，住德欽巴東村，巴東教堂管事；施光華，漢族，男，維西縣小維西村
人，曾任小維西教堂助祭；劉永泉，漢族，男，維西縣小維西村人，曾任小維西教
堂管事；趙連芝瑪，女，曾任吉岔教堂管事；劉有祿，德欽燕門鄉茨中村人，曾任
教會管事，1957年後任過州、縣政協委員。參見《迪慶州志》「天主教部分」，頁
197-198。

31 參見馬廷中：《民國時期雲南民族教育史研究》（北京市：民族出版社，2007年），
   頁121。

策略和方法，天主教在鹽井得以立足並有一定程度上的發展。這自然引起當地喇嘛寺，尤其是傳教範圍被擠壓、直接利益遭受損害的崗達寺的不滿。雙方你來我往，衝突不斷。在 1905 年的巴塘教案中，駐鹽井教士蒲德元、余伯南二人正是在以崗達寺僧人為首的民眾的驅趕下逃至維西，並命喪於彼地。次年，因徵收鹽稅等問題，臘翁寺叛亂，他們糾合僧民，不但揚言要「劫鹽局」，還疾呼「打教堂」，後被趙爾豐鎮壓下去。

1932 年，康藏《崗拖協議》簽訂，鹽井歸屬西藏地方政府。為拉攏人心，噶廈政府對鹽井喇嘛寺極盡懷柔之意，在降低寺廟負擔的基礎上，又進一步擴大他們的權利，規定：

> 凡喇嘛寺佃戶與人民發生爭執時，應由喇嘛寺處理，地方長官不得越權干涉。如有重大事件，喇嘛寺不能解決時，亦由喇嘛寺報請處理，地方長官始得受理，希望藉此手段「籠絡人心，免生反感」。[32]

在這樣的支持下，鹽井喇嘛寺的勢力迅速得以提升，並開始屢屢向當地天主教堂發難。其中，以崗達寺最為積極主動。它認為天主教堂離它最近，瓜分了它的勢力範圍，為此曾特派專人到拉薩，請求噶廈政權看在寺廟收入減少的份上將教堂佃戶撥發歸己，並允其驅逐傳教士。[33]噶廈素與天主教有仇，同時也為了安撫喇嘛寺，便默許了這一要求。自此，喇嘛寺更是有恃無恐，持續出現燒教堂、逐教民並迫令其改宗的行動。1940 年，駐鹽井司鐸呂薄（Victor Nusbaum）自茨

---

32 四川省檔案館藏1946年4月11日龔長信關於鹽井寺廟勢力擴張至餘思靜的報告。

33 四川省檔案館藏1945年10月26日張唯一為鹽井崗達寺驅逐鹽卡隆天主堂司鐸杜仲賢並將教堂佃戶撥給喇嘛寺管業致展華報告。

中教堂開年會後返回，在行至德欽巴麥村時，被崗達寺派來的僧民斬首於河邊。後卜爾定神甫（Burdin）入駐鹽井，力圖重振教會，然遺憾的是，到任不及一年（1945年2月）就因病去世了。這時候教會決定，遣杜仲賢前赴鹽井，接手教務工作。

當杜仲賢領命第一次踏上鹽井地界時，崗達寺喇嘛便蜂擁而至，要將他驅逐出境。無奈之下，杜只好向噶廈求救。藏方聞訊，擔心喇嘛寺行為出格致事態惡化，特派駐防江卡甲當代本赴鹽井查辦此案。囿於材料所限，有關該代本如何處理此案及杜仲賢又如何重返鹽井等細節，我們不得而知。然而，在他被逐返還後不久，這樣的事情再一次發生了。為了給喇嘛寺施加壓力，杜仲賢曾動員信徒們與他同行赴雲南，另尋定居之所。但是，教徒們卻反應遲緩，至於其中原委，《西藏殉教者》一書有這樣的解釋：

> 當地官員禁止鹽井新教群眾外遷。因為少一個人，就少一份差役及糧賦。在邊疆地區，人的重要性不亞於土地。其實，深層次的原因還有，在鹽井從事曬鹽行業者，有天主徒。倘若他們背井離鄉，與杜仲賢南行德欽、維西等地，他們又能從事什麼職業呢？同樣，他們離境後，鹽業生產可能下降，稅收會減少，故地方官員禁止教徒離境。[34]

1946年年初，崗達寺準備對杜仲賢實施第三次驅逐，宣稱「我們把地賣給了法國人，並非瑞士人，所以我們有權收回來」[35]，要求

---

34 〔瑞士〕盧柏著，侯鴻祐譯：《西藏殉教者——杜仲賢神甫傳》（臺北市：光啟出版社，1965年），頁168。

35 〔瑞士〕盧柏著，侯鴻祐譯：《西藏殉教者——杜仲賢神甫傳》（上海市：光啟出版社，1965年），頁161-163。

杜即刻出境，否則將其殺死。杜心高氣傲，或是已經做好了殉教的準
備，他回覆喇嘛道：「我奉主教命，住此勿得擅自離動，縱你等將我
淩遲碎割，我也不能走。」硬話說歸說，問題還是要解決。為此，杜
仲賢請來縣長阿秋主持公道。但阿秋卻很遺憾地告訴他說：「崗達寺
奉有藏府令，我也不能違抗，唯一能做的就是設法幫你們和解，至於
崗達寺能否遵從，我也無權強迫。」崗達寺在前面已得藏方默許，自
然不會接受調停，崗達寺喇嘛們天天去天主教堂，逼迫杜仲賢離境。
迫於無奈，杜仲賢答應離開，但條件就是教堂內一切物什要有人接收
並出具證明。然而縣長阿秋與崗達寺均不承認接收，就這樣雙方又僵
持了若干時日。崗達寺見杜仲賢一拖再拖，絲毫沒有離開的意思，於
元月二十一日由該寺堪布率領喇嘛、佃戶及壯丁約 20 餘人全副武裝
赴天主教堂，打算將杜仲賢捆綁出境。阿秋縣長恐事態惡化，當即派
人去天主教堂予以制止。杜仲賢見崗達寺決心已定，很難再繼續堅持
下去，於是在教堂什物由崗達寺保管的基礎上，被迫又退至德欽地
界。[36]在驅趕杜仲賢之後，崗達寺僧人逼迫天主教徒在其教堂後坡上
修建山神廟，每月朔望必須齋祭進香，每戶屋頂築燒香臺，每晨燒
香，並要求派出十多名兒童赴拉薩學習經文，試圖以這些方式為手段
逼迫天主教徒放棄原有信仰皈依佛教。

　　儘管杜仲賢屢來鹽井屢遭驅逐，但他仍不退縮，積極斡旋其中。
當時，康定教區為了能使杜仲賢駐留鹽井，特別向西康省主席劉文輝
反映，請求上報國民政府轉飭噶廈，允許其在鹽井繼續活動，但均無
效。5 月初，杜仲賢又試圖從德欽北上，返回鹽井。同前幾次一
樣，剛至該地，民眾就聚集至縣府恫嚇，「情勢洶洶，莫可阻遏」，杜
仲賢被迫再次離開。杜仲賢見鹽井一時難以進駐，只好留駐德欽八美

---

36 四川省檔案館藏1946年1月24日軍統巴安組關於杜仲賢鹽井被驅逐情況報告。

等地，等待時機。而崗達寺則派人堅守滇藏交界帶，以防杜仲賢再次闖入，就這樣雙方一直保持對峙狀態。在僵持階段，鹽井的教徒曾不斷向喇嘛們交涉，但結果卻受到喇嘛們更多的迫害。杜仲賢費盡周折，但也無濟於事，淪為「巴（八）美村的孤獨人」，下面這段話充分描述了他的窘境：

> 杜神甫自覺受了委屈，差不多六個月的工夫，他呼號，呼號就是他的本分，就是他唯一的武器，他自衛如雄獅，他以英勇和熾熱的抵抗應付攻擊。他使臨近的長官、頭目、地方政府都動搖了，他試圖贏得勝利或大家的同情……答覆？沒用的話、無結果的承諾，虛偽的交涉。成果，零？[37]

　　1948 年年初，杜仲賢專程到南京觀見了羅馬教廷駐華公使黎培裏（Antonio Riberi），黎勸告他要不避艱險動身去拉薩見行政長官，陳述教友們的要求，並贈送了杜神甫相當數目的款子當作路費，予以支持。當杜仲賢回到德欽後，繼續受到黎培裏等人的「鼓勵」，要他返回鹽井工作。1949 年，內戰結束，國民政府逃到了臺灣，西藏上層也人心惶惶，更無人過問此事。7 月，杜仲賢僅帶了一個名叫獨西的教徒踏上了通往拉薩的路。他們沿著茶馬古道，一路翻山越嶺，日夜兼程。崗達寺知道他們要去拉薩告狀，連忙派人追趕。到了第 7 天，崗達寺的武裝喇嘛們在舒拉雪山堁口追上了他們，杜神甫和獨西在獵槍之下失去了生命。茨中村天主教友吳公底的伯伯若望，曾經參與了護送杜仲賢前往拉薩投訴，親眼看見杜氏被殺的情景。吳公底回憶到：

---

37 〔瑞士〕盧柏著，侯鴻祐譯：《西藏殉教者——杜仲賢神甫傳》，（上海市：光啟出版社，1965年），頁171-172。

杜仲賢（Tornay）隻身一人歷盡千辛萬苦去尋找「國民黨南京政府」告狀，然而此時正值人民解放軍大舉反攻，國民黨節節敗退之際，杜神甫只好乘興而去、敗興而歸。回到茨中教堂後杜神甫仍然堅持要親自去西藏尋找達賴喇嘛告狀。古純仁神甫勸杜神甫認清當前局勢，不可冒失，但是杜神甫執迷不悟。於是率領有名望（蕭傑一父親的長兄）及自古溜索渡江處居住的阿土的父親馬天強一共 6 人前往西藏申訴。杜神甫身著藏裝打扮成藏族模樣，從鹽井出發到舒拉山山口的時候，遭到喇嘛派遣的槍手伏擊。第一槍擊中杜神甫的鹽井村人保鏢獨西，獨西從馬背上滾落在地。杜神甫急忙從馬背上跳下來給獨西做臨終聖事，埋伏的藏傳佛教徒連發數槍將他們一塊擊斃。若望與馬天強等 4 人躲進叢林裏逃跑回家裏，之後古純仁和羅維二位神甫組織教友，把杜神甫和獨西遺體尋回來帶到德欽葬在教堂園裏。後來鹽井教徒們又把杜、獨兩位的屍體移回鹽井安葬在聖地裏。

　　險峻高遠的舒拉雪山上的彌漫風雪曾經一度掩蓋了這一段宗教悲劇，我們不知道那個去國萬里的瑞士神甫和他的教民獨西面對武裝喇嘛的雙叉獵槍時，目光是驚恐還是淒涼，他們是否在心中呼喚萬能的主助他們一臂之力以逃脫厄運。[38]

　　直到今天，還有少許年邁的老人記得幾十年前的杜神甫和他的教徒們，每當談及他們，雖聽者有些恍若隔世，但老人們卻津津樂道，彷彿一切就剛剛發生。在天主教堂旁邊，也就是滇藏公路之側，有一座天主教徒的墓地，走近發現這是一片近乎荒涼的地方，許多墳墓上

---

38 參見范穩：《藏東探險手記》（天津市：新蕾出版社，2001年），頁196。

的十字架都已殘缺不全，墳頭荒草過膝，缺乏修繕。杜仲賢和教友獨西便安息在這荒草間，碑文仍清晰可見：

> （杜仲賢碑）主僕杜仲賢，聖名茂利士，1936 年來華傳教，1938 年晉鐸維西縣花落壩小修院院長，1945 年在西藏鹽井傳教，1949 年在舒拉山口因榮主益人為主犧牲。1988 年由德欽天主教堂院內遷葬於鹽井。
>
> 1992 年立。

> （獨西碑文）獨西聖名多明，生於熱心教友家庭，其祖父曾於1905 年為主作證犧牲。獨西自幼受父母良好的聖教教育，盡力聖教廣揚，隨從杜神甫於 1949 年於舒拉山口為主犧牲。
>
> 1992 年立。

　　主僕二人之死，若從世俗的眼光看，純屬咎由自取，但站在宗教立場上理解，並非如此。杜仲賢在鹽井幾進幾退，多次被逐，他並非不瞭解鹽井喇嘛寺在捍衛自己權益時所展現的勢不兩立的態度，但最終他還是踏上了赴向拉薩的路。雖然他的行為多少受到了一些鼓動的成分，但根本原因仍在於他對天主的信仰，或許他在出發前就已經抱著必死的決心。正如有個別傳教士所強調的那樣：「我渴望殉教，我常常祈禱能得到這一榮耀。這就是為什麼我過去想、現在還想去一個最危險的地方的原因。」[39]杜仲賢雖未能成功進駐鹽井，但他的行為感染了教友，影響了當地群眾，這或許就是鹽井天主教堂一直保存至今的主要原因。

---

39 轉引自〔德〕餘凱思：《宗教衝突：德國傳教士與山東地方社會》，蘇位智、劉天路編《義和團運動一百週年國際學術討論會論文集（上）》（濟南市：山東大學出版社，2002年），頁616。

　　現在上鹽井許多熱心教友家都收藏著 20 世紀 80 年代通過外地教友的幫助找到的杜仲賢神甫照片，照片正面是一名身著漢族長衫，戴圓形眼鏡，眼神溫和的西方青年男子的半身像。背面用紅色字體印著如下這些禱文：

> 主之僕人杜仲賢神甫聖名茂利士（Maurice Tornay），公元1910 年 8 月 31 日，生於瑞士國華利省玫瑰園村。青年時，負笈求學於聖茂利士學校。畢業後（1931 年）進入聖奧斯定詠禮會（Canons Regular of St.Bernard）初修院，1935 年 9 月 8日發典原。翌年（1936）奉修會准許，追隨其神昆來我國西藏邊境，1938 年 4 月 24 日晉升司鐸於河內（安南），此後七年，任雲南維西縣花落（土巴）（壩）小修院院長。1945 年，奉命進「禁地」、西藏鹽井區傳教。在職六年期間，飽受當地喇嘛壓迫，並在彼等槍火威脅之下，被逐出境，神甫雖四方奔走，請求各國領事相助而無效，又因不忍坐視其「羊群受豺狼之吞噬」，乃懇求其神長輩，允其親赴西藏首都申請入境准許，經過十七天路程之跋涉，終於在往拉薩路上為藏人認出，被縛並逐去邊境，最後於 1949 年 8 月 11 日，在舒拉山口，為預先埋伏之四武裝喇嘛所殺，遺體安葬於德欽天主堂之院園。祈求天主顯揚主之僕人杜神甫「耶穌善牧，你既賜予杜仲賢神甫，足夠精力，效法你的榜樣，為他所牧的神靈而犧牲生命，求你賞賜我們所求於你仁慈的恩典，以顯揚你的僕人，亞孟。」（三次天主經，聖母經，聖三光榮經）

　　這些語句雖多溢美之詞，但也基本符合當時的境況。上鹽井正是有了一批像杜仲賢及獨西這樣對天主教信仰十分虔誠，雖屢經磨難也

不言放棄的信徒,才使得這裏的天主教堂一直遺留至今,成為目前西藏地區唯一的一座天主教堂。杜仲賢死後,瑞士籍教士沙智勇領命前來,但當時局勢已十分混亂,他沿著茶馬古道只走到德欽就再也進不來了。據說,後來他去了臺灣。就這樣苟延殘喘至新中國建立,康區天主教作為帝國主義的幫凶基本上被清除殆盡,直到20世紀80年代宗教信仰自由政策重新貫徹,天主教才重新恢復起來。這個時候,他們吸取了經驗教訓,更加注重和地方社會、文化的適應與融合,加大了自身當地語系化和世俗化的力度。現今,多元宗教共存已成為康區的一大景觀。在當地人心裏,天主教、基督教與喇嘛教等並無根本不同,或者說是一回事,借阿怒人常講的一句話結尾:「喇嘛教、天主教、基督教一樣嘛,一家人一樣嘛。」

下編　步入田野

——以鹽井天主教的當地語系化為中心的考察

　　田野調查和個案分析是文化人類學慣用的研究模式，通過它們能夠較為深入地解析所設定的研究對象或範圍內的真實情況，從而揭示事物的本質和發展演變規律。故下編我們將步入田野，以西藏鹽井（兼論雲南茨中）的天主教為個案進行考察。之所以如此安排，是因為鹽井在西藏自治區是獨一無二的天主教研究點，但同時不管在歷史上還是在現實生活中，它與四川巴塘、雲南德欽、維西、貢山等幾座教堂都有著千絲萬縷的聯繫，以此為切入點可以做到以點帶面，達到一子全盤皆活的效果。在田野調查期間，筆者與村民同吃同住同勞動，不僅每天到教堂參加早晚彌撒，和信徒一起念經，充分融入到村民的天主教信仰活動之中，取得教徒的信任，而且還有幸參加了信徒的節日慶祝和婚禮，和信徒一起跳舞狂歡，感受信徒的喜樂。通過充分的參與觀察，筆者收集到了豐富的原生素材，寫出近 10 萬字的田野筆記，同時筆者還運用了攝影、測量、作圖和統計等輔助方法，拍攝了 800 多張照片，繪製了 19 張圖表，這些都為行文中定性、定量分析打下了堅實的基礎。

第五章
上鹽井天主教堂

　　一種宗教得以存在，最基本的物質基礎是傳教的場所，對於天主教來說，就是教堂。上鹽井所屬的天主教西藏教區曾經存在過數座教堂，現在其中有些已經不復存在，有些已被挪作他用，還有些經過修復或重建，繼續作為教堂履行著它們最初的職責。可以說，這些教堂的興廢史，就是一部濃縮了的康區天主教興衰史，直觀地反映了 19 世紀下半葉以來，不同時期天主教在康區的不同發展情況。上鹽井教堂作為其中的倖存者，展示了一幅天主教由最初的外來宗教，逐漸染上本地色彩，最終融入本地文化的生動畫卷。我們就從教堂開始，來認識天主教這一西方宗教，是如何在一百多年的發展歷程中逐漸與上鹽井村民的生活建立起水乳交融、難解難分的聯繫的。

第一節　藏區天主教堂概況

　　從建築特點上看，天主教西藏教區早期的教堂只是當年的傳教士出資請當地人修建的當地民居式的簡單房屋，外觀與當地民居毫無二致。西藏教區最初的教堂有兩座，都是由巴黎外方傳教會的法籍傳教士所建，一座是清同治二年（1863 年）[1]。法國天主教傳教士常保祿（又稱聖保羅、巴布埃）、丁司鐸（佚名）在四川巴塘縣城城郊四里龍修建的巴安天主教堂，是一所帶兩間住房的中式建築；另一座是清

1　一說為同治元年（1862年）

同治元年至三年（1862-1864 年）法國天主教傳教士顧德爾在德欽縣燕門鄉茨菇村修建的茨菇天主教堂，是一座土木結構的中式建築。據「雲南交涉世增奏報雲南教堂冊」載：該教堂有「三臺樓房五間，西樓三間，北樓房七間」。其後的 30 多年間，西藏教區內各地陸續建成數座這樣的教堂。[2]鹽井舊教堂差不多也是這一時期建成的，同樣也是當地藏族民居式樣。

20 世紀初，隨著天主教在康區的發展，教堂的神職人員增加，收入增多[3]，各地重建或新建的教堂開始注重體現宗教建築的特徵，開始採用典型的巴斯利卡式教堂形狀佈局，吸收中國傳統風格和羅馬教堂建築門窗風格，屋頂豎有十字架；教堂內部注重祭臺，前設矮木柵欄，懸掛耶穌基督偶像、聖像，兩側壁上懸掛著《聖經故事》圖畫、裝飾畫等。

下面介紹一下西藏教區內有代表性的教堂由初次建造之時至今（或拆除時）的境況。

一　川滇藏三角地帶雲南境內的教堂

（1）茨菇天主教堂：位於德欽燕門鄉茨菇村。始建於清同治元年（1862 年），1861 年至 1905 年是「雲南鐸區主教座堂」。清光緒三十一年（1905 年），發生「維西教案」，被焚毀。

（2）阿墩子天主教堂：位於德欽昇平鎮，始建於同治十一年（1872 年）藏族民居樣式。清光緒十八年（1892 年），在「阿墩子教案」中，被察瓦龍僧眾與當地僧侶一道搗毀。清光緒二十年（1894

2　本段內容據《迪慶州志》《巴塘縣志》《甘孜州志》宗教篇中天主教部分整理得出。

3　其中很大部分是通過維西教案、阿墩子教案等幾次教案的賠款撥地取得的。

年），清政府修復。清光緒三十一年（1905 年），「維西教案」再次爆發，又被毀。清宣統二年（1910 年），天主教會法國傳教士彭茂美與德欽寺管事格規別、格蘭香等協商立約，購買土地，重建教堂，民國二十七年（1938 年）德欽地方變亂，教堂再次被毀，之後，遷址又建立。1958 年，因昇平鎮基本建設拆除，現已無存。

（3）小維西天主教堂：亦稱「聖心堂」，位於維西白濟汛小維西村。建於清光緒六至七年（1880-1881 年），1950 年計已有教徒 389人。1987 年，經堂及前院經維修後重新開放，佔地面積 250 平方米，到 1989 年有教徒 130 人。目前漢族神甫施光榮是這個教堂的神甫。

（4）茨中天主教堂：位於德欽縣燕門鄉茨中村。清光緒三十一年（1905 年）發生了「維西教案」，民眾焚毀茨菇教堂，其中茨中民眾為數不少。教案結束後，教會對茨中提出土地要求，清政府應允，於是在茨中重建新教堂，佔據約 1/10 的茨中土地。宣統元年（1909 年）興建，民國十年（1921 年）竣工，歷時 12 年，耗費了巨額的人力、物力、財力。教堂建成之後，即成為天主教西藏教區雲南鐸區主教座堂。曾先後辦過一所學校和一所女修院。茨中教堂主體建築坐西朝東，是中西結合樣式的磚石結構建築，教堂整體顯示出典型的巴斯利卡式教堂特徵，裝飾上又兼有羅馬式教堂特色。經堂正面建有高大鐘樓，這與羅馬教堂相似。鐘樓頂端及教堂尾部屋頂，各豎有十字架標記。鐘樓上部為中式亭閣，所有屋面為中式飛簷瓦頂。建築面積約 600 平方米。堂內可容納數百人，是現迪慶州境內最大的天主教堂。整個教堂佈局結構和諧統一。1984 年經修繕後退還教會，1987 年，雲南省人民政府將茨中教堂列為「第三批省級文物重點保護單位」之一。1989 年，撥出專款，再次進行維修。1989 年底，茨中教堂共有教徒 240 人，包括茨中本村及附近村落教徒。

（5）維西天主教堂：也稱「保和鎮十字堂」。法國教士丁良於光緒三十年（1904年）在北門初建，民國九年（1920年）重建於西門。1950年有教徒51戶、194人，繼後逐年減少。

（6）落花壩天主教堂及小修院：落花壩天主教堂由瑞士傳教士杜仲賢主持，修建於民國二十八年（1939年）。3 幢主要建築呈品字形格局，中西混合磚木結構。杜仲賢曾在這裏辦小修院，直到1945年。抗日戰爭勝利後，教徒逐年減少。現無教徒。

（7）巴東天主教堂：位於德欽縣燕門鄉巴東村，建於1905至1919年間，建築面積約100平方米，1988年經修繕重新開放。有教徒320人。

（8）吉岔天主教堂：是小維西天主教堂的分堂。建於光緒八年（1882年），位於維西白濟汛鄉吉岔村。1951年有教徒200人，到1957年減少到7名教徒。

（9）花園箐天主教堂：當地人稱「小教堂」，係保和鎮天主教堂分堂。位於攀天閣鄉花園箐村。早在1945年就已經關閉。

二　川滇藏三角地帶四川境內的教堂

西藏教區自建立以來，主教駐地一直設在康定。1949年以前，西藏教區在四川境內共有教堂15座，其中總堂6座。現介紹各總堂情況如下：

（1）康定真原堂：位於今康定城沿河西路。清光緒末年（1908年前後）籌建，民國三年（1914年）竣工，仿歐哥特式建築。經費源於清光緒二十三年（1897年）川邊維西一帶教案賠款，清廷以爐城三年邊茶稅和南北兩關雜稅作抵。真原堂主管康定縣教務，內設教理傳習所和女生院，下轄駟馬橋分堂，設教理傳習所，男女合班；魚

通長加山分堂；金湯湯壩分堂。1949年共有教徒914人，以城區、
馴馬橋、榆林宮最多。

另康定城區內還有：位於城北門的天主堂，為天主教初來時所建，
人稱「洋人公館」；位於南門向陽街的天主堂，即康定教區總堂。

（2）瀘定沙壩教堂：瀘定地區總堂，位於今瀘定城區沙壩地
方。清光緒十五年（1889年）天主教會在該地租房傳教，後購地建
房。民國八年（1919年）建成教堂。新中國成立前夕有教徒454
人，教堂神甫為衡昆岡（中國籍）。位於今瀘定縣冷磧鎮的冷磧教堂
有教徒170人，教堂神甫藏道東。位於今瀘定縣的磨西教堂，民國七
年（1918年）修建，民國十一年（1922年）完成經堂，民國十五年
（1926年）完成鐘樓，有教徒560人，教堂神甫富德慶。此外還有
沙灣分堂，受沙壩教堂管轄；新興鄉分堂，受磨西教堂管轄，有教徒
50餘人。

（3）丹巴教堂：於清宣統元年（1909年）由法籍傳教士佘廉靄
開辦，初建教堂於今縣城團結街（幹橋溝東）下方。民國十年
（1921年）遷至春楊壩一帶。新中國成立前夕神甫為萬類思。在半
扇門鄉的喇嘛寺地方設一分堂，均辦有男女教理傳習所，新中國成立
前夕由李鑒廷、鄧成彬負責，共有教徒200餘人，多為城區無業人員
及孤苦兒童，其餘分佈在嶽棨壩、納頂、卡樫、中路、半扇門、太平
橋、革什紮等地。

（4）道孚教堂：位於道孚城區。清光緒二十九年（1903年），
佘廉靄以康定教徒田尚昆為從，到道孚和汛署聯繫傳播天主教和勘查
教堂地址，在城東佔地10餘畝，修建教堂。之後，調譚敬修到道孚
教堂主持教務。宣統三年（1911年），教堂被靈雀寺僧侶及當地民眾
焚毀，後得賠償重建。設有公會辦理慈善業和男女教理傳習所。新中

國成立前夕教堂神甫為賴淵仁，有教徒 100 餘人。另在乾寧設有分堂
1 所，但僅有空房 1 座。

（5）爐霍教堂：位於今爐霍縣蝦拉沱地方，為熊德隆（中國
籍）到爐霍傳教時開辦。第一任神甫熊德隆；第二任雅維善（法國
人），死於民國十二年（1923 年）爐霍地震；第三任明爺（名佚，法
國人），於民國十三年（1924 年）重建教堂，採用了漢式穿透結構的
建築方式；第四任竇元楷（法國人），住蝦拉沱十餘年，會藏、漢
語，在爐霍、道孚作過地質考察和社會調查；第五任傅載明（漢族，
瀘定人），1949 年後傅回瀘定，教堂由會長李致和負責。辦有男女合
班的教理傳習所和修道院。民國二十四年（1935 年）設小學 1 所，
民國三十七年（1948 年）有男生 16 人，女生 8 人。1949 年以前有教
徒 115 人，另在城區設分堂，但僅有一名教徒看守教堂房舍。

（6）巴塘教堂：係清同治元年（1862 年）法籍丁司鐸、聖保羅
（又名常保祿）等人到巴塘傳教時建，教堂位於縣城附近四里龍。此
為天主教傳入巴塘之始，當時僅有藏民教徒 17 人。該教堂分別於同
治四年（1865 年）、光緒十年（1884 年）、光緒三十一年（1904 年）
數次被當地民眾焚毀，教堂神甫及傳教士亦多次被驅殺。1949 年時
無神甫負責，有教徒 50 餘人。[4]

第二節　上鹽井天主教堂的位置和外觀

在瞭解了天主教西藏教區教堂的基本情況後，本節將要介紹鹽井
教堂的基本情況。鹽井教堂所在地是納西鄉上鹽井村，上鹽井是本書
較為田野說法的漢語名字，按照西藏自治區民政局給這個村子規定的

4　本節內容據《迪慶州志》、《巴塘縣志》相應章節整理而得。

藏文名字是 Yar-stod（亞多），但是這個名字村民用得不多，最常用的是 Yarkalo，即「亞卡樓」，當是從藏語「產鹽地」而來，省略「茶」（鹽），代之以「亞」，即上部之意；或者用 Yarkading，即「亞卡丁」，保留「亞卡」，用「丁」代替「樓」；「丁」也是上部之意。而下鹽井則稱為布丁。上下鹽井村所在的鹽井鄉位於東經 98°28' 至 99°06'、北緯 28°37' 至 29°30' 之間，地處中國西藏自治區東部，昌都地區東南部。東與四川省巴塘縣隔金沙江相望，南與雲南省德欽縣毗鄰，西連碧土縣，北接芒康縣，橫斷山脈、寧靜山脈南北貫通，瀾滄江從中流過。西岸江畔是鹽井的加達村，東岸有一高一低兩塊高於江面的寬大臺地，坡度平緩，梯田層疊，中間以天然形成的狹長河谷為界。這兩塊臺地上的村子依照藏族以河流的上下游命名的習慣分別命名為上、下鹽井，兩村之間的角龍溝裏延山谷向上綿延數里的則是角龍村。鹽井鄉的平均海拔在 2,600 米左右，下屬的 4 個村海拔由低到高依次是加達、下鹽井、角龍此處以下角龍海拔為準，角龍村分上、中、下三村，總長約 5 公里，順 201 國道東側、上下鹽井村之間的角龍溝綿延而上。和上鹽井，最大高差（加達與上鹽井）約 300 米。

　　上鹽井天主教堂位於上鹽井村村口，現在的教堂建築始建於 2002 年，2004 年建成，興建者是本村神甫魯仁弟。目前 36 歲的魯仁弟主管這座教堂，他和家人以及來自云南茨中的角媤（當地藏語指女性出家人，即漢語「尼姑」）馬達琳娜住在這裏。教堂整體佔地約 3,500 平方米，共有內外兩進院子和三棟建築，還有一個菜園。

　　從連接 214 國道的村道上前行約 30 米就可以看到白色的教堂，穿過在三角形尖頂上裝飾有十字架的大鐵門，走進去以後是一個長方形的水泥院子，右側是教堂南翼住宿樓的背面和原來的籃球場空地。繞過南翼住宿樓就來到了內院門，院門前原來用作籃球場的空地成了停車場，經常停放著神甫的越野吉普車和大貨車。空地的北頭是一堵

水泥牆，牆後是教堂的菜地和葡萄園，人口在教堂本堂北側的廁所後面。

內院門是典型的彩繪藏式木門，從來不關。走進內院門，頭頂是連接兩棟住宿樓的平臺，依藏式民居的修建辦法用木柱支撐，共有12柱。平臺下的這個空間放了幾張長椅，供來訪的人們休息。兩翼的住宿樓是兩層樓的木製藏式建築，欄杆、柱子和門窗上用鮮豔的顏色畫著花果和鳥獸圖案，雖然有些褪色，但依然不減雅致。儘管是藏式裝飾風格，這兩棟住宿樓的格局卻與內地小學的兩層教學樓類似，樓梯在樓的東側，每個房間大小接近，互相不連通，門統一開向走廊。神甫和家人住北樓，南樓住的是目前教堂唯一的角嬤馬達琳娜，她今年35歲，現在教堂的早晚課和禮拜都由她主持。兩棟樓樓上住人，樓下是雜物間，南樓一樓窗戶上掛有兩塊黑板，上面用漢藏兩種文字書寫著耶誕節的由來傳說，自2006年夏天到2007年夏天都沒有更換過。

兩棟住宿樓的內部陳設和教堂宗教氛圍不同，基本上是滿足生活空間的需要的。神甫和角嬤待客的地方是住宿南樓的堂屋，這間堂屋的陳設和當地一般人家很接近，都有爐灶、櫥櫃、電視、藏式沙發、茶几和茶几上的小火塘。只是這間屋子跟一般人家相比，少了每戶人家必備的菩薩櫃（即神龕），多了幾件天主教的擺設：在南邊的窗櫺上掛著一個基督受難十字架，在屋子中間的樑柱上掛著這一年的教曆，教曆上的圖畫是微笑著的教宗。堂屋西側是角嬤的臥室，再過去一間是一個小會議室，裏面放著一張圓桌和幾把靠背椅，在中間的樑柱上掛著十字架。這間小會議室平時很少使用，有時會用來召開村民自發組織的天主教管理委員會的會議。

北樓是神甫及其家人的住房，一般外人無法涉足。神甫喜愛穿西裝和喝臺灣高山茶，他的房間採取的也是漢式家居裝飾風格，各類家

電一應俱全，整潔美觀。

　　兩樓之間的院子也是平整的水泥地，近似正方形。院子東頭是教堂本堂所在的臺地，臺地與院子連接的部分是一堵高 2.5 米左右的石牆，用不規則的、直徑在 30 釐米左右的石頭砌成。石牆下方左右擺放著十幾盆正在花期的紅色和白色的鳳仙花，鳳仙花中間是一段 20 多級的水泥階梯，取代了原來舊教堂的木製樓梯，通往教堂本堂。上了樓梯之後，正面處就是教堂本堂，南側是鐘樓。

　　教堂本堂由魯神甫根據雲南茨中天主教堂的形象構思，由西藏建築設計院設計完成，是一座雪白的鋼筋混凝土建築，高約 15 米。本堂由主樓和兩側凸出的門廳組成，俯視時呈十字架形狀，富於向天主致敬的寓意。此外門廳也有實際用途，可以在耶誕節等人多的時候打開側門分流人群。教堂大門處的正門廊和屋簷鋪著漢式的橙黃色琉璃瓦，飛簷斗拱，彩繪繽紛，全用當地人喜用的彩繪吉祥圖案裝飾；兩側的門廳，正面牆上位於大門上方的兩扇圓窗也都是如此。這座教堂既具有藏族傳統建築裝飾特點，又具有現代建築結構，「藏族教堂」的身份一目了然。站在教堂本堂門前遠望西方，瀾滄江對岸的達美永雪山在雲霧中若隱若現，十分壯觀；住宿樓的屋簷作為這幅景色的前景，更是使人感到恍如置身人間天堂。

　　位於教堂南側的鐘樓有三層樓高，是中空結構，外觀與教堂相仿，是模仿藏族房屋加以裝飾的鋼筋混凝土建築。鐘樓的每一層掛著一口青銅鑄就的大鐘，自從教堂修建好以後每天早晚各敲響一次，召集信徒來做禮拜，逢周日、節日和婚禮葬禮還會敲兩次，一次是召集信徒來到教堂，一次是讓來到教堂的人們就座，準備開始儀式。單獨修建鐘樓的做法其實不太多見，按慣例鐘樓本應在教堂上方，與教堂一體，但為防止敲鐘共振損壞教堂建築而獨立修建。由於資金問題，鐘樓修建時間晚於新教堂，2004 年才興建並建成，而且本來計劃修

建 4 層，但為了縮短工期和節約資金而建好 3 層就封頂了。青銅大鐘是日本橫濱教友團體捐獻的，其上鑄有日文文字。它們的原產地在法國，是法國傳教士帶到日本去的，距今已 50 餘年。在日本的教堂中為了防止幾個鐘共振使教堂建築震動過大而只用了 1 個，剩下的 3 個被教友集體購買贈送給鹽井教堂，這之後日本神甫還曾帶領信教學生團體來參觀走訪過。

教堂北側是廁所，廁所旁邊的小門通往北住宿樓背後的菜園。菜園裏是角嫫自己種的蘿蔔、辣椒、白菜等當地常見蔬菜，可以供神甫一家和角嫫日常三餐食用。還有一個葡萄架，結的葡萄用來釀造儀式用和日常飲用的葡萄酒，每年可產酒 500 多斤，這些葡萄還是當年法國傳教士傳入鹽井的，信徒們一代代把葡萄酒釀造的技術流傳了下來。菜地南側住宿樓背後有一個狗籠，養著神甫的朋友送給他的牧羊犬，旁邊還有豬窩和雞窩。菜園盡頭種著幾百棵核桃樹苗，在菜園凸進背後的停車場的一小方空地上堆著一垛建教堂時剩下的木料。

總之，教堂既是教徒們舉行各種儀式的場所，也是神職人員的住處，還是遊客參觀遊覽的景點，它既有神秘莊嚴的部分，也有世俗日常的部分，來滿足不同人對它不同功能的需要。

既然這座教堂是依茨中天主教堂為範本所建，那麼在這裏有必要對其建築和裝飾做一番概述，看看它在多元宗教勢力相互交織的情境下，是如何利用本地文化元素使其本土化，來達到緩解同當地其它宗教尤其是藏傳佛教之間矛盾的目的。[5]

茨中天主教堂坐落於瀾滄江邊、阿杜白丁山峰的半山腰處。教堂主體東西長 31.2 米，南北寬 13.8 米，以法式天主教堂風格為主，並

5　下面幾段有關茨中天主教堂建築與裝飾的描述由魏樂平供稿，見已發表論文〈文化交融與歷史建構：茨中天主教堂的建築與裝飾藝術〉，《裝飾》2012年第5期。

點綴有大量本地建築元素。例如，教堂外立面採兼有具象性羅馬建築線條與藏傳佛教裝飾圖案，以多元的建築詞彙營造獨特的光影效果，既反映了古羅馬教堂建築風格與傳教士的宗教信仰，也反映了藏族、白族工匠的創作風格。從教堂門窗部設計來看，古羅馬的圓弧形拱門與窗戶構成教堂明顯的天主教特徵，拱形門廊用條石砌成，進深 6 米，寬 3 米，拱門中頂部的每塊磚石都略微傾斜搭在下方磚石上，並旋轉一個微小角度直到中間垂直位置。這種拱門和窗戶的頂部由磚塊拱繞中心軸旋轉一周實現，以提升結構強度，拱門與拱窗不需借助內部結構支撐而實現較大空間跨度，成為茨中天主教堂的外部特徵。以圓弧為主旋律的窗戶線條貫穿教堂正面，從地面到塔尖窗戶跨度越來越窄，越來越輕盈，呈現出不斷向上、直達蒼穹的態勢。

　　拱窗分為牆面設計與木欄柵設計兩種。牆面繪有藏式圖案，大多以墨色手繪的藏八寶圖案為主，結合部分手繪的山水、花草紋樣。在屋簷和塔尖下部裝飾了具佛教意義的雨搭。教堂雨搭借鑑了藏族碉房雨搭的構造，在牆身的梁下部用四層磚塊做成。枋在上，椽在下，上下相扣逐層挑出，以便屋簷借助雨搭排水。茨中天主教堂外部設計的核心理念為天主教文化，不但反映了傳教士強烈的宗教理念，還融合了當地強烈的祖先崇拜和圖騰情結。教堂大門外如意踏跺總高 1.3 米，共 7 層，象徵藏傳佛教「七級浮屠」與「佛教七眾」的宗教理念。

　　除外部構造外，教堂內裝飾也採取了「風格本土化」的做法。藻井圖案把藏傳佛教和東巴教對信仰、自然、祖先的圖騰崇拜表現得極為明顯，題材多為雙魚、寶瓶和法螺等。教堂壁畫主要通過乾式和濕式兩種畫法完成。乾式主要是採用厚重礦物顏料直接繪製在廊柱柱頭石塊和教堂天花板等吸水能力差的材料上，濕式畫法主要用幾種當地植物提煉的粉末繪製於白灰內牆與教堂外牆，這些顏料配方來自納西

族東巴教繪製經書使用的植物顏料[6]。井口天花井[7]繪製有 100 多幅彩繪圖案，其核心意蘊以傳遞天主教信念為主，展現當地自然物象為輔。教堂左右廊單列為 4 個部分，每部分有圖案 27 幅。井口天花網底為藍灰色礦物顏料， 27 幅圖案用朱紅木條間隔，中心為天主教徽標圖案。與天主教精神密切相關的十字架、聖母聖心、JHS 字體等圖形符號置於各個方格中心或視覺中心點，其中聖母聖心圖案視覺效果尤其明顯。天主教符號與本土圖案融為一體，多彩而不紊亂，給人自然和諧的感覺。中心方格外一圈是 10 幅白族圖案，以石榴、佛手、靈芝、菊花、蝙蝠為主，外二圈由 16 幅白族、藏族彩畫構成，圖案增加了藏族的太極雙魚和妙蓮等紋樣。

筆者在田野調查時，曾與姚飛神甫有過一次親密接觸。他說，這些大量存在的本土元素是保護教堂一直存留至今的最主要原因。為此，他還特意舉了一個例子：某天，教坊裏來的 8 位藏傳佛教的喇嘛表示要參觀天主教堂，神甫當時非常緊張，擔心和他們會產生一定的摩擦，但他發現在整個參觀活動中，喇嘛們表現得非常地友好，他們指出教堂裏有許多設計來自於藏傳佛教，給他們帶來了很多親切感。

與茨中教堂一樣，上鹽井天主教堂之所以能延續至今而不衰，除了與過往清政府的鎮壓、喇嘛寺的屈服有關，也與天主教堂的本土化設計密不可分。

---

6 根據迪慶地區訪談，東巴教經書使用顏料多為植物顏料，藍色為Ripie，紅色Chehi，黃色Chike（苦黃連），納西族畫師認為白色顏料只能用羊骨燒製，不能用馬骨製作。

7 口天花與海墁天花是清代天花兩種主要形式。井口天花由枝條、天花板、椿兒梁等構建組成。仿木條組成井字格作為天花骨架，每一方格內鑲一塊厚約一寸的木板。引自吳衛光：〈中國古建築的天花、藻井技術與藝術〉，《美術學報》2003年第2期。

第三節　新舊教堂的更替

新教堂是在沿用了 100 多年、數次重建的舊教堂的原址上建立的。在 20 世紀 80 年代歸還給天主教徒以前，舊教堂有 20 多年的時間用來充當鹽井小學的教學樓。

舊教堂所有建築都是藏式的，舊教堂是一層樓建築，住宿樓是兩層樓建築，是神甫和角嫫居住的地方。院子裏的三層高的樓房原用來放雜物，現在已經拆除。右側住宿樓背後的水磨坊是為了磨麵粉做領聖餐儀式必備的聖體（極薄的小面餅）而修建的，也為有需要的村民服務。教堂門前的空地原來是學校的籃球場，現在改成了停車場。

1997 年，因為大雨那棟三層樓房垮掉了一部分，以前它可以完全把背後高出 3 米左右的臺地上的舊教堂遮擋住。1999 年夏天，由於地震，舊教堂又受到了新的損害，牆壁上出現了裂縫。這使得當時剛從北京神哲學院畢業返鄉兩年多的神甫下定決心籌款修建新教堂。2002 年錢款到位以後，新教堂開始動工修建。原有建築保留兩側住宿樓，拆除擋在舊教堂前面的三層樓建築和舊教堂，主要工程是建造教堂主體和鐘樓。籌集的款項和花費都以明細表的形式張貼在教堂本堂進門處，具體見表 5-1、表 5-2。

表 5-1　上鹽井新教堂各地教會捐款情況表

（單位：萬元）

捐款單位名稱	金額	捐款單位名稱	金額
山東教區及教友	20	山東臨沂教會	10
吉林教區	13	上海兩會及教友	5
北京兩會	5	浙江寧波溫州教會	15.1
北京教區及教友	12.3	江西教會	25
廣東兩會及教會	27	湖南教會	20.3

捐款單位名稱	金額	捐款單位名稱	金額
海南教友	13	湖北武漢宜昌教會	23
黑龍江教會	4.5	天津教會	21
浙江教區及教友	22.5	山西運城教會	11.8
河北教區	7	山西大同教會	15
四川兩會	2	河北信德室	37
成都教區及教友	12	河北保定教會	12
陝西三原教區	5.2	山西太原教會	11.2
陝西西安教會	12.2	合計	379.4

表 5-2　修建教堂支出情況表

（單位：萬元）

教堂主體	260
住宿樓	32
鐘樓	58
圍牆	22
院內壩子水泥地皮	15
教堂內部裝修	22
燈具	6.4
大門	4.8
總支出	420.2
尚欠	40.8

說明：表下注有「上鹽井天主教堂 2006 年 1 月 1 日」的字樣，表中金額單位為萬
　　　元，據 2007 年 8 月採訪神甫，說目前還有餘款 27 萬元未還清。香港的天主
　　　教刊物——《普世教會》第 3224 期（2008 年 4 月 25 日）上刊登了魯仁弟神
　　　甫向外界教會求助以便還清建教堂餘款40餘萬的通訊文章《西藏唯一天主堂
　　　遭追收施工費用》。

　　新教堂的籌款過程主要通過神甫在北京認識的同學和老師說明對外宣傳。從捐款表中可以看到這次籌款可以算得上是成績斐然，全國各地的教會都有所貢獻，而且數目不小，使得新教堂的修建可以在無須本村本鄉的一分捐獻的情況下開始進行。而在工程的興建過程中魯神甫也是親力親為，監督整個工程的流程。因此，新教堂的建成固然成了魯神甫在神甫這個職位上最大的「政績」，但由於本地教徒的參與程度較低，也為後來的摩擦埋下了一些隱患。

第四節　教堂的內部陳設

　　新建成的教堂本堂可能是除了下鹽井的新建鹽井中學以外全納西鄉最氣派的建築了，如果再考慮到它獨具的民族和宗教特色，那麼教堂無疑比中學更吸引人的視線。這一點除了體現在教堂的外觀上，也體現在教堂的內部陳設上。

　　和過去的簡陋藏式一層樓房屋相比，不走進室內甚至看不出來新教堂與老教堂有什麼不同，新教堂更接近城市裏的教堂，空間更高聳，光源也更充足。進入教堂以後，可以看到腳下是暗紅色大理石鋪地，中間一條黑色大理石鋪成的走道直通祭臺。照明設備是穹頂上的3盞枝狀弔燈和兩側牆上的小壁燈，走道兩旁分別整齊地排列著共4排16列帶靠背和跪凳的長椅，可以讓約560人同時就座。

　　大門的正前方盡頭處是高出主體地面三級臺階的祭臺，祭臺正中位置放置著一張對稱地擺著一對燭臺和白鴿、中間擺著一個插著絹花的花瓶、用繡有愛火白鴿十字架的桌巾罩起來的祭桌。祭桌後方靠牆處擺放著一張木製祭臺，精細地雕刻著漢式的鏤空松、梅、竹、鶴、鹿等吉祥圖案，上面對稱地擺著5支一組和3支一組的燭臺各一組，以及8個插著絹花的花瓶。聖體櫃和長明燈擺在最中間，兩邊還有呈

階梯形的兩組矮扉。聖體臺上方掛者耶穌基督受難十字架，彩繪的基督與真人等高。十字架兩側懸掛著對聯「天主在天受光榮，良人於地享平安」，在對聯外側圍繞著十字架的牆上鑲嵌有 7 幅描繪神甫職責的彩圖。這就是教堂祭臺部分的主要情況了。

此外，在教堂兩翼（兩邊凸出部分）還各有一個小祭臺，也陳設著花瓶和一對長明燈，祭臺背後的牆上掛著高 2 米左右的聖心聖母像和聖心基督像。左邊是聖母像，掛著一幅對聯「雖至潔不棄污者，雖全善不絕惡者」；右邊是基督像，掛著的對聯是「惟火生火沖愛火，以心體心發善心」。

教堂兩翼的窗戶之間的牆上和門廳天花板上都有色彩鮮豔的天主教圖畫，牆上的畫描繪的是左右連續的耶穌苦路上的 14 次受難情景；天花板上的是左右各 8 幅的圓形聖經故事場景圖。門廳離門最遠端進門處左右各有一個放置著聖水盆的半人高的鐵架子，聖水盆裏放置著吸滿聖水的海綿，每當信徒進教堂朝拜時就會用右手中指蘸一點聖水畫十字並施禮，所以常接觸的海綿中間部分磨損得已接近見底，教徒來參拜的頻繁從這裏就可見一斑了。

總體上看，鹽井新教堂的內部陳設具有教堂的一般特點，但缺乏藏族的本土特色。與舊教堂的內部陳設的對比可以看出，教堂的外來成分增加了，尤其明顯的是漢字對聯的出現。而且舊教堂受體積的限制，也沒有新教堂這樣巨大的彩繪基督受難十字架。另外，舊教堂中有唐卡和條幅，現在都被搬到南住宿樓二樓一角的小會議室去了，不再出現在新教堂中。舊教堂儘管天主教色彩不夠鮮明，但非常富有地方特色，質樸、鄉土，可以視為是教堂建築和陳設的當地語系化；重修後的教堂裝修得煥然一新，富麗堂皇，氣派，但多了幾分現代的俗氣，少了當地的文化特色，與舊教堂的傳承關係比較模糊。但是魯神甫仍然堅持說教堂走的是西方宗教和本地結合的風格，教徒們也承認

新教堂很大很氣派，大家都有面子。

　　綜觀鹽井教堂基本建築的變遷，表面上看是一個從宗教色彩較淡的本地土木結構民居建築到宗教色彩鮮明的現代鋼筋水泥結構西式建築的過程，似乎與「當地語系化」過程相逆，但實際上這是與天主教在鹽井的發展情況密不可分的。在接下來的幾章中，筆者會通過逐步深入的分析，呈現出鹽井獨有的天主教當地語系化過程。

第六章
天主教徒的世俗生活

　　恩格斯在《家庭、私有制和國家的起源》第一版序言中寫道：「根據唯物主義觀點，歷史中的決定性因素，歸根結蒂是直接生活的生產和再生產。但是，生產本身又有兩種。一方面是生活資料即食物、衣服、住房以及為此所必需的工具的生產；另一方面是人類自身的生產，即『種的蕃衍』。」[1]生活資料和相關工具的生產是人類為了維持生命所必須完成的任務，而人類繁衍下一代的再生產則是人類為了延續生命所必須完成的另一個任務。以生活資料的生產為基礎，衍生出了人們的休閒娛樂生活；以繁衍後代的再生產為基礎，衍生出了人們的教育和社會事業。天主教徒也是一個人類群體，他們的生產和再生產也需要遵循同樣的法則。下文就將先後從這兩個方面分析鹽井天主教徒這兩種生產及其衍生事業的各種情況，以及這些情況對天主教在鹽井的當地語系化產生的相應影響。

第一節　物質資料的生產

　　生活資料的生產離不開自然環境的限制，鹽井位於藏東三江並流地區，當地特有的自然條件在很大程度上決定了當地農牧業生產活動的發展。

1　〔德〕恩格斯著，中共中央馬克思、恩格斯、列寧、斯大林著作編譯局譯：《家庭、國家和私有制的起源》（北京市：人民出版社，1972年），序言。

一　自然資源和經濟產業

　　鹽井的平均海拔是 2,600 米，區域面積 3,740.9 平方公里，其中森林面積 10,337 公頃。鹽井境內自然資源豐富，其中鹽泉資源格外突出，較集中於上鹽井、下鹽井、加達 3 處，共有鹽泉 83 個，流量為每日 140,288 立方米。除鹽泉外，還有大量水力資源以及森林，因此野生動物資源極為豐富。芒康鹽井自然保護區位於東經 94°48' 至 98°59'、北緯 29°28' 至 30°01' 之間，面積為 1,853 平方公里，保護區內屬重點保護的珍稀動物即達近 50 種，如滇金絲猴、白唇鹿、馬來熊、水鹿、黑鸛等。野生植物資源也相當豐富，原始森林中有松、杉、柏等樹種，林下有貝母、蟲草、靈芝、黨參等多種藥材，有木耳、松茸（俗稱青岡菌，產在麻櫟樹下）、蟲草、猴頭菌等食用菌。

　　鹽井的氣候屬典型的幹熱河谷氣候，相對高原氣候較為炎熱；冬無嚴寒、夏無酷暑，作物的生長期長，年日照時數為 2,200 至 2,900 小時，光照資源十分豐富。年平均氣溫為 10.3℃ 至 12.6℃，6 至 8 月平均氣溫為 18.3℃ 至 19.4℃，均在最適宜的溫度範圍內。最暖月平均氣溫為 19.4℃ 至 19.8℃，最冷月為 0.4℃3.7℃；≥5℃ 的積溫在 3,500℃ 至 4,000℃ 或以上；其生長期間氣溫日較差在 11.7℃ 至 12.5℃。鹽井一帶雨量稍偏少，但雨熱同季，年平均降水量為 234 至 383 毫米，9 至 10 月雨季結束。這些氣候條件使鹽井盛產農作物以及水果。糧食作物主要有青稞、玉米、小麥；水果主要有蘋果、梨、葡萄、桃子、核桃；特產有葡萄酒、蟲草酒、藏鹽、鹽井。全鄉農牧業基本情況見表 6-1。

表 6-1　納西民族鄉 2007 年農牧情況概覽

總人口（人）4112		勞力（人）1694		耕地（畝）3153.8				牲畜 8756					
男	女	男	女	雙季地	一季半	單季地	人均	牛（頭）	馬（匹）	騾（匹）	驢（頭）	豬（只）	羊（只）
2039	2073	891	803	2324.8	284	471.3	0.77	2821	182	1072	208	4013	197

說明：資料來源於納西民族鄉鄉政府。

　　由上表可見，全鄉現有耕地面積 3,153.8 畝，人均佔有耕地 0.77 畝，全鄉管轄 4 個村委會，21 個村民小組，738 戶，總人口 4,112 人，其中納西族 241 戶，1,192 人；2007 年全鄉總收入達 1,734.67 萬元，人均純收入達 3,059 元，牲畜存欄頭數 8,756 頭（匹、只），糧食總產量達 2,057.14 噸，是一個農業為主、牧業為輔、多種經營初具規模的大鄉。

二　經濟產業與生計方式

　　上鹽井村在納西鄉 4 個村中面積最小，人口也最少，但富裕程度卻僅次於鄉政府所在地──下鹽井村。上鹽井是一個經營農業為主，牧業為輔，鹽業、採集並存的村莊，這和全鄉的整體產業情況基本一致，是由土地的稀少和灌溉的困難決定的。村裏種植的農作物主要是青稞、小麥和玉米，儘管種植蔬菜更加有利可圖，但由於上鹽井位於瀾滄江邊高於江面 200 多米的臺地上，與江面落差較大，全靠從山上引泉水至村裏的水渠和水池維持全村耕地的供水，不足以再負擔需要

大量用水的菜地。況且種植蔬菜還需要搭建大棚精心照顧，所以上鹽井無人種植蔬菜。

由於鹽井所處的高原乾熱河谷地區的地理環境和氣候條件對傳統農業經營而言條件並不優越，僅憑農業很難滿足村民的生存需要，因此發展牧業以及其它產業作為農業的補充就是必不可少的了。因此，鹽井村民中有相當一部分是歷年來芒康和巴塘地區的牧民遷徙而來。牧業方面飼養的牲畜主要是牛（犏牛、犛牛和黃牛）、馬和騾子，比起馬來，騾子力氣大，用處多，更值錢。自從 1999 年退耕還林以來，為了減輕生態負擔，上鹽井和鹽井鄉其它各村的村民已經很少養羊了。上鹽井村民的基本經濟情況見表 6-2。

表 6-2（1）　　上鹽井村 2007 年經濟情況統計（1）

耕地（畝）531.1				牲畜 909						機動車（輛）35		
雙季	一季半	單季	人均	牛(頭)	馬(匹)	騾(匹)	驢(頭)	豬(只)	羊(只)	貨車	客車	拖拉機
531.1	無	無	0.69	589	15	191	36	—	78	13	2	20

說明：其中耕地全為水澆地；貨車指卡車和家用麵包車，客車指大中型長途客運車。

表 6-2（2）　　上鹽井村 2007 年經濟情況統計（2）

（單位：人）

總人口 771		勞力 340		外出打工 200		
男	女	男	女			
366	405	167	173	—		

　　現在村中的農牧業經營基本以家庭為單位，家庭內部成員分別承擔農業勞作、牧業活動和鹽業勞作的任務，其中鹽田勞作主要由女性承擔，運輸工作主要由男性承擔，其它工作由男女共同分擔。此外，許多家庭還以運輸業和短期近距離打工作為部分收入的來源。所以很難統計出上鹽井村民中從事各產業的具體人數各是多少，人們從事的勞動往往根據季節和工作機會（如 211 國道修繕工程）的變化而變化。

　　勞動力也就是 18 至 50 歲之間的健康青壯年，與村子的經濟有著密切的關係。基本上所有創造經濟效益的勞動都是由他們完成的，老年人在家頤養天年是當地的習俗。村民一般到了 60 歲左右就不再從事任何家庭以外的勞動，這一點與現在內地農村青壯年勞動力外流到城市中打工，老年人留守農村務農並養育兒童的情況完全不同。有機會到雲南、四川等地的某位村民就曾對我談起看到七旬老婦下田耕作一事，他對此既感奇怪又十分同情，認為在鹽井絕不可能發生這種事情。

　　這樣的風氣是因為鹽井納西鄉歷來就是西藏東西部政治、經濟、文化的對外視窗，是一處經濟較發達、社會局勢穩定、人民生活安定的藏東文明之鄉。2003 年，該鄉人均國內生產總值 7,973.63 元；農牧民人均收入 3,426.50 元（其中現金收入 65%）；城鎮居民人均收入為 3,700 元；農村人均居住面積 22 平方米；電視機普及率為 84.4%；適齡兒童入學率為 95.6%，鞏固率 98%；人均壽命為 62 歲，嬰兒死亡率為 0.8%；教育娛樂支出比重為 26%；通電比重為 85%；通汽車自然村比重為 71.4%；農村初級衛生保健比重為 35%。2004 年，上鹽井村被選為「自治區小康示範村」。

三　天主教徒的經濟生活

　　韋伯在《新教倫理與資本主義精神》中提出了一個重要觀點：基

督新教相對天主教而言更強調信徒的世俗義務，更注重通過勤勞工作創造並積纍財富，從而實現宗教倫理與世俗職業道德的統一，為資本主義的發展提供了精神支柱。

天主教在鹽井與藏傳佛教相比，在世俗生活的指導上也有著類似的差異，但是程度比較淺，大多表現在天主教徒對佛教徒在喪禮等法事活動上的較高花費不以為然的態度上。而使得天主教倫理和佛教倫理在經濟生產中的作用難以區分的更重要的理由，是佛教徒和天主教徒在上鹽井村中的結合十分緊密：不僅信徒有著為當地文化所認可的至少三種情況下的改宗機會（到外地讀書、當幹部和結婚），而且在作為基本經濟單位的家庭中，雜居家庭占總家庭數的 1/3 以上。在這樣的家庭經濟生活中很難說起作用的是天主教的倫理還是佛教的倫理，所以很難判斷天主教是否比佛教更能促進信徒投入到世俗的勞作中，創造財富並積纍財富。而實際上村民也認為，天主教和佛教的家庭都各有富裕家庭、中等家庭和貧困家庭，與信仰差異的關係並不大，決定一個家庭富裕與否的最大因素還是勞動力的多少以及在外擔任公職的直系親屬的經濟支持能力的大小。除了像魯神甫這樣因為天主教神職人員的身份而擔任公職，獲得外界資助的極個別人以外，天主教並不能在世俗經濟生活中起到比佛教更積極的作用，這與鹽井當地人對天主教倫理的認識與對佛教的世間法的認識處於同一個層級也有關係。這一點會在下文討論，在此以天主教徒為例介紹村民的經濟生活情況。

上鹽井的天主教徒們是通過每年的辛勤勞作才能取得這樣的在西藏地區比較富裕發達的經濟水準的。每年藏曆年過後，天主教徒們開始了一年的勞動。農耕、放牧和製鹽仍然是他們最主要的生產方式，但採集和做小工也是農閒時重要的勞動內容。從藏曆六月始至十月，天氣多雨，停止曬鹽，婦女加入採集行列。七月進入挖蟲草的季節，

至八月止，僅 20 來天。八月進入撿松茸的季節，九月止。接著開始挖貝母，又是 20 多天。這些採集工作是由男女共同完成的，唯獨曬鹽一項，專由婦女進行，而運鹽過去專由村中男子進行，現在芒康縣裏也有人開大貨車進村收購。

上鹽井的天主教徒在一年當中，一月至四月最閒，五月、六月最忙。因為耕種兩季地，在五月、六月要收青稞、割麥子、種玉米、撿松茸；七、八、九月也忙，玉米要田間管理，要收柑橘、蘋果，繼續撿松茸，繼續挖蟲草、貝母；九月底至十月底開始稍有閒暇，因為這些東西過季了；而到了十一月底又開始忙碌，要收玉米，收畢要種小麥、青稞。婦女的曬鹽勞動在藏曆五月至十月間由於江水上漲淹沒鹽井而基本停止。由於當地新建和翻修房子是在這段期間，村民們還要做建房的活。幫村人蓋房不給錢，記明出了幾天工，等到自己家蓋房時他家會來人幫忙，這是互相幫助的事。七、八月的撿松茸、挖蟲草也不是容易的活，一般早上不到 6 點就要起床，爬 3 個多小時山路上山，下午 3 點多才往山下走，運氣好可以撿到三四斤，運氣不好時空手而歸也是有可能的。還有人騎騾子到鄰鄉徐中鄉的山上搭帳篷住下，撿松茸、挖蟲草，忙一個月才回家。此外，村裏的年輕勞動力還不時到芒康和德欽甚至更遠的地方打短工，自 2007 年年初 214 國道芒康段整修工程進展到鹽井上下 10 公里範圍，許多人到施工地修路或用拖拉機拉石頭。還有部分村民常年在北邊山上放牧，一年半載才回家一趟；兩個客車司機，家裏買了客車在昌都到大理這條線上跑長途。

這裏特別介紹一下鹽井在藏東特有的製鹽業。全鄉鹽田總數 2,655 塊，面積 63,700 平方米，分佈在瀾滄江兩岸 2,000 米長的狹長地帶。現從事製鹽勞動的專業鹽民有 62 戶 162 人，兼營製鹽的鹽民有 241 戶 2,013 人。其中，下鹽井（納西村）有製鹽戶 115 戶，鹽田 666 塊，年產鹽 319 噸；加達村有製鹽戶 115 家，鹽田 1,484 塊，年產鹽 669 噸；

上鹽井村有製鹽戶75家，鹽田505塊，年產鹽226噸，其中純鹽業戶
有17戶，只有1戶為純天主教戶，3戶雜居戶，其餘都是純佛教戶，
這可能與早年天主教傳教士只購買了土地，沒有購買鹽田，因此在純
鹽業傳統的家戶中比較缺少感召力有關，下文會對此再作討論。

製鹽曬鹽是婦女的專職工作，各家的男人們只是在婦女們曬出小
山一樣的鹽堆時，才趕著騾馬來，將鹽巴裝袋上馱，運到鹽井小鎮的
鹽市上出售，再由鹽販子把鹽巴賣到鄰近的藏區，這樣的日子延續了
上千年。

由於地質、土壤等條件差異，江東的上、下鹽井產白鹽，市場價
為每斤1.00元左右；江西的加達產紅鹽，市場價為每斤0.60元左右。
現在白鹽比紅鹽更有市場，而清末時卻並非如此，「……東岸鹽質淨
白，西岸鹽質微紅，故滇邊謂之桃花鹽，較白鹽尤易運銷，以助茶色
也」。[2]可見不同歷史時期對鹽的品質區分有不同的偏好，在漢族飲食
習慣影響康巴地區以前，藏民食用鹽的主要方式是在喝酥油茶時加入
鹽巴，為了使褐色的酥油茶顏色更美觀，紅鹽的銷路比白鹽好；而在
漢族的農產品進入這一地區以後，藏族人的飲食習慣也發生了一定變
化，開始接受漢族的飲食習慣，鹽的食用方法也增加了一種——在炒
菜時放入菜裏，這時漢族偏愛的白鹽就更有優勢了。由紅、白鹽價格
的變化可以看到，農產品的引入可以改變飲食習慣進而影響當地鹽業
的發展。

外來農產品不只由漢族引入，也由法、德、瑞士等國的傳教士引
入。當年的傳教士不僅帶來了歐洲的宗教，也帶來了西方的植物和釀
酒技術。傳教士帶來的板栗和葡萄至今仍在鹽井生長著。最初由法國

2　〔清〕段鵬瑞：(宣統)《鹽井鄉土志》，見《中國地方志集成・西藏府縣志輯》(成
都市：巴蜀書社，1995年)，頁401。

傳教士古純仁引進茨中和鹽井的名為「玫瑰蜜」的法國葡萄在與當地野生葡萄嫁接以後，兼具法國葡萄的純正味道以及當地葡萄生命力強、不易生病生蟲的優勢。這種葡萄小而圓，顏色紫得發黑，味道較酸，不是直接食用的品種而是釀酒佳品。傳教士最初引進這種葡萄的目的就是釀造聖體聖事所需的用來表示基督的血的紅葡萄酒，但隨著後來教堂管事和角嫫們以及他們的親族將葡萄和釀酒技術傳遍了村裏的所有人家，葡萄酒就成了青稞酒以外的人們在日常生活中飲用的佳釀。現在上鹽井幾乎家家都有葡萄架，家家都釀葡萄酒。過去，法國傳教士在茨中專門請當地人打製了一套釀造葡萄酒的銅製器皿。在茨中村的藏民家裏，每年都按照法國傳統的方式釀製乾紅葡萄酒；現在村民已經用日常家用的盆和桶代替了銅製器皿。這主要是由於釀酒方法普及以後，各家各戶經濟狀況和釀酒量各不相同，不可能都使用專門的器具。而且當佛教徒也開始釀造並飲用葡萄酒時，葡萄酒在鹽井當地已經從天主教儀式用品變為了人們日常飲用的飲品，褪去了宗教色彩。

　　各家釀造葡萄酒的方法是：把葡萄摘下，去梗，放入大盆中，用手儘量揉碎，之後用手將殘渣儘量清理出來，用塑膠薄膜封好放置12周讓其自然發酵，視各家喜好決定發酵時間長短，時間越長酒精度就越高。經品嘗合適以後用紗布將殘渣過濾23遍之後倒入桶中密封，放置23周後就可以飲用了，但是最好還是多保存幾個月，這樣會讓葡萄酒更香醇。通常人們每年夏末用當年的葡萄釀了酒以後才打開上一年釀的酒，用啤酒瓶裝好，玉米芯當瓶塞，有時還放進適量白糖，隨時準備用美酒來招待客人和自家人。

　　以上只是最基本的釀造葡萄酒的方法，老角嫫德仁撒在1997年把自己從傳教士處學來的玫瑰蜜葡萄酒釀造秘方傳授給茨中的遠房姪子——天主教徒吳公頂（也作吳公底）以後，後者釀造的葡萄酒大受

歡迎，供不應求。到了 1999 年，吳公頂的釀酒作坊乾紅葡萄酒的產量達 5,000 公斤。[3]

除了與其宗教活動與生活習俗不可分割的葡萄苗、葡萄的栽培技術以及葡萄酒的釀造技術以外，法國傳教士還把種樹的習俗、技術經驗帶到了茨中和鹽井，使村民掌握了一套本地經驗技術與外來經驗技術相結合的栽種果木技術。如今茨中樹齡近百年的樹木，如茨中蘭桉、茨中月桂、茨中油橄欖等珍貴名木都是當時傳教士從法國引進種植的，傳教士還修建了果園、苗圃、葡萄園等。在鹽井，也有傳教士用從家鄉帶來的種子種植而成的板栗樹。

一個世紀過去了，如今在茨中教堂院牆外還有 2 畝多當時法國傳教士種植的法國葡萄，這個葡萄園現在已成為茨中的葡萄苗基地；鹽井教堂菜園裏的一架葡萄，年產葡萄酒 500 多斤，也是從傳教士時代生長至今的。

從這裏我們可以看出，傳教士不僅帶來了天主教，也帶來了西方的果木和一些先進的生產技術。他們的本意是為了為天主教儀式進行必須的物質準備，但是當這些果木進行大範圍種植，生產技術得到大範圍推廣之後，它們的影響就不再局限於天主教儀式用品這樣的狹小範疇裏了，而是成為當地居民生產生活的一部分，甚至是重要的增收手段。而且這些果木和技術跨越了宗教的限制，在佛教徒中也得到了同樣的推廣應用。這應該被視為天主教為當地作出的貢獻，是天主教調和與佛教關係的重要途徑，而且也是天主教在當地樹立了正面形象的重要證明。

---

3 參見范穩：《雪山下的村莊》（北京市：中國青年出版社，2005），頁178。

四　消費娛樂

　　有了積累，自然也會有消費。首先介紹上鹽井村民在辛勤勞動之餘的一些娛樂活動。除了藏曆年這個佛教徒和天主教徒共同的最大節日以外，兩教教徒還有各自的宗教節日：佛教徒有藏曆九月二十八日的跳神節，天主教徒有 8 月 15 日的聖母昇天節和 12 月 25 日的耶誕節。節日時村民們歡聚一堂，載歌載舞，盡情享用美酒和美食。在非節日的日常生活中，按照年齡和性別的差異，娛樂活動也有所不同。中小學生的娛樂和內地農村的同齡人相比沒有太大差異，夏天都會在村裏的水塘裏戲水、玩彈珠、玩玩具，等等，孩子們很喜歡看電視，也看內地電視臺的電視節目。有的小學生普通話甚至說得比一些內地的孩子都好，當然他們也仍然會說藏語，這畢竟是他們的母語，不過也可以預見，能夠熟練掌握普通話的這一代人，會比他們的祖輩、父輩更容易與外面的世界交流。筆者就見到一個初中女生的語文課本封面上貼著那一年十分熱門的電視歌手比賽的冠軍選手的照片，想來她和內地的同齡人交流起來應該很有共同語言。相比之下，由於鹽井方言與拉薩話有較大差異，和粵語與普通話之間的差異相仿，孩子們對說拉薩話的西藏電視臺就沒有太大的親切感，更不喜歡不如內地某些電視臺那樣時髦的節目內容。就連大人也有聲稱自己沒認真讀過幾年書，漢話全是看電視學來的。也有老人坦率地說，假如村裏放映電影，同樣的片子內容，一部是說拉薩話，一部是說普通話，那肯定沒有人去看拉薩話的那一部。青年和兒童藏語——其實是拉薩話——和藏文水準的降低現象確實存在，但是這與內地孩子的漢語文水準的降低現象相類似，都是受現代快速多變的傳媒影響的結果。

　　孩子們年紀長大一些以後就開始玩有技術含量的遊戲——檯球，但是僅限於男孩，女孩只是在旁邊觀看而已。和內地農村一樣，檯球

是十幾二十歲的男孩最喜愛的活動，上鹽井村唯一的檯球桌總是一下午都圍滿人。上鹽井的檯球桌屬於村長的女兒女婿開的小商店，村人的藏式漢語稱為「公司」。這個小商店在村子的主乾道上，與上鹽井小學和村公所僅十幾米之遙，是村民的主要娛樂場所。小商店共有 2 間房，4 張麻將桌，每天下午都座無虛席。小商店門口除了檯球桌以外還有一小片空地，是男人們打牌的固定地點。這些娛樂活動主要是成年人尤其是中老年男性參加，女性似乎總有忙不完的活，即使有些閒暇她們也只是在家裏看看電視而已。但是男人們也不是只會玩，除非上了年紀，又有閒錢——男人如果天天打牌打麻將，不幹活的話，一定會被人看不起。事實上麻將桌和牌局的常客也都是熟面孔，還主要是老人。鹽井人時常為他們比北邊的人勤勞而自豪，事實上沉迷玩樂、不務正業的青壯年也確實很少。

以上對娛樂活動的描述反映了兩教教徒世俗休閒生活的一面，但天主教徒和佛教徒在消費上關於宗教的主要表現還是在房屋的布置上。進入屋子，信仰佛教的家庭和所有藏族村子一樣，在堂屋裏有一個菩薩櫃（即佛龕），裏面供奉著從外地的大寺裏請來的佛像。菩薩櫃位於堂屋一側，往往佔據半面牆，放置的方位沒有特別規定，只要不直接面對房門即可。菩薩櫃分上下兩部分，下半部是六扇門的普通櫥櫃，描繪了五彩繽紛的繪畫，有的是花瓶果盤圖，有的是福祿壽三星圖，有的是歌頌團結合作的藏族傳統童話像羊猴兔雞摘果圖，六扇櫥櫃門上的圖案可以是對稱的，也可以中間四扇對稱，兩邊兩扇對比。上半部分就是供奉了佛祖或菩薩畫像的玻璃門佛龕了，分為三格，可以是一樣大小的，也可以是中間一格較大的。佛龕上往往還掛有雪白的哈達，佛龕前的狹長空間擺滿了供奉物品：兩端是插著絹花的花瓶，前方是數盞酥油燈或電子酥油燈、水碗，往往還有裝滿糌粑的有蓋大木碗和用黃綢包裹起來的經文。每天早晨主人把酥油燈點

燃，如果是電子酥油燈就打開開關，再奉上盛滿清水的水碗。供奉的水碗必須是奇數個，以 7 個或 9 個最為常見，必須在日落前收拾好，否則菩薩會嫌棄這家人懶惰。每個家庭的菩薩櫃都是精雕細刻，色彩絢麗，很多裝飾都和住房的屋簷、門框、窗框上的裝飾一模一樣，只是具體而微。但是菩薩櫃裏供奉的不一定是佛像，把國家領導人的畫像和佛像一起供奉起來的人家也不少，也不只是毛主席，江澤民總書記和胡錦濤總書記也有此殊榮，也有不少人家在玻璃門外再單獨放一兩個小相框，相框裏的是這家人所崇信的大小活佛的照片。總之，菩薩櫃可以說是家庭內部佛教活動的中心。

在天主教家庭，情況是一樣的，菩薩櫃依然被稱為菩薩櫃，形制也和佛教的菩薩櫃一樣，只是不會畫佛像或壽星之類的對於天主教來說是異教神明的圖像，而是畫著鮮花水果或一些抽象花紋。菩薩櫃裏供奉的也不是佛像，而是聖母畫像和耶穌基督像以及十字架。和佛教徒一樣，也有同時貼著國家領導人畫像的。天主教家庭的菩薩櫃不會點上酥油燈，但也會放上花瓶和蠟燭，有的家庭還以通電的小彩燈作為裝飾。

家庭內部佛教和天主教活動的另一個中心是爐灶。爐灶也在堂屋裏，往往和菩薩櫃佔據同一面牆，由水泥砌成，表面貼上彩繪瓷磚。佛教家庭在爐灶緊靠著的那面牆上畫著一個放置著紅、綠、藍三色寶珠的大銅甕，那就是灶神，保祐這個家庭的富裕安康。在灶神上方要掛上表示尊敬的哈達，因結婚進入這個家庭的新娘或新郎進門以後也要拜灶神，表示被灶神接納進這個家。灶神下方總有一個半人高的檯子，上面除了 3 個黃銅大甕什麼也不放，這些大甕是建新房時就準備好的，雖然從不使用，卻是每個人家都要陳設的重要物品，其實也是灶神的一部分。鹽井的灶都是燒柴的，添柴的時候一定要注意把接近枝頭的一端朝前放進灶裏，不能讓靠近根的一端朝前，否則就是表示

長幼顛倒、順序混亂，對灶神是大不敬。總之，鹽井人認為火塘（或火灶神），與人們的生活有密切的關係，火塘裏旺盛的焰火會給家庭帶來發達與興旺。人們每次在灶上燒茶煮食時，第一道茶或食物均要先敬給灶神。平時嚴禁把吃剩的骨頭、肉渣和毛髮等丟入爐灶裏，還要避免燒奶煮肉時溢在火上。每次遇到這種情況，家裏人就要在灶膛裏燒點柏樹枝、松枝等香料，以示向灶神「賠禮道歉」。天主教家庭不會在牆上畫灶神，但會畫上上面有十字架的紅心，形似「古」字，表示耶穌聖心；許多家庭還會掛上十字架，並且每年藏曆年三十晚上，他們用糯米、麵粉做油條，淩晨時分，也就是大年初一把這第一份食物獻給主，感謝主，也就是把油條掛到十字架上。這之後大家才吃新年的第一頓飯。同時，前一年留下的油條要拿到屋頂上讓飛鳥吃掉。這個讓飛鳥吃掉舊年供奉的習俗明顯受到了藏傳佛教天葬觀念的影響，是佛教儀式在天主教中的小的投影。

上鹽井的村民住宅中最顯著的一項佛教沒有而為天主教特有的信仰標識是對聯。這些外地天主教徒親友寄回的紅底金字的對聯貼在院子大門兩旁門框上，頂部畫著十字架，下面是漢字的聯句，「天主在天受光榮，良人於地享平安」，「神恩盈大地，主愛滿人間」之類；橫批貼在門框頂上，也畫著十字架，內容多為「共沐神恩」、「榮耀主名」等。這樣的對聯只有少數天主教家庭有，並不是年年更換，全憑外地親友是否能寄回而定。本村原無貼對聯的習慣，但是村民都從電視上看過漢族人春節貼春聯的習俗，並不排斥也照樣貼春聯，祈求天主保祐一家人一年的幸福安康。

從本節中可以看到，佛教的種種在寺廟裏和家庭內的活動已經融入了村民的日常生活，以至於信徒們往往是無意識地進行信仰活動，而不需要對佛教教義有深刻的理解或是對自身的佛教徒身份有強烈的意識，事實上如果問某個村民他信不信教，他可能會回答：「不信

教，信佛。」在上鹽井，「信教」特指信天主教，佛教與其說是作為一種宗教，不如說是作為一種文化深入到了村民的精神世界中。但是，儘管天主教進入上鹽井的年代並不久遠，而且信徒的範圍在其勢力最強盛的時候也沒有超出上、下鹽井和角龍這三個毗鄰的村莊，但是時至今日，它也已經成為上鹽井文化生活的一個重要組成部分，而且還有越來越受到村民重視的趨勢。

總的說來，兩教在娛樂休閒活動的選擇上是接近的，在家庭內部的宗教陳設上的花費是相差無幾的，這充分說明天主教充分學習了藏傳佛教在村民生活中所佔空間的經驗，能夠用村民最樂於接受的方式來傳播和維持信仰。

第二節　人口的再生產

人類本身的再生產需要通過婚姻、家庭以及親屬制度來實現，這三者互有不可分割的內在聯繫。婚姻是指男女兩性的結合，而且這種結合需要得到一定歷史時期和一定地區內具體社會制度及其文化和倫理的認可。家庭是社會組織中最基本和最重要的一個構成單位。而親屬制度則是反映人們的親屬關係以及代表這些親屬關係的稱謂的一種社會規範，它是婚姻家庭形式的反映或記錄，但不一定是當前的婚姻家庭形式，也可能是沿用上一發展階段的親屬制度，或部分乃至全部借用有文化接觸的其它民族的親屬制度的結果。[4]家庭結構的核心是家庭成員之間的關係，婚姻和血緣是家庭的基礎，決定著家庭中各種重要的關係。個體在家庭中出生、成長，在家庭中經歷最初和最基本

4　參見林耀華：《民族學通論》（北京市：中央民族大學出版社，1997年），頁301、357-359。

的社會化過程和程序，並影響和形成了個體成員一生的人格、世界觀、行為準則，以及對自己和社會的判斷和評價。人類學家通常將家庭定義為共同生產、共同消費、共同居住，其成員間的關係由血緣、婚姻或收養關係組成的一群人。因此，家庭是建立在婚姻和血緣關係基礎上的親密合作、共同生活的小型社會群體，是社會最基本的組織單位和細胞，同時也是社會生活的基本內容和形式，具有社會生產、繁衍後代、養育子女、贍養老人、社會消費、休息娛樂等社會功能。

傳統民族志的一個重要組成部分就是所考察社區的婚姻、家庭與親屬制度，在本節中也將對上鹽井村的這方面情況加以考察和分析，以便更深刻地瞭解當地的社會和文化。

一 天主教的婚禮儀式和法則

在鹽井，天主教和佛教的婚姻規則的非宗教部分是非常接近的，只有向各自信仰的神明表明締結婚姻關係的儀式有所區別；整個婚姻儀式包括定親、提親、婚禮、落戶四個步驟，這個過程還有著很明顯的走婚遺俗。

締結婚姻關係的第一步是定親，由這段婚姻的介紹人帶著麥子和宰好的整只羊作為禮物到新娘[5]家去代表新郎家提出訂婚的請求。過去的介紹人大多是包辦婚姻的父母所託付的男性親友，現在則大多是男女雙方戀愛以後為了結婚而請來充當介紹人這個角色的男性親友。在定親的過程中，新娘家會故意刁難介紹人，假意不肯接受婚事，這時就需要介紹人能夠巧舌如簧地說服新娘家的當家，在這個過程中往

---

5 如果是上門女婿的情況則是新郎，在鹽井女性出嫁和男性上門的儀式幾乎一樣，故不再單獨描述新郎上門的婚禮儀式。

往伴隨著對歌和罰酒，所以介紹人一般是頭腦靈活、口角俐落、酒量也很好的中年人。最後雙方喝到酒酣耳熱之時，就能把親事定下。

在定親後一年以內，如果有特殊情況或從簡辦理則是一個月以後，新郎的舅舅或相當於舅舅輩分的親屬和婚事的介紹人，在新郎家請村中的昂卻（即懂得一定佛教知識的俗家念經人）算好結婚的日子以後一起到新娘家去迎接新娘到新郎家舉行婚禮，按照老規矩一定要騎馬或騾子去。如果是天主教家庭則無需算日子，只挑選星期一或星期五。接親人需要在新娘家住上一至兩天才能把新娘接走，在此期間娘家女性親屬會向他們頻頻敬酒敬飯，如果喝不了吃不下就要給錢，不給錢則要受罰：被縫衣針揪頭皮，被揪耳朵，或者喝純酥油。最後給的錢數可能是幾十也可能是幾百，都由接親人自己出。而新娘家的送親人到了新郎家以後也會受到同樣的「刁難」，所付出的錢款數會儘量和接親人保持大約相同的數目，這需要雙方對對方的意願有大概的認識，也可以說是一種彩金的交換，是禮物互贈的一種。

最後一天早晨，女方家終於同意讓新娘出嫁，新娘就要從最年長者開始依次向家中的長輩磕頭，感謝他們的養育之恩；長輩則要送上祝福和勸誡的話，希望新娘可以順利開始婚後的生活。新娘出嫁時穿上嶄新美麗的當地藏裝，帶上嫁妝。在隆重的婚禮上，送親人和接親人都要穿上鑲珠嵌玉的節日盛裝和藏鞋，新娘還要戴上華美的頭飾。但是一般情況下，新娘只要穿上老一輩人平日穿的那種日常藏裝就可以了，因為自 1980 年代以來，小孩和年輕人都幾乎不在日常生活中穿藏裝了，年輕女孩們只有在結婚時才會穿上藏裝，所以日常藏裝也就可以充當婚禮的禮服了。而新娘的嫁妝是她的酥油茶碗和洗臉盆等日用品，以及代表勞動工具的鐮刀，表示她到了婆家需要下田勞作（如果是男性上門則帶斧頭，表示他要上山砍柴），這些日用品和勞動工具都是新娘在娘家時平日使用的，表示她從此要離開娘家到婆家

過日子和勞動了。漢族意義上的嫁妝如衣服、寢具等是在新娘最終落戶婆家時才帶到婆家去的。

除了接親人以外，新娘在一個女伴的陪伴下和自己的哥哥與舅舅以及另一男性長輩一起，騎馬或騾子到新郎家去。這個老規矩現在視路途情況可能改為乘小汽車或出租的三輪摩托車。總之是儘量不選擇步行，否則就不夠體面。對送親人的要求是他們必須家庭圓滿，離婚者是不能充當送親人的；新娘的女伴也不限於已婚或未婚，只要是家庭圓滿，和新娘友誼深厚的女性就能充當，有些時候也不限於一人。

新娘一行到達新郎家以後，新娘需要先跪拜灶神，表示請灶神接受她作為這個家庭的新成員；如果是天主教家庭則是跪拜灶牆上繪畫或掛著的十字架。隨後新娘依次向新郎家的長輩行禮，程序和告別自己家的長輩們一樣。行禮完畢以後，新娘和送親人、接親人一起在堂屋的主位坐下，接受新郎家的款待。新娘到新郎家的這天新郎需要迴避，離家一兩天，直到婚禮完畢新娘回娘家以後才返回自己家，這是老規矩，表示新郎的羞澀。

整個婚禮過程有全村的親友參加，每人送上 20 元左右的禮金。其中女性親屬負責幫助新郎家準備飯菜、糖果點心和酒，主食有鹽井特色加加面和饅頭、糌粑等，十分豐盛。眾人一邊吃飯一邊向送親人勸酒，送親人此時的情況就是接親人在新娘家情況的重演。忙碌的女性在宴席告一段落以後就開始在堂屋裏跳鍋莊，唱山歌，並藉此要求送親人喝酒。這種載歌載舞、暢飲美酒的過程要從中午持續到深夜甚至是第二天清晨。

隨後新娘和送親人一起回到自家去，要待上少則一個月，多則幾個月時間才會在新郎家的要求下真正開始在新郎家長期生活，這個過程稱為「乾哉」。按照村中的老規矩（一般指包辦婚姻）的情況下，新娘和新郎由於彼此之間完全陌生會連續幾個月互不說話和同居，往

往幾年後才會生孩子。但是在某些特殊情況下，比如新郎家特別缺人手這樣的情況下，新娘也可以在婚禮後不回娘家直接在新郎家開始生活，也不會遭到非議。隨著年輕人觀念的開放，這樣的情況可能會越來越多。

　　除非新郎（在上門女婿的情況下是新娘）是兄弟姐妹中留在村裏的最年長者，否則一般會在婚後分家單過。在上鹽井村，和許多藏區的村子一樣，村子內外種不了莊稼的空地很多，一般情況下有經濟能力的父母為下一代新婚夫婦建一座新房讓他們分出去單過並不困難，所以核心家庭佔據了全村家戶中不小的比例。分家出去單過的新婚夫婦所需的新房由兩家父母共同操持，兩人都從家裏按當初分地時的人均比例分得田地和鹽田。如果是女兒出嫁到別家，會把她名下的田地也帶走，即娘家幫她種，幫她收，收成送來婆家，直至她去世，田地再傳給她的子女。鹽田也一樣有她一份，由娘家人幫她曬鹽，曬成以後也一樣送來婆家。除非婆家經濟條件很好，不需要新娘田地和鹽田的收成，否則一定會遵守這樣的規矩。這看似對娘家負擔太重，其實正說明了女兒在家中的崇高地位：在鹽井，女兒無論出嫁與否，在自己家中都有著僅次於哥哥的地位，嫁過來的嫂子是沒有地位的。父母一般總是與最大的孩子——除了在外定居的孩子以外——一起生活，如果最大的孩子是女兒就找女婿上門。在鹽井方言中不區分「出嫁」和「招贅」，男子當上門女婿也稱為「嫁過去」。這也說明在鹽井實行雙系繼承，女性的地位並不明顯比男性低。

　　從鹽井藏族的親屬稱謂表中也能看出這一點，對祖父一輩的親屬，不區分父系母系，只區分性別；對父親一輩的親屬，除父母外，不區分父系母系，只區分性別；對平輩親屬，包括同胞兄弟姐妹，不區分父系母系和性別，只區分長幼；對有血緣關係的子一輩親屬，除親生子女及其配偶外，不區分父系母系，只區分性別，對其配偶用複

合詞「ca wu 或 ca mo 的配偶」；對有血緣關係的孫一輩親屬不區分父系母系和性別，對其配偶用複合詞「sen zi 的配偶」。這些規則表示鹽井藏族的繼嗣規則是兩可繼嗣，但平輩間依長幼不同而有不同的權利義務。

二 家庭形式

總體說來，上鹽井村的家庭規模的分佈情況是小家庭較多，大家庭較少，形成了 4-7 人的家庭占總家庭數的 2/3 的格局（見表 6-3）。我們可以看到，表中天主教、佛教家戶和雜居戶的各項指數反映的整體趨勢是一致的，佛教的單人、2 人的小家戶和 10 人、11 人的大家戶相對稍多，天主教家庭規模的分佈則比較接近全村整體情況。

表 6-3　上鹽井村家庭規模（2007 年）

類型 \ 人口數	1	2	3	4	5	6	7	8	9	10	11	總數
I	1	0	2	7	6	12	5	1	3	0	0	37
II	3	6	0	10	4	7	7	5	5	2	1	50
III	0	2	3	9	9	7	8	4	3	4	1	50
總數	4	8	5	26	19	26	20	10	11	6	2	137
％	2.92	5.84	3.65	18.98	13.87	18.98	14.60	7.30	8.03	4.38	1.46	100

說明：本表中 I 類表示天主教家戶，II 類表示佛教家戶，III 類表示既有天主教又有佛教的家戶。

大小家庭的組成情況和成因基本是下面這樣的，「……父系大家庭，內部生長著若干從父居的小家庭。大家庭為擴大型和主幹型兩

類，三四代同堂⋯⋯初期人少，往往同居共爨，後期人口增加，分爨
但不分居。小家庭為核心型⋯⋯兩代同堂，一般五六人，一正丁，一
餘丁，若干未成年的兒女」；「核心家庭占的比例最高，表示傳統以父
子為主軸，婆媳關係複雜之類的現象不多了，代之而起的是夫妻檔，
甚至主婦是主要生產者，婦女地位相對提高，侍候老一代的功能減少
了，但教育下一代的責任可能會加重。比重次於核心家庭的是主幹家
庭，可以說這是一種走向核心家庭的中間類型。農村無保險制度，缺
乏養老院和幼稚園，祖父母照顧孫兒女，中間一代的勞力可以抽出來
充分使用，這是主幹家庭比重較高的原因。以核心家庭為主，主幹家
庭次之，擴大家庭又次之，其餘家庭形式可以忽而不計。傳統家庭的
變化，功能上除減少婆媳衝突外，也是對現實政策的適應」。[6]在這些
層面上，天主教家庭除了受教規所限一妻多夫家庭較少以外，大家庭
和小家庭的比例和構成都和全村趨勢一致。

三　生育情況

　　從表 6-4 可以看出，在全村 101 個已婚育齡婦女（即 16-50 歲的
已婚婦女）的統計中，有 3 個孩子的婦女最多，占已婚婦女總數的
35.6%；有 2 個孩子的婦女也較多，占已婚婦女總數的 30.7%，兩者相
加就佔了總數的近 2/3。如果再考慮到沒有孩子和有 1 個孩子的婦女多
是結婚不足三年的年輕婦女，可以看到婦女們一生一般都會生育 2-3
個孩子。村裏有說法「五六十年代隨便生，70 年代生 4 個，80 年代
生 3 個，90 年代生 2 個，2000 年以後就生 1 個了」，意思是孩子生得

6　何國強：《圍屋裏的宗族社會：廣東客家族群生計模式研究》（南寧市：廣西民族出
　　版社，2002 年），頁 274-275。

少了是趨勢。但是從統計中看，2000 年以後生育第 1 胎的年輕媽媽不是只想生 1 個，往往是還沒有來得及再生第 2 個孩子，其中生了 2 個孩子的也不在少數。由於政策允許，村民們還是想生 2 個以上孩子。

表 6-4　上鹽井育齡人口及生育情況統計表

（單位：人）

	未婚女子	已婚女子	已婚男子	存活子女		死亡子女		0子女婦女	1子女婦女	2子女婦女	3子女婦女	4子女婦女	結紮	孕乳	長效藥物	無夫
				男	女	男	女									
嘎對	2	26	26	33	21	4	2	1	6	10	8	1	20	1	1	0
加崩	4	23	21	27	25	0	0	0	5	7	11	0	10	1	2	2
中巴	3	22	22	24	23	1	0	3	4	5	7	3	10	2	1	0
沖對	7	26	25	27	29	4	3	3	3	8	9	3	16	0	4	1
擦壘	3	4	3	5	8	2	0	0	0	1	1	2	3	0	1	1
總計	19	101	97	116	106	11	14	7	18	31	36	9	59	4	9	4

但是，村民對於生育並非毫無節制。在 20 世紀 80 年代，生了 3 個孩子的女性一般會自願接受結紮手術，而在 20 世紀 90 年代以後，有相當一部分生育了 2 個孩子的女性也願意接受結紮手術，即使沒有結紮，生育了 2 個孩子的婦女也往往願意使用長效避孕藥具來避孕，她們中只有少數會再生第 3 個孩子，比如在已有的 2 個孩子之一夭折的情況下。儘管由於國家的政策傾斜，在西藏撫養 1 個孩子並供他（她）讀書並不需要太高成本，但是由於受外來文化的影響，村民更加重視養育孩子的質而不是量，也認同現代理念中的重視個人幸福的觀念，更追求自我人生的滿足而不是把人生都消耗在養育為數眾多的兒女身上。然而，儘管不明顯，男嬰的出生率比女嬰偏高，死亡率比

女嬰偏低,這多少反映出當地還是存在著對新生兒的性別偏好,這已經程度較低地引起了性別比的不平衡,如果生育的孩子更多的話,這種不平衡應當是可以避免的。

第三節　特殊的婚姻家庭

在任何地方,常規的事物和超越常規的特殊事物都是並存的,除了遵守前述規律的一般的婚姻、家庭以外,鹽井還有一些特殊的婚姻、家庭關係存在。在這裏只舉上鹽井村的例子,但實際上類似的婚姻、家庭不是上鹽井獨有的,在鹽井的其它幾個村乃至昌都地區都是廣泛存在的,這也說明一些在某些層面看是特殊的事物在另一些層面看就會是常規事物了。這裏就對這類家庭做一個概括的介紹。

一　朗家叢

鹽井當地方言中「叢」是家的意思,「朗家叢」就是和親戚結婚的人家的意思。現在上鹽井這樣的人家有兩家,這兩對夫妻,其丈夫的父親(公公)和妻子的母親(岳母)是親兄妹(姐弟),也就是丈夫和妻子是姑舅表兄妹關係。村人認為他們在親戚間結親的原因是他們家想把財產留在自己家族裏,不願與外人結親後讓財產落到外人家裏。

這兩對夫妻一對信佛,一對信天主教。信天主教那家的丈夫已經60歲上下了,他和妻子育有二子一女。信佛的那家丈夫有三十六七歲,與妻子育有一個10歲左右的女兒。雖然這兩對夫妻的孩子都沒有什麼疾病,但村人還是對這樣的行為很看不起,覺得是可恥的事情。有二子一女的那對夫妻還曾有過一個兒子,小時在窗臺上玩耍時

不慎後仰摔了下去，因為頭部先著地而死。後來他們家把所有窗戶都
釘上了木條，但村人相信這個不幸事件是因為老話說的朗家叢的孩子
活不長，可見村人對於破壞婚姻規則的婚姻十分厭惡。

二　一妻多夫

　　上鹽井村現在有 6 戶一妻多夫的家庭，還有 1 戶因為共妻的一個
兄弟已經去世而不再是一妻多夫家庭，幾乎都集中在二組。這些家庭
中有一戶是信天主教的，其餘都是信佛教的。據報導人說這幾個一妻
多夫的例子都是一妻二夫，丈夫都是兄弟，一般是同時結婚，對女方
在提親時就說好了是要嫁給兩兄弟。生下的子女不管生物學上的父親
是誰，都要稱兩兄弟中的年長者為父，年幼者為叔。村人認為這樣的
家庭可以讓兄弟不分家，共同勞動，分工合作，往往容易發家致富。
但是實際的情況是一妻多夫家庭有利有弊，多子女也可能反而成為致
富的障礙。而且一妻多夫的原因也是多方面的，不只是經濟方面的考
慮，也有的兄弟為了關照條件不好、難以獨自成婚的那個而要求共
妻的。

　　（1）白央南家。信天主教的這個家庭有 6 口人，2 男 4 女，包
括老母親，2 個兒子（46 歲和 40 歲），他們娶回的 1 個妻子（38 歲），
以及妻子生下的 3 個女兒（20 歲、15 歲和 12 歲）中年幼的 2 個。其
中妻子原來信佛教，嫁到這個全都是天主教徒的家裏以後改信了天
主教。

　　（2）雅拉叢。「雅拉叢」的意思是從德欽縣雅拉鄉搬來的人家。
當時遷來的有 3 個人——兄弟倆和他們的母親，現在母親早已去世。
這家的妻子已經年近七旬，兩位丈夫是兄弟，也都 70 多歲了。他們
和長子烏登夫婦以及長子的 5 個孩子中年幼的 2 子 2 女一起生活，一

共有 9 口人，5 男 4 女，全都是佛教徒。家中孩子多，年紀小，並不富裕。

（3）擁嘎家。這個大家庭有 10 口人，7 男 3 女，其中 9 個佛教徒，1 個天主教徒，那個唯一的天主教徒是擁嘎的老伴；10 口人包括擁嘎老兩口（60 多歲），2 個兒子（30 多歲）和他們的妻子，以及老兩口的小兒子小女兒（20 多歲，在外打工），還有 3 個孫子。擁嘎是戶主，他的大兒子、二兒子都在家務農。早在十多年前，他就為兩個兒子共娶了一個角龍村的女子做妻子。兄弟二人的妻子在生下 1 個兒子四五年後，就帶著兒子離婚回娘家去了。離婚後一年左右，兄弟二人在本村找了 1 個妻子，生了 1 個女兒，3 年後又離婚了，妻子把女兒帶回了娘家。後來他們二人又從加達村找了 1 個妻子，到現在已經生了 3 個孩子，卻因為受不了兄弟兩個愛打老婆的習慣而多次向村長哭訴。村人很不齒兩兄弟多次離婚的事，村長曾教訓擁嘎說：「你兒子要是再離婚就別再結婚了，都當喇嘛去！」之後兩兄弟的脾氣有所收斂，沒有再吵鬧了。可見儘管相對漢族社會而言，藏族社會的婚姻關係的締結和解除都較自由，但並非沒有限制，在某些情況下還可能更嚴格。

（4）空色龍巴。空色龍巴是家名，新中國成立前的地主家。這是個 8 口之家，共 5 男 3 女，全都是佛教徒。8 口人包括老父母，2 個兒子（32 歲，30 歲），他們的妻子（31 歲，下鹽井根讓組納西族），2 個孫子（6 歲，1 歲），此外還有老夫婦的幼女（20 歲）。老夫婦共育有 4 子 2 女，1999 年，他們給長子、次子合娶一妻，2001 年過門。當時另兩個兒子尚小，正在讀書，不能參加共妻，長大後叫他們參加，他們也不願參加。老父親本人行一夫一妻婚，他是從納西村根讓組入贅到上鹽井來的，但他是藏族，不是納西族。空色龍巴家屬於村裏的中等戶，經濟情況不錯。家裏有 4 匹騾、2 頭犛牛、2 頭

豬。長子在家務農、養牲口,次子開車跑運輸,2004 年花十幾萬元買了一輛 8 噸米爾斯載重卡車,是二手車,買來時這輛車只開過兩年,比較新。妻子在鹽田曬鹽。老父打短工,老母做家務,照顧小孩。

(5)華生家。華生家有 7 口人,都是佛教徒,3 男 4 女,包括華生和老伴,在家做小工,務農的長子和次子(28 歲,26 歲),以及他們的妻子(20 多歲,鄰鄉許中鄉人),還有老兩口的小女兒(初中生)。兩個兒子的妻子過門只有一年多,還沒有生孩子。華生是它卡叢的兒子,來這家上門的。它卡叢在他這一代有 4 個兒子,他的另一個兄弟嘎之當年到紮熱叢去交換了紮熱叢家的女兒榮珍來帕嘎叢嫁給他家剩下的兩兄弟。這種換親是兩家協商好的,一家「嫁」兒子,一家嫁女兒。它卡叢家共妻的原因是弟弟保羅身體不好,哥哥榮生為了方便照顧他決定共娶一個妻子。哥哥榮生前幾年去世了,弟弟保羅還在,也 50 多歲了。

(6)旺姆家。旺姆的兩個兒子華生和次登一個 43 歲,一個 41 歲,他們也是換親娶到妻子的,而且兩家都是一妻多夫婚。他們的妹妹到下鹽井格讓組去嫁給兩兄弟,那兩兄弟的姐姐斯朗擁宗嫁來上鹽井,兩家同時嫁娶。當時為了等待華生兄弟的妹妹成年,兩家定親五六年後才成婚。現在華生兄弟家有 7 口人,都信佛,3 男 4 女,包括老母親旺姆,華生兄弟,妻子斯朗擁宗(36 歲),還有兄弟倆和妻子的 2 女 1 子(長女 9 歲,長子 7 歲,次女 4 歲)。這是一個完全依靠自己的力量富裕起來的家庭。兄弟倆已故的父親韋色是上鹽井人,生前信天主教。母親旺姆娘家信佛,家務由她作主。當年老夫妻給兒子合娶一妻,主要是從經濟方面考慮,當時家境不好,只有 1 匹騾子,是村裏最窮的家庭。後來韋色學開拖拉機,之後買了一輛解放牌汽車,現在家裏有 2 輛米爾斯載重卡車,兄弟倆都在開車跑運輸,斯朗擁宗在家務農、放牲畜,旺姆帶小孩、做家務。兄弟倆的小妹在阿里

工作。現在家境好了，有 6 頭犛牛、1 匹騾子、2 輛汽車，是村裏的上等戶。[7]

另外還有一戶人家前面提到過，曾經是一妻多夫家庭，現已有一個丈夫去世。這家的家名是它卡叢。此家信天主教，原為一妻二夫，2003 年共妻的哥哥榮生因胃癌去世，享年 55 歲。家中現有老母親瑪仁（84 歲）、兒子保羅（51 歲）和兒媳旺珍（50 歲）。榮生、保羅和旺珍三人育有 3 個孩子。長女魯西（29 歲），已婚，在芒康縣洛尼鄉當教師；次女林蘭（25 歲），已婚，在芒康縣宗慧鄉當教師；三女蘇利亞（21 歲），在家招婿上門，已生育一子一女（子，丟阿勒，3 歲；女，瑪鳩達，1 歲）；女婿華生（25 歲），老家在本村，他上頭有一兄，兄已結婚。三女招贅之前，放牧是保羅的工作，榮生在家務農。榮生亡故後，華生在家務農，保羅繼續放牧。2004 年家有 4 頭耕牛、3 頭犛牛、2 匹騾子、5 頭豬。

三　角嫫、紮巴和神甫的家庭

無論是按照藏傳佛教還是天主教的教義，出家人——對藏傳佛教而言是角嫫（尼姑）、紮巴（一般僧人）甚或是喇嘛、活佛，對天主教而言是角嫫（修女）和森茲（神甫）——都是不允許結婚、擁有家庭生活的，但是由於種種原因，也有的出世之人重新回到了塵世中，而村民對他們的看法，也是褒貶不一。這部分內容將在下文討論。

四　有漢族人的家庭

現在村子裏有 2 個漢族男性，都已六七十歲了，但是村裏只有 1

7　感謝中山大學社會學與人類學學院何國強教授提供的調查資料資料。

個有漢族人的家庭，因為其中之一幾年前和老伴離婚了。上鹽井不是
一個純粹由藏族構成的村子，也有下鹽井的納西族，但與已經高度藏
化的下鹽井納西族不同，漢族在這個村子裏是文化的外來者，他們要
在這裏安家就需要融入這裏的文化，讓自己變得像一個鹽井的藏族
人。這2位漢族男性的經歷一正一反地說明了這個道理。

　　李武芳，雲南文山人，1939年生，1955年5月參加工作，到廣
西富林、百色一帶修路，1957年以後調到雲南省交通廳公路工程局
七處，1966至1973年修建214國道雲南中甸（今香格里拉）至西藏
芒康段，1971年時他隨隊第一次來到鹽井。1973年10月他和藏族前
妻結婚，當時他在鹽井養護段（位於214國道上下鹽井之間的路段路
邊，緊鄰角龍溝）做木工活，他的前妻阿珍生於1953年，是上鹽井
村人，當時在昌都修邦達機場，工期中有時返鄉，經常下到養護段來
玩，兩人因此相識，很快就結婚了。1973年12月之後，李武芳撤回
雲南德欽養護段工作，這期間他每周周末回家，周一就要到南邊10
公里處的省界隔界河（俗稱界界河）工作，靠騎自行車往返。1996
年左右老李退休，之後不到一年就和他的藏族前妻離婚，獨自一人借
住在村委會的一間小空房裏。他的前妻出生在上鹽井嘎對組，家中姐
妹5人，她是最小的。和老李婚後二人生了3個女兒，大女兒生於
1974年，早已出嫁，現在家在上鹽井嘎對組，房子遠離村子所在地9
公里，在北邊的曲孜卡鄉對面的國道邊上；二女兒生於1976年，也
已結婚，丈夫是加達村拉貢組人，他們在上鹽井安家，與阿珍家——
也是原來老李在鹽井的家——緊鄰，是安置戶；三女兒生於1978
年，嫁到四川，已有2個孩子。大女兒的2個兒子一個12歲，一個
8歲，都在下鹽井的鹽井小學上學，由於路遠上學不便，兩個孩子除
了寒暑假以外都在老李或阿珍處吃住。老李的大女兒、二女兒和他的
前妻一樣，會說漢話，但飲食習慣仍然是藏族人以酥油茶、糌粑為主

的方式，老李和她們吃不到一起去，所以不要她們的糧食；她們只種包穀、青稞等糧食，不種蔬菜，老李吃的蔬菜要到下鹽井菜市去買。儘管在上鹽井生活了 30 年，老李仍然不會說藏話（能聽懂），不習慣酥油茶和糌粑，和村裏人來往不多，只和村長等幾個會說漢話的老人打打牌而已，靠退休工資和幫人家修摩托車度日。他現在暫居的村委會小房間只有五六平方米大，屋裏除了一張床和一臺小黑白電視以外幾乎沒有什麼家當。儘管如此，自從 1968 年以來他再也沒有回過老家文山。他出生後不久父母就去世了，他有 2 個哥哥，1 個姐姐，多年沒有聯繫，大概也已過世。十幾歲就離開老家的老李已經不想再回老家了，但現在孤身一人的他也不能算是鹽井人，在村裏的戶口上甚至都沒有他這一戶的名字。他在一度融入鹽井的生活之後，最終還是成為了一個游離於鹽井社會的局外人。

　　另一個當年的修路工人名叫張印忠，雲南祿勸人，1947 年出生，1969 年 5 月參加 214 國道修建德欽至芒康段，1974 年 2 月才修完。之後他自動離職到上鹽井當了上門女婿，剛結婚時曾回老家 3 年，之後他回到上鹽井生活至今。剛結婚時，家裏除了他們夫婦還有妻子的父母、妹妹（後來嫁到同村另一戶人家）和弟弟（到加達村上門），都信仰天主教。老張是 1980 年以後允許恢復天主教信仰活動時信仰天主教的，也是到 20 世紀 80 年代初他才學會了說藏話，雖然帶有口音，但已說得很流利。筆者初次見到他的時候他在路邊和村裏的幾個藏族大叔閒聊，和陪同筆者的村長交談也都是用藏語，無論是衣著還是黝黑的皮膚，他看上去都已與土生土長的當地人無甚分別，只有一些難以言喻的微妙感覺讓筆者覺得他像漢族人，一問得知果然如此。老張和老伴住在教堂後面，原尼姑學校——即法國天主教傳教士在上鹽井興建的培養當地信徒和修女的學校——所在地後來興建的房子裏，有 3 個兒子，2 個女兒。5 個孩子都有天主教名和隨父姓的漢

名，身份證上有用天主教名的也有用漢名的。老張的大女兒嫁到下鹽
井，老二老三是兒子，都在外地工作成家，現在老兩口和排名老四的
兒子夫妻，1男1女兩個孫兒，還有在昌都上高中的幼女一起生活。
這個家庭有數代人的天主教信仰傳統，老張岳父的兄弟安居11年前
去世，生前是最熟悉村裏天主教歷史和藏文天主教經文的人。現在全
家人仍然會參加各種天主教活動，周日也會上教堂做禮拜。無論是老
張還是他的兒女們都沒有感到任何與村人的隔閡，而且他們認為既會
說藏話又會說漢話對在外面跑、和外面的人打交道有好處。這無疑是
一個文化適應的成功例子。

五 有家名的家戶

　　有家名的不是家庭，而是家戶，也就是在村裏某個固定位置上的
房子——無論其重建幾次——以及住在裏面的與最初的居住者有繼承
關係的一家人。這些家庭其實並沒有上述三類家庭那樣的在婚姻關係
或成員身份上的特殊性，唯一的特殊之處在於這些家庭不同於後來分
家出去單過的家庭或最近才由外地來此的家庭，在村裏安家的時間都
比較久，住在世代相傳的房子裏，所以家戶本身有了約定俗成的稱
呼。這些稱呼有的表示這家人的來歷，有的表示這家的「精英」擔任
的職務，有的表示當初安家時這個家戶在村子裏的位置，一開始只是
為了方便稱呼而取，後來沿用下來就成了家名。家名的形式一般為
「○○叢」，即「某某家」之意。有家名的人家往往是大家庭，重視
家庭成員間保持良好和諧的關係。
　　起家名的主要目的是為了方便辨認和指代，各個家名的由來往往
是地理位置、房屋特徵或家中某個特別顯赫的成員，具體意義見表
6-5。

表 6-5　家名一覽表

所在組別	家名	意義
嘎對	嘎瓦叢	—
嘎對	熱馬覺巴	好房子
嘎對	中果叢	路中間的家
加崩	熱哦叢	熱哦鄉搬來的家
加崩	它卡叢	白牆的家
加崩	卡龍貢巴	大房子
加崩	空色龍巴	新房子（原為地主家）
加崩	雅拉叢	從德欽雅拉鄉搬來的家
中巴	涅巴叢	管家家（原為教堂管事榮旺的家）
中巴	朗達叢	路上面的家（現在是村中首富）
沖對	察加叢	有樹的家
沖對	榮雅叢	—

　　這些有家名的家戶中只有一家與天主教有直接聯繫，那就是涅巴叢。涅巴榮旺當教堂管家的年代約在 20 世紀 20 年代至 20 世紀 30 年代。榮旺去世後，繼承涅巴叢家的是榮旺的兒子夫婦，但也很快去世。1931 年出生的阿尼是榮旺的孫女，她繼承了涅巴叢，和智力有缺陷的姐姐瑪仁相依為命。年幼時阿尼隨父親進過教堂，但在懂事以後就隨母親信佛教了。在父母相繼去世以後的 1949 年左右，在親戚長輩的安排下，阿尼從鹽井北邊的小村子九家村招贅了上門女婿斯郎。阿尼和斯郎生育了兩兒兩女，現在和長男即 42 歲的圖登以及圖登的妻子和 4 個孩子一起生活。阿尼的姐姐瑪仁終生未嫁，一直和阿尼夫婦生活在一起；但是她曾經生過 1 個兒子，現在這個兒子已經成年，入贅到下鹽井去了。另外阿尼和斯郎的幼子，38 歲的紮西次仁

18 歲時出家當了喇嘛，25 歲時去了印度，現在在那裏的寺廟念經。
這個 9 口之家現在已經沒有一個天主教徒，已儼然是一個典型的佛教
家庭；只有阿尼和瑪仁姐妹的名字還是最初傳教士起的教名，殘留著
一點天主教的痕跡。

從本節中可以看到，在鹽井，佛教家庭和天主教家庭，以及佛
教、天主教混居的家庭在物質生產和人口生產這兩個方面上，共性都
要大於差異性，只有在一些相對特殊的家庭——如一妻多夫家庭——
中，天主教和佛教產生的不同影響才較為鮮明。由此可見，天主教徒
和佛教徒一樣，可以在鹽井當地進行原有的生產和生活，他們享受的
權利和應履行的義務在宗教之外的部分都完全相同。這是天主教當地
語系化進程的重要標誌：教徒即是本地居民，本地居民即是教徒。他
們並未因信仰一種外來宗教而使日常生活受到宗教生活以外的影響，
他們仍然是合格的本地人。

在下一節，我們將看到由鹽井的人口再生產衍生出的另一個重要
的生活組成部分——教育生活，在鹽井，這部分生活同樣也深受天主
教的影響。

第四節　教育生活

在下鹽井村甚至整個鹽井鄉，最顯著的建築物是位於國道上方不
遠處依山而建的鹽井中學，這所中學成立於 1975 年 5 月 1 日，是目
前西藏唯一一所鄉級中學，它令鹽井人引以為榮，使鹽井獲得了「藏
東秀才之鄉」的美名。鹽井中學的新校舍是一座 2006 年秋剛建成的
5 層樓高的白色水泥建築，和內地常見的中小學教學樓十分相似，但
在藏區色彩絢麗的民居的映襯下反而格外搶眼，何況放眼全鄉，也沒
有另外一棟建築物能擁有和它相仿，甚至僅僅是和它接近的高度和規
模了。

　　芒康縣有 11 個鄉，鹽井中學的招生範圍是本鄉以及臨近的邦達、
莽嶺、曲孜卡、納西鄉、木許 6 鄉學生。鹽井中學的學生都按照西藏
的九年義務教育政策實行「三包」（包吃、包住、包穿），學費全免。
換句話說，一個學生一年的 1,150 元學費、900 元生活費、250 元吃穿
雜費都由政府出。最近幾年由於「普九」每年招生 1,000 多人，2005
年招了 1,014 個學生，2006 年就暴漲了 500 多人，主要是由於抓緊實
行「普九」政策，所有 13-18 歲之間的孩子如無特殊原因都要求到校
上學。儘管鹽井中學只有初中部，但在短短 38 年的歷史中，它為鹽
井培養了許多走向西藏各地和祖國內地的人才。

　　鹽井中學只設初中。學生有流動因素，2003 年三個年級共 344
人（見表 6-6），其中漢族學生有 12 人，均是外地轉學來的，因父母
在鹽井做生意或打工。這 12 個漢族學生當中，男性有 4 人，女性有
8 人。

表 6-6　鹽井納西民族鄉初級中學學生數（2004 年）

	男（人）	女（人）	總計（人）	班級（個）
初　一	85	78	163	5
初　二	61	36	97	3
初　三	41	43	84	2
總　數	187	157	344	10

　　全校有教師 42 人，其中煮飯的生活教師 4 人，全部是藏族人；
專業教師 38 人，6 人是藏族人。教師當中，有本科文憑的 13 人，有
大專文憑的 12 人，有中專文憑的 1 人。

　　創始於 1951 年的鹽井小學比鹽井中學歷史更為悠久，至今已經
有 60 多年了。原芒康縣縣委副書記益西老人介紹說，鹽井人的心理

素質、風俗習慣等在整個西藏都有突出的特點，學校教育比較發達，過去有「西藏老區」之譽（猶如過去所稱的紅軍老區、解放區等）。鹽井解放時，解放軍在鹽井創辦了小學，他們這批當地的藏、納西兩族老幹部都是這個學校的學生，他是第一批學生。從這裏的學校畢業後到內地工作的當地人至今有 505 人，有省、地、縣幾級幹部，有研究生、大學生等 200 多人，有一個還當了西藏自治區的政協副主席。僅僅上下鹽井兩個村在外面工作的納西族人就有 298 人[8]。

鹽井小學經過幾十年的發展，到 2000 年已有 11 個班，學生 402 人，教職員工 22 人，其中小學高級教師 2 人，一級教師 6 人，二級教師 11 人[9]。四年以後（2004 年），學生的情形又有所變化，見表 6-7。

表 6-7　鹽井小學學生構成

	男（人）	女（人）	合計（人）	班（個）	備註
一年級	34	32	66	1	含 3 個漢族女生
二年級	51	42	93	2	含 1 個漢族女生
三年級	61	36	97	2	
四年級	54	29	83	2	含漢族學生 1 男 1 女
五年級	47	33	80	2	
六年級	43	36	79	2	含漢族學生 2 男 2 女
總　數	290	208	498	11	含漢族學生 3 男 7 女

鹽井小學入學率為 98%。有漢族學生 10 人，他們在鹽井讀書的原因與上面相同。[10]

8　參見楊福泉：〈走進西藏古鎮鹽井〉，《滇池》2006年第7期，頁73。

9　參見西藏昌都地區地方志編纂委員會編：《昌都地區志》（下）（北京市：方志出版社，2005年），頁717。

10　感謝中山大學社會學與人類學學院何國強教授提供資料。

　　鹽井興辦現代教育的傳統可追溯至清光緒三十三年（1907年），趙爾豐在四川巴塘設川邊學務總局，聘吳嘉謨為學務總辦。學務總局下設 4 個學區，其中西區為鹽井（今芒康縣）。學區設學務總理和總校長，總理由地方行政官兼任，總校長由學務聘任。學務總局還派視學專員到學區考察，指導教學。清光緒三十四年（1908年）六月，趙爾豐在鹽井西區建立官話學堂 10 所，分別設在鹽井、蒲丁（即今下鹽井）、河西（疑為今加達）、上中下覺隴（即今覺龍村）、宗崖、八頭人地、甲日頂、茶裏（即今擦壘）、昌多（今昌都）等地，男女學生共 354 名。清宣統元年（1909年），寧靜縣在縣城、南墩和足塘各設一所官話學堂，各有學生 3040 人不等，民國元年（1912年）均改為縣立小學校。後因經費不足僅留縣城和南墩兩所小學，「由於南墩和官道等地漢籍『塘勇』（士兵）子弟皆願讀書，生源有所保證，加之歷任官員積極就地籌款辦學，所以這兩所小學存留較久」。

　　民國元年（1912年），學務總局移至四川康定，次年解散。此後直到新中國成立前夕，昌都地區沒有專門的教育行政機構。在這個長達 30 餘年的階段中，天主教會在鹽井開設的小學對於當地教育有著很重要的作用。

　　1951 年 1 月，地區解放委員會下設文教組，專門負責文化、教育等工作。同年 10 月，文教組改為文教處，後正式創辦了鹽井小學，校舍在上鹽井天主教堂，其時教師派任。學校先後開設了藏語文、漢語文、算術、常識、音樂、美術、體育等課程，並自編教材《新編三字經》進行教學，內容大致為「共產黨、毛主席、新中國、解放軍、大生產、全世界……」。時有學生 40 多人。後來，學校由部隊移交給鹽井宗解放委員會，正式掛牌為鹽井小學，時有學生 70 人左右。此後，學校教學內容逐漸豐富，教學手段日趨完善，成為當時全地區屈指可數的正規學校。1958 年年初，因叛亂影響，學校被迫停辦。1959 年 10

月 1 日，鹽井小學重新恢復上課。20 世紀 80 年代，鹽井小學搬遷到下鹽井新建的校舍中，原校舍恢復為教堂。

上文所述的鹽井現代教育發展軌跡，與 20 世紀上半期鹽井存在的天主教教育體系有著前後承接的關係。

天主教甫一傳入藏區，即對教育的作用十分重視。「咸豐末年光緒初年（約在 19 世紀 60 年代初），傳教士余斯德望（余伯南）、蒲白多祿（蒲德元）2 人率 6 戶四川教徒遷入德欽茨菇，收買土目，買地建教堂。又在六九村開辦教會小學，入學者可免費……」[11]先後負責西藏教區傳教事務的巴黎外方傳教會和瑞士伯爾納鐸會都在西藏教區建立了自教會小學開始的各層級天主教教育機構。其中前者在 19 世紀 60 年代至 20 世紀 30 年代之間，在西藏教區雲南鐸區建立教堂 6 座，開辦教會小學 6 所，教堂修女院 1 所，開設施藥點 2 個；後者在 1930 年接手當地傳教事務後，將傳教重點由茨中移到維西保和鎮，在各天主教堂興辦男女學校，發展施藥點。在此基礎上，於保和鎮西郊落花壩開辦小修院，培養初級神職人員。這裏需要特別提到的是，1930 年最早來到西藏教區雲南鐸區的瑞士伯爾納鐸會傳教士李自馨、國尊賢等是由康定經鹽井進入雲南迪慶的。作為滇藏線茶馬古道重鎮之一的鹽井，也同樣成為了傳教士們往來於西藏教區各地傳教的重要中轉站。

相較雲南鐸區，康定作為西藏教區主教駐地，相應的教育與社會事業更加興旺發達。1949 年以前，康定縣城設有總堂、醫院、拉丁修道院、童貞院、托兒所、育嬰堂、印刷所和學校 4 所。此外，還辦有天主教報紙《崇真報》、《西藏回聲報》。同時，康定地區的 15 座教

---

11 迪慶州志編纂委員會：《迪慶藏族自治州州志》，（北京市：民族出版社，2003年），
　　頁187。

堂多兼設有教理傳習所、孤兒院等。

　　兩地教育與社會事業的不同發展局面除了天主教內部的原因以外，還有外部原因。與漢族教徒較多的康定地區不同，除了傳教初期以外，天主教雲南鐸區的教徒以藏族人為主，兼有納西族、漢族教徒。因此，雲南鐸區的天主教與當地藏傳佛教矛盾較為尖銳，影響了天主教教育與社會事業在當地的發展。

　　下面就對 1951 年以前西藏教區的各類教育與社會事業做一個簡要介紹。

一　善牧堂

　　善牧堂即托兒所、育嬰堂、孤兒院、孤老院之總稱，收養孤兒、棄嬰和教徒寄託子女，以及孤寡老人。民國三十四年（1945 年），康定有孤兒院 2 所，一設真原堂，一設馴馬橋分堂，共收養孤兒 60 餘人。康定地區各教堂所開辦的教理傳習所內大都兼設有孤兒院。

　　雲南鐸區僅在小維西天主教堂設孤老院 1 間。

　　據相關記載，天主教在康定立足後，曾收養了一些藏族孤兒，培養他們成為忠實的信徒，繼後，依靠他們在雲南鐸區發展了一批藏族教徒，這才打開了在當地較長時間無法吸收藏族教徒的局面。可見善牧堂的存在，對天主教傳教事業的發展起著重要的作用。在上鹽井，老角嫫德仁撒的父親就是這樣一位由教堂收養的藏族孤兒成長為教堂管事的早期天主教信徒。

二　學校

　　私立康化小學：民國十六年（1927 年）由法國外方傳教會在康定

開辦,經費由教會每月撥支大洋約 220 元,民國三十一年(1942 年)因經費拮据而停辦。辦有高初年級各二班,開辦 15 年中共畢業學生約 500 人。歷任校長有楊仲華、張鴻逵、何伯康、衡席珍、穆仁傑、馮有志等。

法文補習班:民國三十四年(1945 年)在康定開班,楊華明為初習班負責人。書籍自備,不收學費。初習者有陳戴德、蕭永年、喻俊倫等七八人。後因人數過少而停班。

茨菇教堂小學:清同治元年(1862 年)開辦,學生係教徒子女,1905 年停辦。

茨中教堂小學:創辦於清光緒三十一年至宣統二年(1905-1910 年)間,1910 年有男學生 234 人,女學生 18 人,至 1949 年年底,每年在校學生平均 100 餘人。學生多為教徒子女。教師平均保持 68 人,都是中國教師,課程設置與其它小學類似,但也教唱詩,講《聖經》故事。1951 年,由人民政府接管,成立省立第一完全小學。

維西教堂小學:創辦於清光緒六年(1880 年),學生一般六七十人。學生有漢族、納西族及少數藏族人。課程設置與茨中教堂小學同。

保和鎮教堂小學:創辦於民國二十二年(1933 年),男、女生部分別稱為男校、女校。為瑞士教士所辦。在校生約 30 人,都是教徒子女。

另外,康定馴馬橋、丹巴、道孚、靖化等地天主教堂亦曾開辦過小學。阿墩子天主教堂曾開辦女子小學。

除了上述小學之外,康定地區還有一種初級教育機構稱為教理傳習所。教理傳習所又稱男女學堂,教區內各堂口多有附設。凡教徒子女年滿 7 歲,送教理傳習所學習教規、教義,攻讀經文,並授粗淺的語文、算術。傳習所有男女分設的,亦有合班的,新入教者不論年齡、性別都必須先進教理傳習所學習。

　　天主教會在鹽井興辦的小學當屬教理傳習所，詳細情況在當地地方志中已無描述。但據村中 80 多歲的老角嬤德仁撒回憶，她 8 歲時就在天主教堂上小學，讀了 4 年左右，學習的內容是念經講經，用藏語念，認藏文經文；也學認數字，不學加減法也不學漢語。那時全村的孩子都要從 8 歲開始進小學學習，學到 12 歲；家裏缺人手的孩子可以只學早課，兩三年就能學完，不然還要學晚課。每年上半年學，如果家裏缺人手就冬天上學，夏天不上；不缺人手就夏天上 3 個月，冬天上 3 個月。白天上課，大約是早上 9 點到 11 點，下午 2 點到 4 點左右，那時沒有現在的鐘錶，靠敲鐘通知上課時間。早課完了以後就開始上課，早上禱告孩子們不用參加，參加者主要是老年人，年輕人要幹活，不用參加。晚課孩子們要參加。孩子們上課男女分開，女生是角嬤來教，男生是請老師來教。老師是教堂的管家，也是天主教徒，以前也在這裏上過學。女生對教課的那個角嬤也稱為老師。兩個老師教課就夠了，因為學生不多，她在校時一共也就是五六十個。一共有三門課，即早經、晚經和講解，講解教的是念經的規矩。當時的神甫是德欽的呂爺，年紀很大了，角嬤的年紀也很大，3 人都是從茨中來的。這個學校在昌都地區志中也有提及。

　　從老角嬤的上述回憶中可以看到，鹽井的教會小學應該是一所教理傳習所，主要是為培養天主教徒服務的，強調背誦聖經禱文的能力，但對藏語讀寫能力也有較大幫助。在當時的歷史時期，確實可以在很大程度上充當基礎教育的職責。

三　修院

　　拉丁學堂：又名拉丁修院，是專門培養傳教人員的初等神學院。拉丁學堂只收教徒子弟，畢業後可送高一級神學院深造，通過一定的

考覈、審查可晉升司鐸。康定拉丁學堂開辦於清咸豐四年（1854 年），設在總堂內，1950 年停辦。由於康定教區線長，民國三十年（1941年），教區主教華朗廷授權雲南維西教堂增設拉丁學堂 1 所。這所拉丁學堂前身為民國二十六年（1937 年）瑞士伯爾納鐸會傳教士杜仲賢、賴昭在保和鎮創辦的小修院。當時招生 20 餘人。兩年後在永春高泉村落花壩建新校舍、經堂，1940 年竣工搬遷。修生來自維西、德欽、貢山、鹽井等地，課程以拉丁語為主，兼修神學，學制三年，主要培養初級神職人員，1945 年停辦。

據相關記載，瑞士伯爾納鐸會傳教士開辦的小修院培養了一批來自西藏教區各地的初級傳教人員，他們返回各自家鄉後，對當地的傳教事業發揮了積極作用。另外，在較長的時期內，出現了民教相安局面，入教人數增多，藏族願入教者也相應增加。

畢業於康定教區拉丁學堂並得晉升神甫的有 9 名華人，其中孫熏、李順慶、衡昆崗[12]、劉一斌、王友全、楊華明[13]曾被送至檳榔嶼神學院深造，李○○、熊德隆[14]、傅載明[15]未出國。康定拉丁學堂歷任負責人為明爺後任蝦拉沱教堂第三任神甫。、華朗廷、賴福如、何光輝、倪正德，他們都是法國籍人。

修道院：康定地區瀘定磨西和康定南門各 1 所，是天主教為培養傳教地的修道者而設。新中國成立前夕，磨西修道院院長為馬成英，康定南門修道院院長為余淑清。康定修道院中尚設有中國修道會，亦稱瑪利亞方濟各傳教修女會副會。

真女院：又稱女修院、童貞院，設在康定修道院內，收教徒家庭

---

12 後任瀘定總堂沙壩教堂神甫。
13 曾任康定教區天主教參議會參議員，新中國成立後任康定教區代主教。
14 後傳教至爐霍並任爐霍縣蝦拉沱教堂首任神甫。
15 後任爐霍縣蝦拉沱教堂第五任神甫。

中未成年女子或孤女，授以經典、教義、語文、算術，為各堂口培養女教員及修女，是天主教女教徒出家修道居住之所。新中國成立前夕，負責人為何修道。

鹽井也有一所被後人稱為「尼姑學校」（藏語「曲路永撒」，意為念經之地）的真女院。它位於教堂後方，現已不存，在原址上建了 3 戶人家。「尼姑學校」始建年代已不可考，應該是在天主教已經在此地發展了部分信徒以後，出於傳教需要而興辦。

四　醫療機構

傳教士除了傳教之外，還有一項基本工作，就是開診所提供免費醫療，以此博得當地民眾對天主教的好感，行醫和布道相輔相成。這一舉動，明顯受到了 19 世紀 30 年代「醫務傳道」在廣州地區獲得成功的影響。關於這一點，從著名傳教士伯駕所屬差會對其的告誡內容中即可窺視一二：

> 你如遇機會，可運用你的內外科知識解除人民肉身的痛苦，你也隨時可用我們的科學技術幫助他們。但你絕對不要忘記，只有當這些能作為福音的婢女時才可引起你的注視。醫生的特性決不能代替或干擾你作為一個傳教士的特性……[16]

川滇藏交界地區氣候惡劣、缺醫少藥，從這方面來說，比之廣州有過之而無不及。所以，來此傳教士更加注重對「福音的婢女」（醫療手段）的使用。事實證明，這也的確是一個行之有效的辦法。現簡

---

16 轉引自顧長聲：《傳教士與近代中國》（上海市：上海人民出版社，1991年），頁43。

單介紹傳教士所開設的固定醫療點：

康定仁愛醫院：清光緒二至四年間（1876-1878 年）建於修道院內，分住院部和門診部，有大病房 2 間、小病房 3 間、共有病床 85 張、醫生 5 人，1949 年增設產科病房。該醫院系康定地區最早的西醫院。

磨西麻風病院：設在今瀘定縣磨西鎮，民國十年（1921 年）開辦。經費原依靠國外募捐，抗日戰爭勝利後由磨西、冷磧天主教教堂撥糧維持，民國政府曾撥款資助。新中國成立時，約有病員 200 人、孤老 3 人、孤女 2 人、工友 3 人，有外籍護士 8 人、醫生 1 人、藥師 2 人，院長馬成英，副院長天安格（加拿大籍修道士）。該院佔有耕地 70 餘畝，當時的醫療技術還不能治癒麻風病，但磨西麻風病院起到了隔離收容、避免傳染他人的作用。新中國成立後由人民政府接辦，更名為瀘定皮防醫院。

此外，康定各地教堂亦多附辦有門診部或診斷所。而雲南鐸區則僅有施藥點 3 處，即保和鎮天主教堂、小維西天主教堂和茨中天主教堂。對此上文已有描述，不再贅述。一般來講，傳教士都懂醫，有的醫術較高，如賴昭等。[17]

茨中村北邊的一座山上，至今還保留著幾間當時為麻風病人建造的房屋，目前這裏仍居住有 2 位麻風病人。2011 年夏天，筆者與老教友蕭傑一專門探望了這兩位麻風病人。他們是兄妹倆，哥哥叫若瑟，妹妹叫德吉，都是天主教徒。相比之下，哥哥的身體還算健康，只是四肢被麻風病毒侵蝕得變形很嚴重，妹妹面部早已毀容，小孩子看見都會害怕，可惜筆者到訪當日她剛好外出送編織好的竹製品下山，未能親眼看到這位困苦的教友。

---

17 上文由《甘孜州志‧社會志‧宗教篇》第二章「天主教」第一節「傳入與發展」整理而得。

　　可以看到，天主教在西藏教區內部，發展教育與社會事業的程度
也是不平衡的，康定地區的天主教教育與社會事業較雲南鐸區更為發
達。這與天主教會將作為整個西藏教區教會體系中心的主教駐地設置
在康定，有著密不可分的關係。鹽井作為西藏教區的一個傳教點，當
地的天主教發展情況同樣受到天主教領導組織的極大影響。因此，下
文將致力於從天主教的領導組織的變遷出發，剖析其在鹽井天主教的
當地語系化過程中所發揮的不可替代的作用。

第七章
天主教儀式

　　天主教認為，神職人員具有代表信徒向天主籲禱及奉天主之命而施恩典的特殊中介職能，因此，神職人員與一般信徒在地位上有明顯的區別，前者起主導作用，後者只是隨從。這種教義轉達的過程必須通過特定的儀式方能呈現出來，所以，天主教與新教相比禮儀方面就更為繁瑣。本章將通過介紹鹽井天主教儀式的現狀及變遷，從儀式角度觀察鹽井天主教的當地語系化進程。在介紹鹽井天主教儀式之前，有必要對西藏教區一般的天主教儀式有所概述。

　　天主教禮儀以彌撒為主。在 19 世紀下半葉天主教西藏教區建立之初，彌撒儀式按教規舉行。後來為適應當地群眾習俗，每天一次改為早晚兩次，陶雲達的《俅江紀程》對此作了說明：「每日晨夕做禮拜兩次，……天主教儀式本甚繁瑣，而一日兩禮拜，則未見之，此蓋喇嘛教之習慣。」老教徒回憶當年情景，每次做彌撒，都由外國神甫主禮，中國人只能作助祭尾隨其後陪同主方以穿著華麗祭服裝原文如此。，不同的主日和聖日，更換不同顏色的服裝，經過祈禱祭獻之後，主禮人講道。外國傳教士用拉丁語念經，再用方言解釋。有的傳教士懂漢、藏語言。講道結束，進行祭獻、祝聖、領受「聖體」。

　　1951 年以後，因缺乏神職人員，彌撒儀式也就停止了。1984 年後，宗教政策有所改觀，各教堂陸續恢復活動，但因原西藏教區雲南鐸區各教堂僅有一名神甫，而且年事已高[1]，因此，各教堂僅於神甫

1　即施光榮神甫，藏名阿明，維西縣小維西村人，漢族，1946年由杜仲賢推薦，曾在

在堂時，按教規完成儀式。平時做彌撒的時間都在早晨，而農忙時
節，早晨的這一臺彌撒也不舉行，僅在家裏念誦經課而已。

另外，天主教還有「大日課」的禮儀，他們將每晝夜分為 7 個時
辰，每隔 3 個小時，按大日課所規定的程序，進行一次集體的禮拜、
禱告、誦經。此種形式，在西藏教區也大為簡化了。[2] 這些情況，與
筆者在鹽井觀察到的相對照，都可一一找到對應之處。本章將通過對
鹽井天主教儀式的描述，闡述天主教儀式在鹽井乃至在整個西藏教區
的當地語系化表現。

第一節　儀式的主持者和信徒

一　儀式的主持者

20 世紀 80 年代，天主教活動重新走上地面，可以公開舉行，於
是教徒們自發請來了雲南茨中的阿明（漢名施光榮）神甫到鹽井主持
儀式。施神甫曾跟隨傳教士學習，在 1950 年以前即取得神甫資格。
但是由於路途遙遠、老人年事已高等原因，外來的神甫並不能完全滿
足鹽井教徒日常天主教活動中對神甫的需要。1992 年，教徒們終於
爭取到一個培養本村神甫的機會，當時還是高中生的魯仁弟就是借這
個機會在村民的集資下得以到北京天主教神哲學院進行為期 4 年的培
養，於 25 歲時成為神甫回到了鹽井。魯仁弟回到鹽井以後，2003 年
還有一位來自云南茨中的年輕神甫丁耀華到上鹽井教堂實習。丁神甫
2004 年離開鹽井教堂，直到現在還不時來到村裏主持正式的彌撒儀

昆明天主教堂大修院進修，取得神甫資格。1948年返回。1985年曾作為雲南省迪慶
州天主教代表參加雲南省天主教第一次代表大會。

2　以上內容據《迪慶州志》頁199天主教相關章節整理而得。

式，為上鹽井教堂準備聖水等。

　　魯仁弟是鹽井的第 1 位本村藏族神甫，第 3 位中國神甫，包括傳教士在內的第 20 位神甫。他成為神甫是鹽井天主教當地語系化的一大證明，表明上鹽井的天主教徒希望並且能夠培養出一個本村本地的神甫主持活動。和第 1 位本村神甫的遲遲出現不同，修女[3]一職則是自傳教士時代就已由各個教堂所在村的決意守貞的女性信徒承擔，上鹽井村史上至少有過 20 名角嫫。之所以如此，有兩方面原因：第一，外方傳教士中女性數量一直很少，尤其在偏僻地區更是如此，但女性向為傳教的主要群體，客觀上需要女性神職人員承擔起責任；第二，在藏傳佛教地區，多子女家庭讓兒女出家的情況十分普遍，即使成為天主教信徒，村民也很容易產生類似的讓女兒當天主教的角嫫的意圖。嚴格說來，守貞女不能擔任專職的傳教者或出任神甫，但她們可以輔佐神甫舉行儀式，並在天主教經堂教課，同時傳播簡單的教理。1951 年後角嫫們離開教堂，回到家中，大多留在各自家中保持守貞生活直到去世，也有改變心意放棄守貞的。20 世紀 80 年代，上鹽井仍然健在的幾名老角嫫中最年長的一位名叫阿尼，這位阿尼角嫫被教徒們推舉為村民組織天主教管理委員會的主任，在沒有神甫時帶領大家參加平日的早晚經課。後來阿尼還作為宗教界人士當選了芒康縣的政協委員，多次向上傳達村中教徒們培養本村神甫的意願。

　　在 1996 年魯仁弟學成歸來後不久，由於村裏只有 2 位已經年近八旬的老角嫫，1997 年天主教管理委員會又出資送村裏的 2 個初中女生到四川省西昌聖家修院學習。她們一個叫瑪仁，一個叫阿尼，經過學習後於 2003 年回到村裏，成為見習修女。新的修女來到以後，老角嫫阿尼就不再留在教堂，回到自己家中。翌年，由於與神甫發生

3　（角嫫）藏語「角嫫」指女性出家者，既可指佛教的尼姑，亦可指天主教的修女。

矛盾，瑪仁離開教堂，還俗回家。2005 年，另一位見習修女阿尼和老角嫫德仁撒也離開了教堂，教堂中的角嫫只剩下了 2004 年來到鹽井的馬達琳娜。她是雲南茨中巴東村人，年少時就跟隨施光榮神甫來過鹽井，在輾轉於茨中、小維西等地的幾個教堂之後，最終留在了鹽井教堂。現在教堂所有日常經課，包括主日經課都是由她帶領大家進行的，神甫忙於到各地開會，很少出現在教堂裏。這裏提到的神甫與教徒的矛盾將在下文進行介紹和分析。

在這裏我們可以看到，鹽井天主教的神職人員核心人物——神甫這一角色，在 100 多年間經歷了一個從西方傳教士轉變為鄰省漢族神甫，再轉變為本村藏族神甫的過程。這個過程與整個西藏教區的情況相吻合，可以作為鹽井天主教當地語系化的一個明證。雖然這一過程與鹽井的政治環境變化有很大關係：1950 年以後傳教士全部離境，當地天主教信徒必須找到替代的神職人員作為他們和天主之間的媒介，因此只能選擇本地的神甫。但是，政治環境的變化本來更可能導致天主教在本地的消亡，而現在的結果卻是這一變化在某種程度上加速了鹽井天主教的當地語系化進程，足以說明天主教在鹽井乃至整個西藏教區的頑強生命力。

二 天主教信徒

上鹽井的天主教徒和佛教徒的人數幾乎一樣多，由於兩教教徒的日常生活幾乎都融合在了一起，天主教徒和佛教徒聯姻的家庭非常多，所以要介紹天主教徒的情況就不得不提到佛教徒的情況。從全村整體情況出發來看，2007 年上鹽井村共有 5 個村民小組，常住人口[4] 771

4　此處常住人口不只是戶口在村裏的人口，也包括在外地讀中學和大學的學生，與村民的戶口統計人口相比可能有微小差異。

人，其中男性 366 人，女性 405 人，佛教徒 396 人，約占 51%，天主
教徒 375 人，約占 49%。具體情況見表 7-1、表 7-2、表 7-3。

表 7-1　上鹽井村民基本情況表

		嘎對組	加崩組	重巴組	重對組	擦壘組	總計	百分比
人口（人）	男	97	98	72	69	30	366	47%
	女	112	101	77	85	30	405	53%
	I 類	82	76	92	119	6	375	49%
	II 類	127	123	57	35	54	396	51%
	總計	209	199	149	154	60	771	100%
勞動力（人）	男	56	30	30	39	12	167	49%
	女	42	38	35	40	18	173	51%
	總計	98	68	65	79	30	340	100%
家戶（戶）	I 類	4	8	8	15	1	36	27%
	II 類	11	16	5	4	13	49	36%
	III 類	15	9	11	12	3	50	37%
	總計	30	33	24	31	17	135	100%

說明：勞動力占全村人口的44%，本章各表中 I 類表示天主教，II 類表示佛教，III
　　類表示既有天主教又有佛教。

表 7-2　上鹽井天主教徒年齡級和性別構成

（單位：人）

年齡級	女性	男性	小計	年齡級	女性	男性	小計
0～5	20	19	39	46～50	14	12	26
6～10	21	21	42	51～55	11	7	18

年齡級	女性	男性	小計	年齡級	女性	男性	小計
11～15	15	17	32	56～60	9	6	15
16～20	19	14	33	61～65	8	3	11
21～25	12	9	21	66～70	8	3	11
26～30	10	12	22	71～75	6	2	8
31～35	12	13	25	76～80	5	1	6
36～40	17	17	34	81～85	4	0	4
41～45	14	14	28	總數	205	170	375

說明：其中男勞動力85人，女勞動力88人。

表 7-3　上鹽井人口年齡級和性別構成

（單位：人）

年齡級	女性	男性	小計	年齡級	女性	男性	小計
0～5	38	43	81	46～50	24	23	47
6～10	43	49	92	51～55	21	18	39
11～15	35	39	74	56～60	18	13	31
16～20	34	31	65	61～65	15	9	24
21～25	23	18	41	66～70	17	7	24
26～30	22	25	47	71～75	13	4	17
31～35	24	25	49	76～80	10	3	13
36～40	33	32	65	81～85	7*	0	7
41～45	28	27	55	總數	405	366	771

說明：*表示包括兩位88歲和86歲的老人。

　　從表 7-1 和表 7-2 中可以看到，上鹽井村的男女比例略有不均，男女性別比是 90.4：100，但是在勞動力人口即 18 至 50 歲的青壯年人

口中的男女性別比就比較接近通常情況了，是 96.5：100。儘管如此，這依然不是公認的常規性別比 105：100，這主要是由於 16 至 25 歲的人口中男性長期外出打工的人數要多於女性，在常住人口的統計中無法反映出來。除此以外，在高原地區，男性的健康更容易受高原氣候、海拔和紫外線輻射等自然因素的影響，壽命較女性為短；目前，上鹽井村裏年紀最大的女性年紀有 88 歲，80 歲以上的老年婦女還有 7 位，而年紀最大的男性只有 80 歲，70 歲以上的老年男子就已寥寥無幾。由於老年男性遠少於老年女性，整體的性別比就有所失衡了。

從表 7-2 可以看到，全體天主教徒的男女性別比是 82.9：100，教徒勞動力人口的男女性別比是 96.6：100。比較表 7-2 和表 7-3 可以看到，這兩個資料中第一個與全村的資料相比偏低，第二個與全村資料很接近。這裏可能的原因有：51 歲以上的老年男性天主教徒比佛教徒少，這與 20 世紀 80 年代恢復天主教活動時的情況有關。當時雖然領頭重新興辦天主教活動的教徒多為男性，但總體上看女性回應者要多於男性回應者。這是因為雖然兩教在「文革」中都受到了衝擊，但是「文革」結束後在當地整體的藏傳佛教氛圍下藏傳佛教信仰恢復得較快，部分原有天主教信仰傳統的男性在佛教影響下改變了信仰，後來天主教復興他們也沒有再回歸到天主教的信仰中來；而女性對宗教的熱情較高，相應的忠誠度也更高，所以改信佛教的人較少。更主要的原因是由於村中天主教徒與神甫不和，2000 年後出生的孩子大部分沒有到天主教堂洗禮，只起了佛教名字，所以被計算在了佛教徒人數里。

第二節　周期性的儀式

在鹽井，人們的日常生活以藏歷年為周期周而復始地運轉著，天

主教的儀式也同樣如此。下面就將介紹鹽井天主教生活中的各種重要的周期性儀式。

一　每日的儀式

鹽井天主教堂每天都要舉行的儀式是早課和晚課，早課的目的是為了向天主祈禱這一天能平安度過，這一天的工作能取得收穫；晚課的目的是為了感謝天主實現了早上的祈求。目前這兩項儀式的主持者是角嫫馬達琳娜，輔助者是老角嫫德仁撒，參加者是村中的天主教徒。

教堂的一天是從早晨的經課開始的。平常的日子，也就是周一到周五的非節日日子裏，每天早上 7 點以前，悠長的十幾下鐘聲從教堂鐘樓傳來，提醒信徒們到教堂參加早課——「霍巴德瑪」。由於年輕人都要早早起床做各種活計，所以很少有人能到教堂參加為期 39 分鐘的霍巴德瑪，只有幾位年紀最大的老太太表現得最虔誠，她們當中包括老角嫫阿尼和德仁撒。這群老婦人幾乎每天早晨都會到教堂去念經，不只為自己，也為家人祈求天主的庇祐。

敲鍾以後，她們就拄著拐杖或在孫輩的攙扶下慢慢走到教堂去，進入教堂小院子以後，她們就坐在院門裏面的長椅上休息、閒聊，有的還會拿出裝在小鐵盒裏的印度鼻煙，倒出一點在指甲上吸上幾口。角嫫馬達琳娜會從她住的南樓二樓走下來迎接老人們，和她們一起說笑。到敲鍾後半小時左右，馬達琳娜看到人來得差不多了，就會帶著大家一起走到教堂門口，打開掛鎖最先走進去。大家魚貫而入，行禮後才走向前去。行禮的方式是用右手中間三指點蘸聖水，面向聖體臺畫十字——用右手中間三指依次碰觸前額中央、左肩、右肩各一次。隨後左膝屈膝，右膝觸地，右手扶左膝跪拜。眾人行禮的程度不一，也有人只蘸聖水點觸前額；如果戴了帽子還要在蘸聖水以前把帽子脫

掉。教堂里長椅的第一排是不坐人的，只放著漢文、藏文和漢文注藏文的一些經課書籍和《聖經》，還有村民獻義的記帳簿。第一排不能坐的理由很簡單：眾人在做彌撒時需要在念到某些經文時跪在前排椅子下方所附的跪凳上，第一排椅子前方沒有可跪的東西，故此不能坐。而跪凳在人們坐下時也是不能用來踏腳的，無論哪一排都一樣。

由於這群老婦人們常年堅持參加早課，她們已經有了習慣的座位，其中還有人在固定座位上擺放著坐墊，這些坐墊一直放在椅子上，不用帶來帶去。馬達琳娜的座位在第二排左邊靠近走道的第二個位置，兩位老角嫫，88 歲的阿尼和 81 歲的德仁撒（昵稱德日）分別坐在她的左邊和右邊，其餘人坐在她們身後，大多數坐在左邊，也有人坐在右邊的長椅上。

馬達琳娜進教堂以後直接走到祭臺上，點燃祭桌上的一對蠟燭，然後才回到自己的座位上跪下。這時眾人也都跪好了，在馬達琳娜起頭念經以後大家也一起開始齊聲背誦經文，並撚動帶有十字架的念珠串。念經用的語言是藏語，經文是早年傳教士所教授的，與漢語天主教早課大同小異，以聖號經開始，繼以三鐘經、天主經、聖會四規、信德經、望德經，之後唱愛德經、悔罪經、耶穌禱文、聖神降臨誦、已完工夫誦等，最後以天主經、聖母經結束，其間先採取跪姿，後改坐姿，再改為跪姿直到最後，但視各人體力不同，除了改換跪姿時動作較為統一以外，累了的人可以先恢復坐姿，並沒有一定要堅持到底的要求。不僅年老力衰的老人如此，年輕人來做禮拜時也是如此。

經過 39 分鐘，眾人的念經聲同時停下，默禱 10 餘秒後，眾人漸次起身，走到過道時行禮，然後才轉身離開。馬達琳娜還要到祭桌上去把蠟燭熄滅。

從教堂出來以後，眾人或者再到院子裏說笑一陣，或者各自回家。馬達琳娜會把大家送到大門口才回去。

晚課的情況與早課有異有同，北京時間每晚 7 點半到 8 點之間，馬達琳娜會敲響大鐘提醒人們參加晚課，由於時區關係，在鹽井這時太陽才剛落山，天邊還有餘光。吃完晚飯的信徒們根據自己的時間安排前往教堂，除了少數幾人以外，很少有連續參加晚課的，每晚在教堂看到的信徒都不一樣。參加晚課的人數比早課的人數稍多一些，與早課的僅有老太太的情形相比，晚課的參加者男女老少都有，以中青年女性為主，男性占少數，有時甚至一個也沒有。有媽媽輩和奶奶輩的信徒帶著孩子一起去教堂，既是方便照顧又是讓他們早早進行信仰的啟蒙。當還不太會走路的小孩模仿著大人在教堂門口做出行禮的動作時，大家都露出鼓勵的笑容誇獎他。當然，除了嬰兒被大人背在身上或抱在懷裏以外，稍大一點的孩子總是剋制不住在眾人念經時亂跑、吃零食、又說又笑的衝動，這時大人們往往是只管自己念經，任由孩子們去玩，直到他們鬧得太過火妨礙到別人時才出言制止。但長到六七歲的孩子就開始懂事了，不僅會像大人一樣在跪凳上跪直，還會認真聽，甚至會管教小些的弟弟妹妹也照著做。

晚課從敲鐘到真正進入教堂本堂開始念經的時間間隔有將近 1 小時，在這段時間裏，人們坐在本堂前的四五級臺階上說笑甚至打鬧，尤其是年輕人，不分男女都開懷大笑。角嫫馬達琳娜也還算年輕人，雖然在我們外來人面前十分羞澀，甚至一直垂著頭不與人對視。但從雲南茨中孤身一人來到此地多年的她和村裏人顯然相處得很好，說笑打鬧時也不落人後，而且完全沒有我們想像中的與世俗中的異性「授受不親」的避嫌行為，無論是和年輕男子坐在一起還是追打嬉鬧都和一般其它女孩沒有兩樣。晚課前的這段時間，讓村人們可以高高興興地談天說地，是平日繁忙的人們交流信息、增進感情的好機會。

馬達琳娜帶頭走進教堂以後，大家就收斂起嬉鬧的心情，安靜從容地跟上去。人們蘸聖水行禮以後到前排跪凳上跪下，在馬達琳娜點

上祭桌上的蠟燭，走到座位上跪好，帶頭念經之後晚課就正式開始
了。大體上由聖號禮開始，繼以聖路善工[5]，共念 14 遍，最後念 7 遍
天主經加上聖母經再加光榮經，以聖三頌結束。早課上的那些老婦人
們信教幾十年，早已把經文爛熟於心，因而能夠背誦自如；相比之
下，參加晚課的人們就不能做到人人都能把總長 15 分鐘的經課從頭
背誦到尾了，甚至有個別人完全不會背，但也很認真地傾聽著他人念
經的聲音。

晚課結束過後，和早上一樣，馬達琳娜把蠟燭熄滅，眾人行禮後
依次走出教堂，打開手電筒照著路，說笑著走回家去。馬達琳娜送大
家走到教堂大門，大家也會自覺地幫助她一起把兩扇沉重的鐵門關
上。這往往要幾個人內外合力才能做到。門關好後，裏面的人再從大
鐵門旁的小側門出去，馬達琳娜笑著和大家道別，也會跟我們用藏語
腔調的普通話說：「好走！」

總體上講，相對於上鹽井村 370 多人的天主教徒這個數字，平日
到教堂參加早晚課的信徒並不算多，只有 10 餘人，尤其是早課，只
有 8 位平均年齡在 75 歲左右的老太太參加。但因為每晚參加晚課的
人員與前晚都不盡相同，所以實際經常參加晚課的人員應在 30 人左
右。無論是早課還是晚課，遲到早退者都很常見，也不會驚動旁人。
他們只需在入座或離席前對天主施禮即可，無人責怪。但是打瞌睡的
人會被周圍人叫醒，否則就是對天主不敬。

對村裏的天主教信徒而言，平日由於忙碌的勞作等種種原因，不
一定能參加早晚的經課，但在主日天，也就是周日做彌撒的時候，信
徒們還是會儘量抽出時間來參加。當地藏語稱主日天為「打包尼
瑪」，意為「主的日子」，既表示周日也表示主日天彌撒。

---

5 包括天主經、聖母經、光榮頌，但不僅有這些內容。

二　每周的儀式

　　每周日早晨 8 點左右，教堂敲鍾召集信徒參加主日天彌撒。人們陸續來到教堂，在內院裏或坐或站地開聊，有人拿出 5 元、10 元的鈔票交給坐在院門長椅上的馬達琳娜，馬達琳娜收好錢，把帳目記在帳簿上。老角嫫阿尼解釋說這個錢叫作「平安彌撒」或「彌撒」，是信徒們為了保平安向教堂捐獻的，是角嫫日常花費的主要來源。顯然在這裏彌撒的用法不同於漢語的彌撒，但經過百年來約定俗成的使用已經成為習慣用法了。這個捐獻的過程要持續到禮拜儀式的中途甚至結束以後，人們不停走向馬達琳娜，把錢交給她的同時還要低語幾句，告訴她這些是為誰捐的，有為自己或家裏的老人孩子捐的，也有為在外地的同為信徒的親戚捐的。在禮拜過程中，捐款的人在走道上彎腰走到角嫫身邊，畫十字行禮之後再把平安彌撒給角嫫，角嫫收下以後這個人再行一個禮才退回自己的座位。一次禮拜捐平安彌撒的人大約有三四十人，收到的錢款在 100 至 200 元之間。

　　8 點 35 分前後，代替忙於收捐獻的角嫫，某位熱心教友（一般是男性）會敲響大鐘，大家魚貫進入教堂，各自坐下。女性多坐在左邊，男性多坐在右邊，但也有不按這規矩坐的。等院子裏的人都就座以後，眾人畫十字，起因父：即口念「搖當，色當，勞大比生吉打包，地打迎吉」，意為「以父、及子、及聖神之名，亞孟」。然後開始唱聖歌《勞大比生歸在》，意為「聖靈光照歌」。之後大家由跪姿改為坐姿，開始念經。主要是由一男性熱心教友領，眾人齊念聖母玫瑰珠經。玫瑰經由來是這樣的：古代修士每日有誦念 50 首聖詠之習慣，中世紀聖母敬禮流行，修士用以獻給聖母，猶如一串玫瑰花，故稱玫瑰經。一般教友不諳（拉丁文）聖詠，遂以 50 次聖母經代替，並以串珠計數，謂之（玫瑰）念珠（Beads）。念珠每串 53 小珠，6 大珠

及一苦像，每小珠念聖母經，大珠念天主經及聖三光榮頌，並默想耶穌及聖母之事蹟，每串又分歡喜、痛苦、榮福各五端，教宗若望保祿二世又增添了「光明」，使得玫瑰經更加完整。約 40 分鐘以後念完玫瑰經，該教友再領大家念耶穌禱文。隨後眾人起立齊唱《讚美耶穌歌》。接著再念玫瑰經段落約 10 分鐘，期間眾人改為跪姿。角嬤起身照帳簿向眾人講話，大意是宣佈本周獻彌撒的人數、金額等，接下來為這些教友念經。眾人坐下，再起因父，之後念三鍾經、平安經等經文直到結束。整個主日彌撒長約 75 分鐘，由 8 點 40 分前後至 9 點 55 分前後。參加主日彌撒的人多則百人，少則 30 人，一般在六七十人之間，數倍於參加平日經課的人。雖然最近一兩年主日天也很少能舉行正式的彌撒，只能進行經課，但是可以看到還是有許多信徒來到教堂，和眾人一起參加信仰活動。2012 年 8 月 19 日（星期天），筆者第 4 次前往鹽井天主教堂，拍攝了一次完整的主日彌撒儀式：

（一）儀式前準備

早上 9 點鐘左右，教徒們陸續走進教堂，女左男右依次坐開，老年教友一般都坐在中間位置。9 點 30 分，教堂鐘聲響起，主日儀式開始。教徒們面向聖像行屈膝禮、鞠躬、取水畫十字，跪向跪凳開始禱告。一位教徒點亮祭臺蠟燭，屈膝禮退。

（二）念藏文聖經

9 點 50 分開始，念藏文聖經。分前後兩次：

1 第一臺經

◇聖神降臨經　　（全體坐）
◇天主經　　　　（全體站立）

◇聖母經　　　（全體跪或坐）

◇信經　　　　（全體跪或坐）

◇認罪經　　　（全體跪或坐）

◇灑聖水經　　（男女應答對唱）

◇天主十誡

◇信德經　　　（畫十字、合掌）

◇望德經

◇愛德經

◇懺悔經

◇聖母經　　　（男女教友應答）

◇三鍾經　　　（全體跪、合掌）

◇聖家經　　　（鞠躬、畫十字、全體起立）

◇禱文　　　　（全體應答）

2 第二臺經

◇禱文　　　　（畫十字、合掌）

◇信經

◇天主經

◇聖母經　　　（合掌、鞠躬）

◇禱文　　　　（兩女領經、全體應答）

◇亡者經　　　（畫十字、合掌）

◇慈悲聖母　（全體起立、男女應答對唱）

◇稱頌聖母

◇光榮頌

◇禱文　　　　（兩女領經、全體應答）

（三）聖道禮儀

10 點 13 分，神甫祈禱聖主給予眾教友保祐。

10 點 18 分，讀經員央宗行屈膝禮上場，用漢文宣讀新約宗徒。

10 點 20 分，央宗鞠躬退，另外一位女教友行屈膝禮上場，用漢文宣讀新約聖保祿宗徒致迦拉達人書。

10 點 25 分，神甫上場，高舉並親吻福音書，用漢語宣讀新約聖瑪律谷福音。

10 點 34 分，教徒起立。漢文吟唱聖歌《聖父聖子通向快樂》。

10 點 37 分，隨領禱員全體祈禱。共有六項祈禱內容：請為我們堂區祈禱，請為我們家庭祈禱，請為所有學生祈禱，請為今天參加彌撒的教友祈禱，請為即將出門的教友祈禱，請為自己所需祈禱。領禱員每說完一項，教徒們便齊聲回答「求主俯聽我們」。

祈禱畢，眾教友：「阿門」。

（四）聖祭禮儀

1 備祭品

10 點 40 分，神甫將酒注入聖爵內，舉起向上，教徒們起立誦念禱文。

2 感恩經

10 點 43 分，神甫轉身面對祭臺，舉手向上，合掌鞠躬，念頌謝詞，教徒誦念「聖聖聖」（感恩經文）禱文。

10 點 50 分，神甫雙手拿起祭餅舉眼前，轉動半周，置於聖盤內跪請安。教徒誦念禱文。

10 點 52 分，神甫轉身面對祭臺，與教徒領答「信德的奧跡」。

10 點 53 分，神甫一手持聖爵，一手持盛有聖體的聖盤，用一種類似外國神甫說中國話的語調，念讚頌詞和聖三頌。

3 領主禮

10 點 56 分，神甫舉手上揚、合掌，與教徒共誦天主經。

11 點 00 分，神甫舉手上揚、合掌與教徒互相鞠躬，群體教友相互擁抱，互祝平安。

11 點 05 分，神甫手持聖餅、聖爵畫十字，走下祭臺，送聖體給教友。教徒男左女右依次排開，鞠躬、伸出雙手，領聖體後放入口中。對兒童，神甫只在其頭頂畫十字、摩頂，不領聖體。禮畢，教友回跪椅唱藏語聖歌。

4 禮成詠

11 點 20 分，神甫親吻祭臺，拿福音書鞠躬退，宣「彌撒禮成」。教徒共誦藏經「我需要你，耶穌」，誦畢行禮，全體離開教堂。

整個彌撒過程給筆者印象最為深刻的是，神甫領聖體後話語改為外國神甫講中國話的語調。這或許是一種象徵，暗示著神甫進入了另外一個世界，成為天主的化身，這是由世俗進入神聖空間的臨界點。彌撒禮成後，神甫褪去祭袍，退至跪椅與教友一同念經，回歸世俗。這是一場以法國天主教彌撒儀式為核心、融合了漢族天主教禮儀和藏族傳統文化的彌撒儀式，使鹽井天主教堂的主日彌撒成為中西方文化融為一體的文化展演。

表 7-4　2007 年 7 至 8 月早晚彌撒基本情況表[6]

日期	敲鍾時間		開始時間		結束時間		參加人數(人)		男性人數(人)		女性人數(人)	
	早經	晚經	早經	晚經	早經	晚經	早經	晚經	早經	晚經	早經	晚經
第一周	7:00 7:09	19:50 20:05	7:26 7:53	20:40 20:48	8:05 8:31	20:56 21:04	5~9	11~20	5~9	10~14	0	0~4
周日	7:40 8:25	19:43	8:30	20:28	9:35	20:43	90	14	64	8	16	4
第二周	6:45 7:00	19:54 20:27	7:24 7:33	20:45 20:56	7:59 8:12	21:01 21:11	7~12	6~17	7~12	3~12	0	0~7
周日[7]	7:50 8:40	7:56	8:42	20:58	9:44	21:18	2~6	10	8	8	9	2
第三周[8]	7:00 7:06	19:20 20:00	7:28 7:34	20:41 20:54	8:07 8:12	20:56 21:09	6~9	7~15	6~8	3~12	0~1	0~4
周日	7:59 8:47	取消	8:51	—	9:57	—	5~9	—	41	—	7	—
第四周	7:03 7:14	19:56 20:06	7:23 7:39	20:31 20:53	8:06 8:28	20:48 21:08	7~10	5~12	7~10	4~8	0	1~5
昇天節	7:56 8:46	19:27	8:55	20:31	10:11	20:48	100	13	67	7	18	4
周日	8:03 8:41	20:06	8:42	20:52	9:49	21:07	57	5	49	4	8	1

6　本表所統計資料為2007年7月24日至8月30日資料，共跨越6周，依次編為第一至六周。表中總人數包括嬰兒和兒童，但分性別統計時因幼兒性別不易分辨未包含在內。

7　晚彌撒由於角媶沒找到教堂大門鑰匙而改在住宿樓會議室舉行。

8　此期間筆者由於8月6日去加達村和8月10日上山撿菌子有兩次早彌撒未參加，7號晚彌撒因故取消。

日期	敲鍾時間		開始時間		結束時間		參加人數（人）		男性人數（人）		女性人數（人）	
第五周	7:05 7:17	19:46 20:14	7:38 7:52	20:39 20:49	8:16 8:30	20:54 21:05	5~10	5~9	5~10	4~8	0	0~2
周日	8:07 8:35	20:03	8:40	20:44	9:54	21:00	65	13	52	9	13	4
第六周	7:03 7:09	19:41 20:06	7:23 7:42	20:34 20:52	8:06 8:22	20:51 21:07	6~9	7~16	6~9	6~8	0	1~5

從表 7-4 可以看出教堂早晚課（包括主日天早課）的規律是：平日在早上 7 點左右敲鐘，大概半小時後開始早課，約 40 分鐘後結束；主日在早上 8 點前後敲第一遍鐘，半小時至 1 小時後敲第二遍鐘，眾人開始主日早課，約 75 分鐘後結束。晚上 7 點半到 8 點半之間敲鐘，約 1 小時後開始晚課，15 分鐘後結束。早課的參加者比較固定，是 9 位年齡 55 至 88 歲老年婦女中的所有人或大多數；晚課的參加者不固定，人數在 5 至 20 人之間浮動，以中青年教徒為主，男性少於女性；主日早課的參加者人數遠多於平日早晚課的人數，平均在 50 人左右，男女教徒都有，帶著嬰幼兒來參加的女性教徒也為數不少。以上事實說明鹽井的天主教活動可以吸引不同年齡層和性別的教徒參加，教徒可以根據自己的時間安排選擇參加的活動，如果有事可以遲到或中途離席，也可以帶著孩子參加，整個儀式的總體氛圍比較自由，但對天主和聖母的崇敬並無怠慢之處。

下面要介紹的是另一個每周舉行的儀式，即周五下午的十字苦路儀式。當地把這個儀式稱為「甲丈拉」，是「十字架路」之意。這個儀式又名「拜苦路」，所念經文是《聖路善工》，為紀念耶穌基督在周五的蒙難而舉行。由於時間在周五下午，所以參加的人不多。因為有活計要忙的人或者不在村裏，或者走不開；而有閒暇的人又多是老人

孩子，不太願意在太陽最毒辣的時候出門。所以一般只有角嫫們和個別熱心教友參加這個儀式，但各種程序依然十分完整。具體情況見表7-5的統計。

表 7-5　周五拜苦路基本情況表

日期 （2007 年）	敲鍾時間	開始時間	結束時間	參加人數 （人）	女性人數 （人）	男性人數 （人）
8 月 3 日	14：00	15：03	15：41	7	6	1
8 月 10 日	14：00	14：54	15：32	4	4	0
8 月 17 日	未舉行	—	—	—	—	—
8 月 24 日	14：03	15：03	15：41	6	6	0
8 月 31 日	14：02	15：04	15：42	7	6	1

需要注意的是，以上的各種教堂活動都是夏天雨季時的統計情況，由於 2007 年夏天雨水不多，人們能幹活的日子較多，所以據角嫫說，到教堂參加活動的人比往年此時少了兩成左右，而冬天農閒時到教堂的人會更多些。這說明雖然到教堂參加經課是教徒的責任，但更重要的是「趁著白日，我們必須作那差我來者的工」[9]，為了取悅天主，教徒的責任首先還是完成分內的勞作。到了農閒季節，人們沒有了勞作的任務，就會更多地通過在教堂的經課履行對天主的義務。

三　年節

鹽井天主教的重要節日有春天的復活節（「養森伯雄以尼確」，即

9　和合本《聖經》，舊約‧約翰福音9：4。全句是「趁著白日，我們必須作那差我來者的工，黑夜將到，就沒有人能作工了」。

「復活的節日」），夏天的聖母昇大節（「搖當巴瑪利亞囊拉配比尼確」，即「神聖瑪利亞昇天的節日」），秋天的追思已亡節（「宗然尼確」）和冬天的耶誕節（「知多耶穌沖比尼確」，簡稱「沖比尼確」，即「基督耶穌誕生的節日」），以及傳統的藏曆春節。

除了表示哀悼的追思已亡節以外，其餘節日都是歡樂的節日。在每年 11 月 2 日的追思已亡節，親友會到村邊的天主教墓地掃墓，把香煙、青稞酒或啤酒、飯菜等物供奉在墳前，並向教堂獻出「彌撒」，教堂會在當天特別為死者念誦追思已亡經。

歡樂的各節日慶祝方法大同小異，只有慶祝規模的不同，都是穿上節日盛裝，到教堂在神甫的主持下舉行該節日的專門彌撒，教徒領聖體，念經。這之後，眾人和村裏的佛教徒一起享用早已準備好的美酒和美食，載歌載舞，拉響二胡，有時徹夜不休。只有最重大的耶誕節還有特殊程序，臨近教堂的神職人員代表，鄉里和上級的領導以及佛教寺院的宗教界友人也會受邀出席，和村裏的信徒們共同慶祝這個最重大的節日。最近兩年，魯仁弟神甫除了偶而參加主日早經以外，已經很少出現在教堂的其它儀式中；而且即使出現在儀式上，他也不是領誦人，而是和普通教徒一樣在角媒和領誦人帶領下念誦應答的經文。只有在耶誕節這個有外部權威人士出現的場合之下魯仁弟神甫才會主持儀式。

這些節日中，筆者親眼目睹的只有 2007 年 8 月 15 日聖母昇天節的活動情況。這一天教堂敲鐘的時間是 7 點 56 分，到教堂來的人是筆者在鹽井期間最多的。現將筆者的田野筆記中對這一天的節日場面的記述摘錄如下，從中可以感受到現場的節日氛圍和教徒的歡樂。

> 彌撒開始的時間是 8 點 46 分，結束時間是 10 點 11 分，耗時多於普通主日彌撒 15 分鐘左右，增加了讚美聖母的聖歌和經

文。做完彌撒以後，幾位熱心教友在內院裏拿著裝著糖果的袋子分發給信徒們。我也收到了糖果，教友們對作為客人的我們格外熱心，給我們的糖果多得我們的衣袋都裝不下了。大家在院子裏喝著青稞酒，有說有笑。人群漸漸散去以後，20多位熱心教徒，主要是中老年女性，聚集到一位房子較大的信徒家裏聚會。大家把事先買來的蔬菜和肉類拿出來，一起動手準備豐盛的午餐。午餐之後，大家繼續暢飲青稞酒和葡萄酒，同時開始圍成圓圈載歌載舞，領舞的人還是一位白髮蒼蒼、已經80多歲的老太太。雖然沒有天主教歌舞，但人們的興致始終很高，有半數以上的人穿著漂亮的節日盛裝。我們到場以後，一位大嬸拉著我連說帶比劃，還指著我手裏的相機，我立刻明白了她是希望我幫大家照合照，於是點頭答應。大家三三兩兩地聚到院子裏來，我幫她們照了合照。儘管她們不知道照片什麼時候才能寄來，但是都十分高興地對我連連微笑。這天她們一直慶祝到下午四五點鐘，事後還告訴我往年人還更多，更熱鬧，玩得更久呢。還有佛教徒在場，除了不一起念經什麼都一起玩。對她們而言，過節只要知道聖母昇天節是慶祝聖母瑪利亞升上天堂，耶誕節是耶穌降生就足夠了，節日最大的意義還是讓大家聚在一起吃吃喝喝，唱歌跳舞，盡情地歡樂。角媺馬達琳娜和德仁撒也出現在了慶祝現場，她們還穿著平日的黑色和深藍色服裝，也不唱歌或跳舞，但是始終面帶微笑地坐在大家中間。這就是上鹽井信徒度過他們的宗教節日的方式，既有天主教莊嚴的氛圍，又有藏族人歡暢的情感釋放。

從本節的描述中可以看到天主教日常儀式在鹽井發生的當地語系化：儀式主持者的衣著由原來的依不同主日和生日更換不同服裝，變

為僅在重大節日時才穿著正式服裝；儀式語言由原來的用拉丁語念經、用漢語或藏語講解，變為用藏語念經，用藏語講解；儀式舉行有由繁變簡的，如取消大日課，也有由簡變繁的，如增加晚課，無論繁簡變化如何，都是為了盡可能滿足當地人勞作和參與宗教儀式的兩種需要，而整體趨勢是傾向於簡化繁瑣儀式，方便當地人參與的。這其中也有受藏傳佛教影響的影子，在下文中會有兩教關係的進一步描述。

以上是天主教徒群體性的日常儀式情況，至於作為天主教七聖事的人生禮儀有何變化，我們將在下一節中繼續探討。

第三節　人生禮儀

羅馬教廷認可的天主教人生禮儀有七種，俗稱「七聖事」，包括：①洗禮（受水洗歸入基督）；②堅振禮（由主教按手並敷油於教徒頭上，以堅定其信仰）；③聖體聖事（即聖餐）；④告解；⑤終傅（將油抹在臨終的人或病人頭上，以幫助其靈魂進入永生，抑或幫助其康復）；⑥婚姻（祝福教徒的婚姻）；⑦神品（亦稱授職禮或聖職聖事）。

教徒入門的三聖事——洗禮、堅振和聖體是同時舉行的，其寓意是：聖洗聖事展開新的生命；堅振聖事堅強這生命；感恩（聖體）聖事以基督的體血來滋養門徒，為使他日益與基督同化。然後是治療的聖事告解，最後是為信徒的共融和使命而服務的聖事婚姻或神品，由於這兩者只能選擇一者，所以一個天主教徒能夠經歷的聖事實際只有六件。

七件聖事組成一個有機體，涉及教徒生命中的所有階段，教會主張它們產生、滋長、治癒教徒的信仰生命，並賦予使命，其寓意是：自然生命的各階段與靈性生命的各階段之間，有著某些類似之處。當

然，天主教並不認為這七件聖事同樣重要，而依據傳統主張其中聖體
和聖洗是最重要的，因為這兩件聖事清楚地由耶穌建立，並明確地象
徵著耶穌死亡與復活的奧跡。[10]

鹽井現已形成了有神甫時神甫主持儀式，沒有神甫時由教徒中的
長者、文化水準高者帶領年輕人、文化水準不高者誦經這樣的儀式舉
行辦法。這套辦法完全是借鑒原西康教區其它教堂教徒的經驗而來，
具有鮮明的地方色彩，也表現出鹽井教徒在各種條件匱乏的情況下堅
持信仰的決心。下面依次介紹上鹽井教堂的主要人生禮儀聖事的舉行
辦法。

一　入門聖事

洗禮，當地稱為「弄達巴」，是為初入教者舉行的儀式，在上鹽
井最經常為初生滿月的嬰兒舉行，其次就是為因與天主教徒結婚而改
變信仰的人舉行。不過在鹽井並不要求與天主教徒結婚的非天主教徒
一定要改變信仰，所以上鹽井也有很多天主教徒和佛教徒夫妻結婚幾
十年都各自保持原有的信仰。除此之外也為自願改信天主教的人舉行
洗禮，近 20 年來這樣的例子多發生在受天主教管理委員會和神甫資
助的病人和窮人及其直系親屬身上，其中也有人後來因為患病或遭遇
其它不如意以為是佛祖降罪而又放棄天主教信仰，回歸佛教徒身份
的。這樣的自由在早年的傳教士時代是沒有的，那時禁止天主教徒與
外教人結婚，除非對方改信天主教；天主教徒也不能隨意放棄信仰。
最近三年教堂不再舉行洗禮儀式，僅有的兩個洗禮是為魯仁弟神甫的
兩個兒子：2005 年年初出生的魯家良（化名）和 2006 年年底出生的

---

10 《天主教教理》，天主教河北信德編輯室出版，頁32，上鹽井教堂提供。

魯家強（化名）。以教名的第一個字為姓氏為下一代取漢族名字的做法在村裏的天主教徒中還沒有先例。

洗禮的程序大致是：神甫畫十字，宣讀天主聖言，向候洗者行一次（或多次）的驅魔禮，然後給候洗者敷抹候洗聖油或覆手，候洗者也明確表示棄絕魔鬼。如此做好準備，候洗者可以宣佈承認教會的信仰（如為嬰兒則由其父母代替），然後將透過聖洗「託付」給教會。神甫通過念誦呼求聖神禱詞，來祝聖洗禮用水（稱為「確達瑪」或在施洗時現場準備聖水，或在復活節守夜禮上準備）。在鹽井通常是在神甫來到教堂時就為角媄準備的儲存在大缸裏的淨水祝聖，以後角媄在缸中水未用盡時注入新的，這樣一直持續，缸裏的水都算是聖水，但以在復活節準備的聖水最好。

之後，就是聖事的主要儀式。神甫在候洗者頭上三次倒水來施洗，施洗者向候洗者注水三次，象徵受洗者死於罪惡，進入天主至聖聖三的生命。同時呼叫新起的教名作為候洗者以後的名字，並說：「我因父、及子、及聖神之名，給你付洗。」不過在鹽井，這個程序通常簡化為用聖水在額頭上畫一個十字。教名是西方人傳統使用的出自聖經的名字，男性教名有保羅、撒卡仁、榮生、華生、毛依（「摩西」的變音）、美央南等；女性教名有德仁撒（「特蕾莎」的變音，簡稱「德日」）、阿尼、瑪仁（「瑪利亞」的變音）、馬達琳娜等。在神甫給嬰兒取名時孩子必須有教父或教母，如小孩是男孩就要找一個男性信徒作教父，女孩則找女性作為教母。教父和教母一般由孩子親屬中的長輩教徒充當。

然後傅聖化聖油即行堅振禮。施行時用聖油加上香料，由主教祝聖，象徵賦予新受洗者天恩聖神。不過，由於鹽井位置偏僻，很難得到主教祝聖過的聖油，只能用神甫祝聖的聖油來代替。再為受洗者穿白衣，象徵受洗者已「穿上基督」，與基督一起復活了。接著從祭臺

上的復活蠟燭上點燃燭光，表示基督光照了新受洗者。以上兩個步驟在鹽井通常被省略，直接進入下一個步驟。

最後是初領聖體。神甫將聖體（藏語稱為「正秋」，即用專門器具盛裝的由小麥麵或青稞面做成的入口即化的小薄餅）放入受洗者的口中，讓其飲下教堂自己釀造並經過祝聖的葡萄酒，表示領受新生命的食糧——基督的肉和血。孩子的父母和教父或教母誦聖經三次，眾人也誦經應和。伴隨著眾人誦經的隆重祝福禮，結束聖洗慶典。

二　告解聖事

告解聖事通過教徒向神甫坦白過錯並懺悔來進行，在上鹽井教堂有專門的告解椅放在教堂的一角以供教徒告解。不過由於魯仁弟神甫不再履行神甫職責，近兩年這項聖事需要等到茨中的丁耀華神甫來到村裏時才能舉行。通常只需單獨向神甫坦白過錯並懺悔即可完成告解，不需要專門到教堂裏的告解椅上進行。

告解的具體程序是：首先神甫問候懺悔者並祝福他（她），然後恭讀天主聖言，並規勸他們懺悔自己的罪過；接著是告明，懺悔者承認自己的罪過並向神甫說明，然後神甫代表天主赦免懺悔者的罪過；最後，讚美感謝天主，教徒已被寬恕，在神甫的祝福下離去。

教徒內心的懺悔，不只通過告解，也可以通過其它方式來表達。聖經和神甫尤其強調三種方式——禁食、祈禱和施捨，以表達人對自己、對天主、對他人的關係的改善。在鹽井還沒有聽說過用禁食懺悔的先例，但是教徒們都習慣於用祈禱和在教堂念懺悔經，給教堂「彌撒」（獻義）的方式來懺悔自己的罪過。老角嬤介紹說，教徒和有矛盾的人和好、關心幫助別人、讀聖經、去教堂參加早晚經課等都可以算懺悔，這是與教會推崇的教義相符合的。

三 婚姻聖事

　　天主教對七聖事裏面的婚配是這樣規定的：舉行婚配聖事後兩個人再也不能離婚，一直到白頭偕老，這是一種圓滿。除非男女雙方中一方去世，另外一方才能找其它人結婚，否則就是犯邪淫罪。然而，在現實生活中，鹽井天主教徒的婚姻更多地遵循藏族的傳統禮節而不是天主教儀式，這也正是天主教主動適應當地文化積極融入當地社會的精彩展現。但是天主教徒不像佛教徒那樣請喇嘛來選日子確定婚期，而是自己決定婚期，只是舉行婚禮（天主教和佛教一樣把婚禮稱為「寶德」）的日子一定是星期一或星期五。作為新進入天主教家庭的新娘或新郎需要到供奉著基督像和聖母像的「菩薩櫃」（即家庭用的神龕，鹽井佛教、天主教通用）前跪拜，也要跪拜灶牆上畫的耶穌聖心圖（畫著十字架的桃心形，形如「古」字）和懸掛的十字架，這是佛教徒婚禮上跪拜佛教的菩薩櫃和灶神儀式的天主教儀式表達，包括在灶牆上畫天主教的象徵圖畫以代替佛教的灶神圖的做法都是天主教與佛教對話的產物。

　　在 20 世紀 90 年代初期，有一對皆為天主教徒、出身於天主教家庭的夫妻在教堂舉行了婚禮。他們穿上傳統的藏族節日盛裝，騎上馬，在村裏巡迴了一周後進入教堂，在老神甫施光榮的主持下舉行婚禮，發誓一輩子忠於對方，不離婚也不找別的情人。據新郎的妹妹說，他們兩人一生互相忠於對方的心意很堅定，所以才有決心在教堂舉行婚禮。由此可見，教堂對教徒來說是個神聖的地方，人們擔心萬一違背在這裏發的誓言會招來不幸，但藏族傳統的比較鬆散自由的婚姻關係又與天主教嚴格的婚姻誓約相衝突，所以沒有極大的天主教虔誠的教徒不敢輕易在教堂舉行婚禮。這也反映了教徒把天主教信仰當作很嚴肅的事情來對待，不會像內地某些年輕人那樣為了獵奇而不是信仰想方設法在教堂舉行婚禮。

2011 年 2 月，筆者在茨中的日米自然村曾有幸參加了一場天主教徒的婚禮。緣於文化適應的結果，茨中天主教如鹽井天主教一樣，亦吸收了很多本地藏族的傳統文化習俗，以至於在教徒們的婚禮上藏族傳統習俗佔了較大比重，天主教儀式則所剩寥寥。劉志斌神甫說：

> 藏族村民的婚禮，包括晚上的跳舞、酒席等一系列儀式都是藏族習俗，天主教儀式占的比例不多。無論在德欽縣還是在大理也都是一樣的。離教堂遠的話會預約，明天家裏面舉行婚禮的話，今天就先在教堂裏領聖事。如果一方是天主教一方是佛教的話，新人去接受祝福，非天主教的那個不領聖體。儀式時間最長也不過一個小時，短的半個小時左右，主要講婚姻的神聖性、結婚後作為父母對孩子的責任和義務，講短一點的話可能一兩分鐘就完了。之後的程序就再也沒有天主教的儀式了。

日米自然村隸屬於燕門鄉茨中村委會，位於燕門鄉東南邊，距離燕門鄉 13 公里，交通還算便利。由於筆者暫住茨中村委會，為了不錯過婚禮過程，早上 8 點鐘起床後便攔截了一輛麵包車驅馳前往日米村。一入村便看到了操辦婚事的村民，新郎是該村的尼瑪紮西，新娘是離此有一段距離（大概有 20 公里）的春多羅村的松金珠瑪。這是一椿入贅婚，新娘於前兩日便來到新郎家中迎親，兩位來自於春多羅村的喜官阿金和趙英準備下了五樣重要的接親禮物：一條哈達，兩斤酥油，一斤白酒，兩塊紅糖，還有一對紅茶葉（磚茶）。哈達被小心翼翼地掛在神龕上，其它禮物則安放在指定的火塘上面，表示對新郎一家的尊重和祝福。喜官，藏語叫作「baben」，是接親及迎親隊伍裏的主事者，要求能說會道，熟悉婚禮中各種場合下的應對方法，特別是要能夠用流利的藏語與對方的喜官進行對歌。按常理，送親的喜官

須由日米村選派，但由於日米村傳統的藏族文化習俗喪失嚴重，村裏已很難找到能擔當此任合適的人選，無奈之下只好由春多羅村撥派兩位前來頂替，這叫「借官」。

準備工作差不多需要一上午的時間，12 點正式開午飯，午飯由 12 個菜色構成，主要有大肉、排骨、紅燒魚、涼拌菜等。午飯後，新郎、新娘要規規矩矩地坐在長輩們面前聽他們說教（哭得很傷心），主要是傳授做人的道理和人生知識。說教儀式持續 15 至 20 分鐘，在結束之前，家長通常會拿出兩條潔白的哈達，分別放在新娘、新郎的肩膀上，有的還會送上 50 元或者 100 元錢。一番教育後，新郎、新娘會將手上的哈達掛在中柱和火爐的壁櫃上，表示對本地神靈的感謝。整個說教儀式結束後，婚禮主持人又帶著新郎、新娘及準備出發的送親隊伍繞著家裏的中柱急速地轉三圈。稍後，送親隊伍在鞭炮聲中離開新郎的家裏，直奔春多羅村。新娘手裏還端著一個碩大的銅瓢，裏面裝著從新郎家水缸裏舀出來的泉水。根據當地傳統，新娘在離開新郎家的時候，手裏面必須拿著一個碩大的銅勺子，裏面還要裝滿一勺子水，寓意新娘把做家務的習慣，帶到一個新婚的家庭裏面。

經過一個多小時的行程，送親隊伍到達了春多羅村。在即將進入新娘家的時候，送親喜官與迎親的兩位喜官開始了對歌。對歌的內容比較複雜，主要源自文成公主和松贊干布之間的婚姻故事。由於對歌內容穿插了藏族古語，一般年輕人不太容易理解。當送親隊伍到達新娘家門口的時候，必須停止下來，有一位長輩會手持藏刀，在一個盛滿水的銅盆上揮舞，還會一腳踢翻銅盆，並踏上一隻腳。在這個儀式中，送親代表要從打翻的盆中找到一個銀元，帶回新郎家中保存，象徵著從迎親家裏獲取一定的金銀財寶帶回自己的家中。由於院子裏人山人海，過於擁擠，這個儀式過程沒有被筆者用攝像機記錄下來。為了達到這一目的，筆者還做了一件頗為尷尬的事情：當送親隊伍即將

離開新娘家的時候，筆者請求新郎、新娘重新演示這一個過程，他們也欣然同意。當筆者拉上一擔任送親的青年到門口準備拍攝的時候，新娘的母親卻立刻翻臉，她說這已經是過去的事情，不可能在重新復原，否則會給他們的家庭帶來不幸。筆者馬上想到，婚禮上的所有儀式，表面上看來都像是在表演，但實際上在他們心中這些儀式都具有非常重要的功能，這也正是傳統文化能夠延續下來的原因之一。

一切妥當後是開晚飯的時間，這是整個婚禮最重要的一個環節。晚飯同樣由 12 個菜式組成，主要是肉類，席間涉及較多說教。為了能讓住得比較遠的親朋安全返回家裏，晚飯一般都要提前。最後一個環節是晚飯後的藏族鍋莊舞，要請上全村的青年男女圍著篝火載歌載舞。根據村民們的介紹，這些歌舞將會持續到天亮，給新婚夫婦送去祝福，年輕的村民也可以藉此機會互相認識、增強感情。

婚禮結束後，筆者找到了喜官阿金，想讓他談談對藏族婚禮儀式的看法。阿金表示，目前藏式婚俗在不斷變化，如對歌儀式，在有些村落基本上已銷聲匿跡；婚禮中的說教儀式也變得越來越簡單，原來需要兩三天，現在銳減到一兩個小時；飯菜也在改變，傳統菜式已找不到痕跡，大部分都是漢化的菜色，如紅燒魚、排骨煮蘿蔔等。

四　葬禮

雖然葬禮不是天主教七聖事之一，但毫無疑問屬於人生禮儀。在鹽井，葬禮也是天主教儀式之一，教徒們有自己的組織葬禮的方法。

一個天主教徒臨終的時刻，神甫會到他（她）的家裏來舉行聖體聖事，為他（她）舉行臨終告解，這個儀式稱為「達瑪依瓜柔吉」，即「死時念的經」。他（她）去世以後，其家人無論信仰何種宗教都會按照天主教的方式為他（她）舉行葬禮（和佛教一樣稱為「娘尼

夥」)。去世當天請天主教徒們在家裏為死者念經，第二天或第三天把去世者的遺體送往教堂，神甫組織參加葬禮的天主教徒、佛教徒向遺體灑聖水，行跪拜禮，兩教的區別僅僅在於天主教徒行禮一次而佛教徒行禮三次。之後將遺體裝入棺材送往墓地埋葬。如果是為 60 歲以上的老人準備葬禮，木材通常都是早年家屬到山上砍樹砍來的，堆在家中；在人去世以後才用鐵釘把木板釘成棺材。棺材墓碑也是這時才買石板刻字，除刻上死者名字和年齡以外還在最上方刻有耶穌聖心圖案，表明其人的天主教身份。

田野調查期間，鹽井人畜平安，而在茨中村時卻恰逢天主教徒劉文增老人的去世，現以此為個案進行考察，從更深層次把握天主教徒的葬禮儀式。

2009 年 7 月 15 日，天主教徒老人劉文增去世。根據茨中村習慣，屍體需要存放兩三天讓親友和朋友前來告別。劉的遺體被安置於一個寬 1 米、長 2.5 米的黑色棺木內，正面向上，臉部蓋一塊粉紅色毛巾。這個季節天氣格外炎熱，中午戶外溫度達到 30 多度，屍體已有異味，劉家只好用兩把風扇分別置於棺木兩側不停地吹風降溫。

姚飛神甫也隨大批村民前來劉家參加葬禮。一般情況下，神甫給死者做彌撒必須在死者家而不應該在教堂裏進行，因為死去的人進入教堂會降低天主教地位。不過，瀾滄江谷地一帶也有告別儀式在教堂舉行的情況。2008 年，筆者首次到貢山秋那桶村，期間參加的一怒族人的葬禮就是在秋那桶天主教堂裏舉行的。姚飛神甫穿著便服，上身一件白色球衣，下身西褲和球鞋，坐在劉家為其念經祈福。期間，不時有外地的親朋好友前來告別。

中午時分，劉的墓穴已經挖好，其位於茨中村的半山腰上，坐西向東，前面是由北向南波濤洶湧的瀾滄江，背靠阿都白丁神山。這裏流行著一個說法，在挖墓穴過程中如果遇到堅硬的岩石，必須炸開石

塊繼續挖，不准換位置，不然會造成不吉。劉文增老人的弟弟劉文義
這樣對筆者說：

> 埋葬死者的時候，遇到石塊不能移動原來選好的位置，否則會
> 給死者家庭帶來不幸。一般要把石塊敲碎，挖出來把棺木放進
> 去。如果石塊太大，就要用炸藥把石塊炸開。如果挖墓穴時多
> 次遇到石塊，那是表示死者離去不順利，對村子和死者家屬十
> 分不利。

劉文增的葬禮除了天主教徒參加外，村裏的藏傳佛教徒也都來參
加。傈僳族小夥子六一一家都是藏傳佛教徒，在劉文增老人的葬禮上
他給筆者談起了他爺爺阿杜的葬禮儀式。阿杜信藏傳佛教，20 世紀
50 年代時曾作為解放軍參加過西藏平定叛亂的軍事行動，是當時進
藏隊伍裏的重機槍手。六一認為，佛教葬禮與天主教葬禮最大的不同
在於佛教徒的葬禮一般都要請喇嘛來算下葬時辰、念超度經、做法事
等，總之就是比天主教葬禮複雜得多，花費也自然水漲船高。對爺爺
的葬禮，他至今仍記憶猶新：

> 佛教認為人死後留有鬼魂，最重要的事情就是驅鬼。怎麼驅
> 鬼？一般我們就請喇嘛吹那個號，就是晚上吹起來很響的號，
> 「嗚嗚」的，把鬼魂趕走。然後放鞭炮、念經，一直搞三天三
> 夜。爺爺是在 2003 年的時候去世的。爺爺去世後家裏人做的
> 第一件事就是請喇嘛算出喪的日子，日子定下後就是守靈，三
> 天或者四天，其間要防止黑貓從棺材上面跳過去，不然會給死
> 人甚至家裏人帶來晦氣。守靈期間，做喪事的喇嘛會到我家為
> 爺爺念經超度，一般來 6 個，有時候來 4 個，教徒們也都結伴

至此，在喇嘛的帶領下念經祈福，一般要念兩個小時或三個小時之久。法事做完了，家裏就要給喇嘛些錢，大概是一天200元，或送些吃的、白酒等。

年輕人都爭先恐後地抬棺材進墓地，因為這裏普遍認為抬棺材是一件很值得做的事情，不但會積陰德，給自己帶來好運，而且別人也會感激你的貢獻。全村的中青年婦女組成了一支祈禱隊伍早早就到達了墓地。她們一邊唱聖經，一邊守候在墓穴旁等待送葬隊伍。整個過程沒有人哭，也沒有人流淚。

入土儀式由姚飛神甫主持。他身穿紫袍，帶紫色領帶，手持聖經，為劉文增老人做最後的祈禱。他一邊用綠色紙條沾點聖水，一邊虔誠地為死者祈禱。棺木頂部有茨中村佛教徒劉衛東繪製的一朵金色花紋，這也成為當地佛耶和睦共處的一個小小縮影。棺木入土後，幾名工人將大塊石頭堆放在墓頭，小塊放在尾部，並用水泥砌好墓身，蓋上瓦片。送葬隊伍離去前，還有教友小心地用掃把把墓地前的地面仔細平整，不留一點腳印，以免靈魂跟隨眾人的腳印返回家裏。

以上儀式如果沒有神甫在場，天主教徒們會按照年長的有經驗教徒的指示合力完成儀式，但是不能祝聖聖水，只能取現成的聖水來用。

總之，天主教徒從生到死的人生歷程中需要經過的天主教儀式依次是洗禮（命名禮）、婚禮和葬禮。不是所有的人都完整地經歷過這些儀式，中途改信者就可能缺失其中的一或兩項，只有洗禮是每一個現在和曾經的天主教徒都經歷過的。這些儀式作為天主教徒宣告自己信仰和走入人生下一階段的儀式，對教徒們理解教義、加強信仰有著非常重要的作用；更重要的是通過儀式，教徒們聚集到了一起，形成了一個群體。這個群體是以各個教徒所在的家庭之上的組織，以各個存在天主教信仰的家庭為基礎。

第八章
天主教信仰的當地語系化

　　前面幾章分別介紹了天主教徒的世俗及神聖生活，從中可知：在上鹽井，宗教和世俗是相互交織、難分你我的兩種力量，在這兩種力量的均勢互動下，上鹽井天主教徒按照自己的理解履行著各自在世俗和宗教世界中的不同責任。至少在目前這個階段，即使對神職人員來說，也不得不面對世俗與宗教兩種生活的種種要求，並在出現矛盾時竭盡所能地維持某種程度上的平衡。是故，本章將順承上文，接著描述天主教在上鹽井發展至今，從神職人員到教徒的所有天主教關係人的宗教生活現狀。

第一節　鹽井的第一位藏族神甫

　　上鹽井天主教堂儀式活動的最高主持者是神甫。神甫這個身份的漢語官方天主教術語是「司鐸」，在藏語中則稱為「森茲」，但一般村民用漢語介紹時慣用「神甫」一詞。1951 年以前，在這裏主持儀式的是法國、瑞士和德國等國的傳教士，他們穿著漢族的長衫，使用漢人的名字，但是用藏語講經並主持儀式。上鹽井的教徒們稱呼他們為「某耶森茲」，即是用傳教士漢族名字的姓氏加上漢語尊稱「爺」的變音，其後再加上神甫這一職位而來的稱呼，比如「杜耶森茲」、「羅耶森茲」，等等。

　　當時，上鹽井天主教堂隸屬於西藏教區，和教區中的其它教堂一樣隨時保持著每座教堂有一位神甫、兩位角嫚服務的狀態，如果在堂

神甫需要外出，就要從另一座教堂調來另一名神甫在這期間頂替他的職務。自 1951 年，鹽井天主教處於沒有神甫，以原來在教堂輔佐神甫的本村助祭組織教徒念經的形式開展活動的狀態；到了 1959 年，這樣的活動也無法維持下去，教徒們只能夜晚在自家悄悄念經，或偷偷地給孩子們講聖經故事；直至 20 世紀 80 年代，宗教信仰自由法令頒佈後，本地天主教信仰才由地下轉向公開。1992 年，教徒們爭取到一個培養本村神甫的機會，當時正在高中念書的魯仁弟就是借這個機會在村民的集資下得以到北京天主教神哲學院進行四年的培養，於 25 歲時成為神甫回到鹽井。

作為鹽井的第一位本地神甫，魯仁弟經常忙於宗教事務。筆者兩次去鹽井，大部分時間他都不在教堂，有好幾次向馬達琳娜問起他，他都是在外面開會。由於鹽井教堂是目前西藏自治區唯一一個天主教堂，還不屬於任何一個教區，而是直屬於天主教三自愛國會管轄，所以魯仁弟神甫作為西藏天主教的唯一合法代表人的身份就格外特殊，這樣一來，他能夠在 1998 年 27 歲的時候就擔任芒康縣政協委員、昌都地區政協常委，1999 年 28 歲的時候擔任西藏自治區政協委員這三級政協職務也就不奇怪了。魯仁弟神甫和已經不參與村裏的各種事務，在侄兒家頤養天年的老角嫫阿尼都享有政協委員的生活補助，現在他的生活補助已由最初的每月 400 元升至 600 元再到 900 元了。

這些是筆者在第一次見到魯仁弟神甫時從他口中得知的信息。穿著筆挺的西裝從長豐獵豹越野車上走出來的魯仁弟神甫看上去很有派頭，言談間對自己的政協委員身份流露出一份自豪感，談起他身為政協委員所作的加強林業工作、植樹造林的提案在鹽井地區是首例，以及減免農牧民代徵代扣稅提案使得整個芒康區減免了 69 萬元稅款，他顯得十分自信。當然，他也談到了他的主要精力還是放在天主教工作上，主要是修建新教堂，還有發展培養新教友，加深老教友的修為這幾件事上。

　　談到如何走上成為神甫的道路，他提起自己的爺爺魯嘎曾是外國傳教士的助祭，他的母親那代人雖然不允許公開信教，但每晚都會偷偷念經，這些事對魯仁弟的觸動很大。後來家裏拆舊房時從牆裏找出了聖像、十字架等物，高中時又見到家裏收藏多年的早年傳教士在儀式上佩戴的綬帶，經母親解釋後他萌生了想當神甫的願望，對魯仁弟來說這些都是主的聖召，是主在召喚他成為主的忠僕。

　　魯仁弟神甫的家庭是一個大家庭，他的父親早在他出生前因為在山上砍柴時急性闌尾炎發作而去世，他是一個遺腹子，是家裏 7 個孩子中最小的。他的大哥熊何禮在拉薩的自治區政府任職，村人傳說他是自治區紀委書記，顯然只是想說明他的官當得很大。他的二哥在本村，和老角嫫德仁撒的女兒結婚後到她家上門，現在買了一輛客車，請了一個司機，輪班跑長途。魯仁弟的三哥和另三個姐姐都在本村務農。應該說魯仁弟能得到去北京神哲學院學習的機會和他大哥的指點也有一定關係，但是對當時的上鹽井村民和天主教管理委員會來說，魯仁弟的年齡、出身和家裏兄弟姐妹多尤其是同村的諸多情況都很利於他成為一個神甫、一個「出家人」，所以可以說魯仁弟去北京學習是他和管委會雙向選擇的結果。

　　自 1996 年年底回到鹽井一直到 2004 年前後，魯仁弟致力於為村中信徒服務，他曾經代表教堂幫助過不少貧困家庭，教堂經常出資為天主教信徒死者舉行讓其家人滿意的葬禮，或捐助佛教徒死者的家庭。其中，自然有一些人因為感激魯神甫的幫助而改信天主教。他也主持每天的早晚彌撒，為信徒講解教義和作告解，到了禮拜天，更是召集所有教民都集中在教堂，分早、中、晚做三次大約為期 1 小時的彌撒。這個時期的魯神甫不管是對天主教徒、佛教徒還是外來的學者和記者都十分具有親和力，讓人感受到他是一個潛心為主效命的青年神甫。

　　但是，在這個時期裏也有一些改變在逐漸發生。魯神甫掌握了教堂的財務權以後，就再也沒有像以前一樣公佈過教堂的收支情況，現在信徒們對於教堂的收入有多少、開支在什麼地方完全不瞭解，只知道魯神甫的第一輛車——一輛北京吉普在 2001 年元旦被人用炸藥炸了以後不久，魯神甫就又買了現在的長豐獵豹越野車，沒幾年又買了一輛東風大卡車。而這個炸車事件直接導致了神甫和村民之間關係的惡化。通過多方訪談，魯神甫，或者說教堂的第一輛車北京吉普被炸事件的情形浮現了出來。

　　事情發生在 2001 年元旦那天臨近午夜的時候，魯神甫停在教堂住宿南樓背後靠牆位置的吉普車突然爆炸了。當時一聲巨響，像是地震，整棟南樓的玻璃窗幾乎全被震碎，房間裏都是白煙，吉普車當然更是成了一個黑炭的鐵架子。此事發生以後，昌都地區警察局來鹽井偵破此案，總共花了兩個多月的工夫，在當年的藏曆年過後才逮捕了犯人。這期間，辦案人員拘留審問了村里許多青壯年男子，每戶人家都受到了驚擾，人們的怨氣轉向了不能處理好自己的事情、招人怨恨因而被報復的魯神甫，認為他通過大哥和自己的關係向警察局打了招呼，所以員警才恨不能把每個人都抓去審問一番。而事後抓到的犯人更是令村人難以接受：犯人信天主教，是魯神甫二哥的岳母老角媄德仁撒妹妹的兒子，算是和魯神甫帶點親，這個人平時十分老實，村人認為他甚至有些過於遲鈍，都不相信他會幹出炸車這種大事來。更何況，在爆炸現場查明炸藥是放在一個塑膠桶裏刻意控制了破壞力的，村裏沒人懂得這種高深的知識。連神甫自己也說這個人太過老實，絕對不可能做出炸車這樣既需要膽量又需要技術的事來。但是村民的意見不能取代警方的判斷，最終這個叫圖登的犯人還是被判處了 6 年有期徒刑。而許多接受過警方訊問的天主教徒以不再進入教堂參加儀式表示自己的不滿。

　　另一件令村人不滿的事是魯神甫的婚姻問題。2001 年，電視臺在拍攝一部專題片時對魯仁弟作了採訪，「近幾年來羅馬教廷正在討論的議題是，天主教神甫可否結婚……這話題多少有些敏感，但還是直言不諱地詢問他有關婚姻的看法。天主教不同於基督教，前者的神甫不允許結婚，而後者的牧師則可娶妻。而且天主教徒夫婦遵守終生不得離異的契約，直至另一方死亡。當年魯仁弟在晉升神甫時曾向主教發過終身願，即終身不娶的願。四年過去，是否動搖過呢？人非草木，人之常情，魯仁弟承認幾年來有過思想上的波動，但雜念都在排除之列，這對一位現代青年來說的確不容易。他說每一次都靠了堅強信仰的支撐，內心只想著一個天主，以拯救人類靈魂、傳播耶穌福音為唯一己任。不過若是真的為了愛情決定不再堅持的話，也有還俗之說，只要表明態度，徵得主教的寬免」[1]。

　　在說出這段話時魯仁弟神甫的思想可能還比較傾向於保持自己的誓願，完全按照自己的神甫身份和教規來行事。但是將近三年後，即2004 年，他和村裏一個名叫德日的女孩的戀愛卻被角嫫們察覺了。她們都勸他不要再犯錯誤，甚至願意出學費讓他到外面去學習幾年，冷靜下來以後再返回鹽井，但是神甫並沒有聽從角嫫們的勸阻。角嫫們向神甫的姐姐求助，但神甫與姐姐也起了衝突。這件事逐漸在村裏傳開，信徒們都非常不滿，他們認為神甫是不能結婚的，當然也不能談戀愛，如果要結婚就不能再當神甫；德日的父親沙卡仁是管委會的副主任，卻沒有管好自己的女兒，包庇他們還不承認，也犯了錯。他們認為神甫早就想談戀愛，只是在虔誠的母親去世以前不敢明著來，他母親病逝以後就再也沒有顧忌了。

　　2004 年是魯神甫的靈修生活的一個轉捩點，他最終頂住了信

1　馬麗華：《藏東紅山脈》（北京市：中國藏學出版社，2007年），頁231。

徒、角嫫們甚至家人的壓力，而違背了自己發下的終身侍奉天主的誓願，正式在教堂北住宿樓和德日同居了。三位角嫫因為無法接受神甫的行為，在 2004 至 2005 年間先後離開教堂，只有因為家境貧窮，又是外村人不便多言的馬達琳娜留在了教堂。

2005 年年初，神甫的長子魯家強出生了，信徒們對他十分失望，認為他失去了當神甫的資格，要求他離開教堂，由 2003 年開始從雲南到鹽井教堂實習，後因與魯仁弟意見不合而離開鹽井到茨中教堂去的漢族神甫丁某接任神甫的職務。但魯仁弟神甫卻回答說這個教堂是他籌款建起來的，他絕不會離開。信徒們向村長求助，村長表示自己是佛教徒，不方便插手天主教內部的事務，建議信徒們找鄉里。但信徒們失望地發現，魯神甫和鄉里乃至更高級別的政府官員關係都很好，他甚至動用關係讓「老婆」（由於沒有正式儀式，信徒們有不少並不承認魯神甫和德日的婚姻關係）接受了 3 個月的衛校培訓之後到鄉衛生院當衛生員，月工資有 300 多元。她生第一個孩子以前開始上班，到 2006 年 10 月生第二個孩子以後向縣衛生局局長要了規定外的 2 個月產假，此後一直拖延期限，到 2007 年 3 月仍未上班，衛生院催促以後她向局長再要了一年的假，說不給假就辭職，不然孩子無人照顧。最後，局長准許了她的要求。這種特權令普通的信徒望而生畏，不知道該如何與之抗衡。

而另一件被魯神甫視為政績的植樹造林工程也是引起村人不滿的原因之一。這個工程是這樣的：神甫 2006 年經鄉政府批准後在縶谷西對面的山坡上用鐵絲網圈出一萬多平方米的山地，他在裏面種了幾千棵核桃樹苗，在教堂菜園裏的樹苗長大後都會被遷至這裏。村民有人抱怨沒有地方放牛了，但也只能抱怨而已。當然，村民更關心的是神甫怎麼會有這麼多錢買樹苗，這個疑問在 2007 年夏天他花了 13 萬把一戶在外工作的幹部家的房子買下來以後就更鮮明了。教徒們認為

魯神甫的收入應該只有政協委員的生活補貼，他其餘的收入來源應該就只是村民和外界教友向教堂的獻義而已，而且原則上說這些獻義應該不是屬於他個人，而是屬於整個鹽井天主教堂以及天主教信徒的。況且這些獻義一年也只有一萬五六千元而已，還要從中支付角嫫馬達琳娜的生活費，完全不足以解釋神甫花錢的大手筆。

　　無力與魯神甫對抗的信徒們真正實現的勝利只有一個：信徒們通過老角嫫德仁撒和魯神甫的二哥阿色（教名榮生）對魯神甫主持儀式表示抗議，於是魯神甫在第二個孩子出生後終於停止了主持教堂日常儀式活動的行為，也不再在平日早晚課時到教堂念經了。主日天他有時會出現在教堂裏，但是領誦經文的人也不是他，而是村裏的一位男性教友和馬達琳娜。只有在耶誕節這樣的有政府官員前來觀摩的場合下魯神甫才會主持儀式，而信徒們也不會當場發難。這說明信徒們和魯神甫在長達 3 年的暗中較量以後終於相互妥協，採取了雙方暫時都能接受的教務管理模式。這種平衡狀態很不穩定，但至少到現在都還沒有被打破。現在教堂的一切日常經課都由馬達琳娜主持，教徒們認為她為人規矩，都沒有意見。而儀式需要的聖水必須經過神甫的念經祝福，這就只能等雲南的丁神甫來到鹽井時準備一大壇，每次取出一點兌上很多普通的淨水來使用。作為聖體的面餅也是在丁神甫來時才做，領聖體儀式也在此時才舉行。除了耶誕節，信徒們自己會找地方而不是在教堂慶祝節日，就像前文所說的聖母昇天節一樣，信徒們彷彿又回到了 20 世紀 80 年代自己管理自己的信仰生活中。

　　魯神甫自己雖然坦陳他是在管理鹽井教堂，不是在主持鹽井教堂；私人的事情什麼也不想談，想知道什麼只要找村民瞭解就足夠了，但實際上私人事務的「不足為外人道」也會為他帶來困境。2007年 8 月 8 日，曾在 2000 年來訪的杜仲賢神甫親屬又帶著參觀團來到了上鹽井教堂，魯神甫事先藉故離開了教堂，讓馬達琳娜一人接待外

國神甫。沒有主意的馬達琳娜只好找來管委會的成員和熱心教友共同
準備食物和飲品招待外國神甫一行。由於魯神甫不在，參觀團只呆了
半天就離開了。事後眾人卻被得知他們「自作主張」的魯神甫怒斥了
一番，以至於當晚的經課都取消了。而信徒們一開始不想對筆者說出
此事，後來發現筆者並非站在神甫那一邊的人才漸漸吐露實情。他們
希望得到外人的幫助，讓他們認為已經失去神甫資格的魯仁弟讓位於
真正的神甫，但又不願在不知底細的外人面前暴露出信徒與神甫之間
的矛盾，因而往往不自覺地維護魯神甫。這兩種看似矛盾的心理其實
都是出於對本地天主教的熱愛和信仰，所以不希望自己珍惜的信仰染
上污點。

相信即使魯神甫不願放棄神甫身份給自己帶來的政治和經濟利
益，信徒們的信仰生活也不會結束。鹽井的天主教徒幾十年來經歷了
種種宗教上的干涉和阻撓，但是始終沒有放棄自己的信仰，在現在這
個信仰自由的時代，他們更不會放棄自己好不容易爭取到的辦教信教
的權利。鹽井天主教能夠當地語系化，還是靠本村教徒的信心，他們
應該成為自主辦教的受益者而非受害者，而且他們會通過自己的力量
實現這一點。鹽井的教徒才是鹽井天主教當地語系化的原動力，他們
在歷史上和現在的表現都證實了這一點。

第二節　天主教徒的族群關係和倫理

上鹽井村民主要為藏族康巴人，也有少數因通婚而來的納西族與
極個別漢族人。在歷史上由於茶馬古道的影響，鹽井村民的族源是十
分複雜的，在漢族和納西族血統之外還有天主教傳教士從巴塘等地帶
來的當地藏族教徒。在某種意義上，這個村子裏宗教差異扮演著族群
差異的某些角色，有時甚至發展到以宗教來劃分族群（下文會具體論

述），雖然只是初步的、簡單的、模糊的劃分，卻也是這個單一簡單社會初次面對一種外來力量即天主教的力量的衝擊時作出的反應。天主教在鹽井有大約 140 多年的歷史，約在 19 世紀 60 年代由法國巴黎外方傳教會教士傳入。經過數次以教案和流血事件為代表的波折之後，天主教逐漸在上鹽井站穩了腳跟，擁有了一批相對穩定的教徒和傳承手段。而在 1949 年前夕最後一個外籍傳教士杜仲賢死於崗達寺喇嘛刀下之後，上鹽井的天主教就褪去了殖民色彩而納入了當地村民的自主宗教行為的軌道中。自 1949 年以後至今，除崗達寺喇嘛禁教時期（1949-1959 年）和「文革」時期（1968-1978 年）天主教公開活動受到禁止以外，天主教傳統始終不曾從村民的生活中消失。但是與此同時，在這個人口不到 800 人的村莊裏，即使在 1949 年前天主教的鼎盛時期，佛教徒的身影也沒有完全絕跡，更不用說與上鹽井毗鄰的角龍村（崗達寺所在地）、上鹽井對岸的加達村（1949 年前屬西藏噶廈政府轄區）、現鄉政府所在地下鹽井村（1949 年前與上鹽井同屬四川康區巴塘轄區）三個村子一直都是藏傳佛教的勢力範圍。在強大的佛教傳統包圍下的上鹽井天主教徒是如何與周圍的佛教徒共同生活的呢？佛教徒又是如何看待這些天主教徒的呢？天主教徒和佛教徒的身份發生互相轉換的可能性如何？

　　前文已有敘述，上鹽井村 2007 年夏天時佛教徒與天主教徒大約各占一半，由於上鹽井是一個人口只有 700 餘人的村子，一些短時因素可能會影響兩教信徒的人數變化。比如 20 世紀 80 年代天主教、藏傳佛教恢復期，很多幾十年沒有公開的宗教身份的村民重新加入到其中一個宗教的信徒陣營裏，使信徒數字發生了急劇的改變；魯仁弟神甫剛回到村裏的那幾年經常幫助窮人，給錢給物，其中有部分佛教徒改信了天主教，這幾年他和村民尤其是天主教徒關係僵化，那些改宗者就有一些又恢復了佛教信仰。這裏必須申明的是，除了極少數黨員

幹部以外，當地人沒有不信教的觀念，一個人不是天主教徒就一定是佛教徒，反之亦然；即使是那極少數的從不參加任何宗教活動甚至包括婚禮、葬禮（在上鹽井村這兩種通過禮儀必然帶有宗教色彩），也申明自己不信任何宗教的黨員幹部在他人眼中也有明確的宗教歸屬。

村民區分天主教徒和佛教徒的主要依據是姓名和人生重大通過禮儀的宗教歸屬。由於當地天主教傳統是教民必有教名，「男性中多取保羅、保生、華生、榮生、榮旺、薩噶仁、魯仁弟、阿色、魯嘎、白南弟、阿然、阿多、多爾斯、畢友等，女性中多取瑪利亞、德仁、魯生、阿尼、斯麗亞、阿嘎達、德麗薩、榮旺娜、魯生亞等」[2]，這些帶有西方色彩的名字顯然不同於當地佛教徒的藏名如紮西、旺堆、尼瑪、拉姆、擁宗、卓瑪等，因此，在很多情況下名字可以方便地作為宗教歸屬的識別標誌。一個出生不久後即由信仰天主教的父母雙方或其一方決定取教名的孩子只要在成年後不採取改教行動，即使終生都不參加教堂的任何活動，或是在沒有天主教堂的外鄉定居，也仍然會被視為天主教徒。改教行動主要發生在離村入黨、成為國家幹部時或因結婚而進入一個異教家庭時。如果是第一種情況，通常當事人無須改名或知會村人，而事實上從此以後他（她）往往也脫離了上鹽井村的定居生活，即使退休後也不會返回故鄉，對村民而言他（她）的教徒身份會被幹部身份所掩蓋，但如果問起這個當事人信佛還是信天主，村民還是會重拾他（她）原來的教徒身份，說明他（她）是「天主教的人」或「佛教的人」。而在第二種情況下，當事人需要取一個新皈依的宗教的名字，如果當時該宗教有神職人員——對天主教而言是神甫，對佛教而言是喇嘛——在本村附近，那麼就由神職人員取名並主持相應儀式，如果沒有，則由家中的老一輩信徒取名。當事人還

2　保羅、澤勇：〈鹽井天主教史略〉，《西藏研究》2000年第3期，頁59。

需要用在胸前佩戴十字架或佛珠，不時到教堂或寺廟朝拜的做法表明自己新的宗教身份。村民往往按照多年來的習慣用當事人從小就用的原名稱呼他（她），但他們能夠根據上述跡象得知他（她）已經改教。當然，與異教徒結婚並不一定導致改教，由村中的佛教天主教兼有的戶數的比例就可得知這一點。嫁過來的媳婦和上門女婿可以保持自己原來的宗教信仰，但他們的孩子往往按這個家原有的宗教信仰取名。

　　雖然用名字作為宗教歸屬的識別標誌可以一目了然，但是由於種種歷史原因，上鹽井村民的名字並不是一定與宗教結合在一起的。「文革」時期國家禁止一切宗教信仰，這個時期出生的孩子既不能取天主教名字也不能取藏族傳統的佛教名字，都要取漢族名字。雖然這個政策對不讀書也不進入國家體制工作的農民來說約束力不大，但也有不少「文革」中出生的藏族群眾至今都用著「衛東」、「永紅」、「青花」或「妹妹」這樣的名字。而另一些得益於鹽井相對良好的教育基礎——鹽井小學的歷史可追溯至光緒三十四年（1908 年），至遲也可追溯至 1949 年，而鹽井中學至今也是西藏唯一的鄉屬中學——後來成為教師或各級政府機關工作人員的人們，也有不少終生使用當年入學時漢族啟蒙老師隨意取的漢族姓名，姓氏通常和老師的姓氏相同，名字則帶有 1949 年年初漢族起名的特點，如「國生」、「建國」之類。這並不是鹽井獨有的現象，雲南的藏區如維西也有這樣的情況。而這部分人中的佼佼者的直系和旁系後代中也有一些出於榮譽感把長輩的姓氏沿用下來，並取了相應的漢族名字。如上鹽井人，原西藏自治區民航局局長王建華（化名）的弟弟天主教徒白南（天主教教名）終生在村中務農，但他為嫁到本村另一戶人家的女兒的兩個兒子分別起名為王江山和王明。

　　由於藏族的文化傳統並不重視名字的唯一性，更沒有姓氏的傳承關係，所以無論是藏名、漢名還是天主教教名都能很自然地得到認可

並在生活中使用。也因此名字並不能作為判定宗教歸屬的唯一標準，而人生的重大通過禮儀是按照何種宗教的儀式舉行，就成為判定一個人究竟是天主教徒還是佛教徒的重要輔助依據。即使一個人平日從不參加宗教活動，既不去教堂也不去寺廟，或者正相反，既在耶誕節和天主教徒一起吃喝說笑，也在跳神節（時在藏曆九月二十八日，是崗達寺佛教傳統節日）和佛教徒一起觀看跳神表演，他（她）的婚禮和葬禮還是只能按照天主教或佛教中的一種禮儀舉行，而通過這種選擇，他的宗教歸屬就可以準確地判斷出來了。

除了本人的婚禮和葬禮這樣的重大人生通過禮儀之外，日常的教徒宗教行為並不完全足以表明一個人的宗教歸屬。因為佛教徒可以按照天主教儀式操辦信仰天主教的親人的葬禮；天主教徒也按照佛教習慣把藏曆年當作一年中最重大的節日，男子到山上去煨桑祈福，女子去取水處取頭道水。筆者調查期間，還有一位家住下鹽井的信仰佛教的年輕男子專程為重病臥床的信仰天主教的老父到上鹽井教堂祈禱，按照天主教禮儀畫十字、跪拜，並向教堂獻義（即捐款），儘管他不瞭解天主教禮儀的規範，行禮的動作可能不標準。他在這樣做時絲毫也沒有因為自己身為佛教徒卻朝拜異教的神明而產生半點猶豫，只是為了遵照父親的信仰祈求「管轄」他的生命的那位神明消除他的病痛而向父親的天主祈禱。

當然，有些行為比如周五耶穌苦難日不吃肉、餐前感謝天主、睡前禱告、起床後禱告這些行為只有真正的天主教徒才會做，但這些行為往往發生在家庭中，有一定的私密性，因而不易為外界所觀察到。

總之，由上述事實可以看出，在上鹽井藏族群眾的心目中，佛和天主的關係並不是一真一偽的敵對關係，而是各自統治一方人民的永恆的君主，因此無論是自己崇拜自己的神明還是為信仰另一種宗教的家人向他（她）信仰的神明祈願或舉行宗教儀式都是自然合理的選

擇，並無矛盾衝突之處。也正是這種心理，使兩種宗教的信徒可以在一個家庭中長期共同生活而互不干涉對方的宗教信仰，和睦相處。至於在像堂屋的灶牆上是畫耶穌聖心十字架還是畫佛教火焰灶神圖，菩薩櫃裏是放置基督像還是佛像這樣兩教只能取其一的地方，則根據本家原有信仰決定，上門當媳婦或女婿的一方是不能改變的。但信仰不同於這家原有信仰的媳婦或女婿可以在自己的房間或家中其它位置為自己的信仰放置佛教或天主教畫像、十字架等，家中其它人不會干涉。如果是新婚夫婦分家出來的一戶新家，則由新家的家長的信仰決定。

　　儘管現在上鹽井村中的佛教徒與天主教徒的關係總體上是融洽和諧的，村民們也不記得曾發生過因宗教信仰不同而產生的衝突事件，並且回答任何與宗教沒有直接關係的問題時都說「佛教和天主教是一樣的」，但這並不表示佛教徒與天主教徒之間絕對沒有分歧和差異。

　　佛教徒與天主教徒之間的分歧和差異首先體現在雙方的互稱上。上鹽井村當地語言屬於藏語康多方言的一種，與作為藏語標準的拉薩話差異很大，也夾雜有不少漢語詞。在鹽井方言中，「天主教」、「天主教徒」長期以來被稱為「yang ren」（音「養任」），就是漢語「洋人」的變音。可見最初的天主教徒在佛教徒的心目中因信仰了異國異族人的宗教，不只是「非我族類」，甚至是「非我國族」了。20 世紀80 年代以來天主教在上鹽井復興以後，天主教徒中的有識之士認為「yang ren」是對天主教徒的蔑稱，不應再沿用下去，於是向上級主管單位申請使用「nang da qu lu」（意為天主的信徒）和「zhi dou ba」（意為基督的信徒）作為天主教徒的正式稱呼，但至今也只是在少數受教育程度較高的教徒中使用，而這樣的人多半不在村裏生活。村裏的大多數天主教徒和幾乎全部佛教徒都繼續使用「yang ren」稱呼天主教徒，尤其是在佛教徒向天主教徒開玩笑的時候。筆者在訪問村中最年長的老人、天主教知識豐富的老角嫫阿尼時，她的侄孫女做翻

譯，仍把「天主教徒」譯為「yang ren」，老角嬤沒有糾正她，也絲毫沒有流露出不悅的神色。她的侄孫女在天津讀高中，受教育程度在村民中算較高的，她本人是天主教徒，又生活在一個有數代信仰天主教傳統的純天主教家庭中，卻仍然使用著「yang ren」這個天主教徒的蔑稱，也不受長輩的糾正，只能說明長期以來聽慣了這個稱呼的天主教徒們已經接受了這個稱呼，對其中的貶義已經漠然無視。甚至有另一種可能：最初的天主教徒們並不以自己的「洋人」身份為恥，反而認為這是一種高人一等的榮耀而欣然接受「yang ren」這個稱呼，他們的後人也延續了對這一稱呼的認可。在晚清外國教會勢力強大，教徒依附教會生活，甚至倚仗教會蔭庇仗勢欺人的時代，這是很有可能的。另外有兩個稱呼，據現任神甫說，在他學成歸來之前人們就已經在使用的：「兌當巴」（vdus-dam-pa），意思是「正確的聚會」，榮生家所藏一冊藏文念誦經中使用這個詞，現任神甫說這個詞是漢語「教會」的藏譯；「西若巴」（phyi-rol-pa），本意是異教徒、外道，因佛教自稱內教或藏教「bie qu」，佛教以外的信仰則稱外教，對此，魯仁弟也有另解，他說這是「我們天主教」對外教的稱呼。[3]但是從村民整體的情況來看，兩教教徒都承認天主教相對藏傳佛教來說是後來者和外來者，從歷史的角度講合法性要略遜一籌。

　　另一個顯示了佛教徒對天主教徒的心理優勢的例子發生在一個天主教徒和一個活佛喇嘛之間。1959 年，崗達寺喇嘛組織其勢力範圍內的六七個村子的村民準備在崗達山上與解放軍交戰，要求各村派遣青壯丁參加。當時寺院和頭人管轄的地區按「協敖」（即行政鄉）分級管理，每一個行政協敖區由寺院和頭人委任協敖一人進行管理，協

3　本段內容參考四川大學歷史學院陳波老師未刊論文《亞卡丁經驗》相關內容整理而得，特此致謝。

敖區之下按行政村的大小設有一、二、三級德卡（即行政村）進行管理，每一個德卡（行政村）都由宗本委任德本（即村長）一人，其職責是傳達宗本或協敖的命令，督促所屬差民繳納賦稅，支應差役。宗本直屬的德本還要替宗本放債、討債。德本任期 3 年，可連委連任。上鹽井的德本 AX（阿雄）信仰天主教，不想貿然參戰送死，想先觀望戰局，待看出哪方勝算較大之後再採取行動，於是推遲了上山時間，在另一個山頭上俯瞰戰場。激戰一天之後，沒有直接參戰的上鹽井村人在看出解放軍佔了上風之後四散逃跑，其中一個十幾歲的信仰天主教的男孩在山上遇到了同樣沒有參戰、正在逃亡的徐中鄉索哦（音）寺的活佛貢給喇嘛（約 20 餘歲），於是跟著他逃，匆忙中貢給喇嘛的紅色僧服落了一件外袍，那個男孩就把它撿起來自己披上，儘管緊跟著紅色僧袍的子彈紛紛襲來，男孩居然穿越瞭解放軍密集的槍林彈雨而毫髮無傷。信仰佛教的村民們都說當時解放軍見到這種情景說：「這個貢給喇嘛真不像話，一會兒變成大人，一會兒變成小孩。」言語間充滿了對解放軍自認奈何不了貢給喇嘛的法力這一事實的自豪。當年的男孩現在已是 60 多歲的老人，在教堂周日的主日天禮拜中負責領誦，是個熱心的教友，但在說起當年的逃亡時還是感歎：「貢給喇嘛的衣服還真是好，機關槍一直追著腳邊打，一槍也沒打到我。」在旁聽到的佛教徒老人哈哈大笑，開玩笑說：「那你跟著貢給喇嘛去當和尚嘛。」從這件事中可以看出天主教徒即使不朝拜佛教的佛菩薩，卻也相信佛教的活佛有法力，情急之中也不忌諱向不直接管轄自己的佛教的活佛求助。這是因為佛教在藏族群眾的文化傳統中佔據重要地位，其影響難以磨滅，佛教徒的身份對藏族群眾而言幾乎是與生俱來毋庸置疑的，而天主教徒的身份卻是後來的，即使對不像漢族這樣執著地追溯盡可能久遠的祖先的藏族人而言，也能輕易地說出自家自哪一代祖先才開始信仰天主教。更何況現在上鹽井信天主

教的村民的祖先有不少人是跟隨到鹽井傳教的傳教士從康定、巴塘等
地來到上鹽井的，他們是天主教的受惠者，但這層恩惠是表層的、短
時的，甚至有的還帶有佃農身份的受迫性。這部分天主教信徒的佛教
記憶還很鮮明，又始終處於佛教徒的包圍之中，即使建立了天主教信
仰，也往往殘留著以佛教的方式表現宗教信仰的習慣。活佛作為佛教
的神聖代表，如同其名稱一樣是人間的佛，承擔著保祐一方信徒的職
責，也作為具體對象承接著一方信徒的宗教感情的表現；而天主教沒
有能夠提供這樣的人間天主作為信徒崇拜的可感對象，其信徒對這樣
的人間神聖人物的需要卻仍然不自覺地潛在地存在著。所以在特殊時
刻下，對一個天主教徒來說，撿起可見的活佛的僧袍就成了優先於向
不可見的天主禱告的選擇了：即使是異教的，一件撿來的人間神聖人
物的物品可能比不能直接聽到的天主的安慰更能給他安全感。

　　與天主教徒對佛教的信任感相比，佛教徒明顯缺乏對天主教的興
趣。一個在 214 國道整修專案工程部臨時工作的佛教徒聽說筆者是來
做天主教調查之後，告訴筆者「他們信的基督教」「教堂裏念經是照著
書念，有藏語的也有漢語的」這樣與筆者觀察到的事實明顯不符的情
況：只有極少數老教徒在誦讀特殊節日的不常用經文時才會拿出經書
來照著朗讀，大部分教徒的日常誦經都靠記憶。儘管教堂裏擺放有漢
語經書，但沒有一個村民用漢語誦經。可見這位佛教徒並未到教堂中
親眼目睹天主教徒的宗教行為，對天主教儀式只有道聽塗說的印象。

　　儘管如此，由於天主教信仰在西藏的獨特性，在旅遊和宗教自由
方面都成了官方宣傳的有利工具，也吸引了不少海內外的學者來此進
行研究調查，在這方面佛教徒也要仰仗天主教徒為村子帶來利益。如
2009 年 7 月 31 日，由於承擔國道 214 鹽井段整修工程的中交二公局
六公司拖欠上鹽井村農民工工資，村民集體用拖拉機、農用車包圍了
工程部討要工資，村民代表就是天主教堂神甫。他的代表資格源於他

身為三級政協委員——自治區政協委員、地區政協常委、縣政協委員，這些委員身份又源於他身為西藏唯一天主教堂神甫的特殊地位。無論問題最終的解決與神甫的政治地位有無直接關係，村民推選與這次勞資糾紛並無經濟關係——神甫本人並沒有作為農民工為修路工程工作——的神甫來做代表與工程方談判，就是看中了他是村中政治地位最高的人這一點。另一個例子是 2009 年 8 月，一個電影攝製組來到上鹽井，準備以教堂作為主要外景地拍攝一部反映修女撫養棄兒成材的故事片，需要大量人手布置教堂內外景觀以滿足拍攝需要，當然也需要群眾演員參與拍攝，此外，出於宣傳需要，電影投資方在拍攝的同時也準備向村裏的教育事業捐款以示愛心。這一系列活動對增加村民收入都不無好處，而電影攝製組選中了上鹽井也就是因為此地的「鄉村教堂」這個鮮明的特色。從這兩個例子看出，上鹽井村民無論是佛教徒還是天主教徒，都能通過村子的天主教特色獲得直接或間接的利益，這種特色已經成為村落整體和村民個人的文化資本可資利用。因此，佛教徒需要倚重天主教徒的情況也不鮮見。

　　總的來說，上鹽井村的佛教徒和天主教徒的關係是平等而友好的。如果說佛教徒在歷史和大環境尤其是信徒人數方面佔有優勢的話，天主教徒則在旅遊宣傳和政策傾斜度上佔據上風，是對外交往的主要力量。在村民內部，天主教徒和佛教徒是和睦共處的鄰人和親友，改變信仰也不是不可容忍的事，雖然有其潛在的未成型的規則。相信這一格局是在 20 世紀 80 年代宗教政策放寬之後在原有信教傳統之上自然形成的平衡狀態，在不受外力衝擊的情況下應當可以繼續保持一段比較長的時期。

　　這一格局的基礎建立在兩教教義求同存異、互不干擾的前提下。天主教在傳入鹽井的時候已經確立了用當地語言傳教的方針，當時使用的聖經就是藏文和法文對照的。這個版本的聖經是由當時外方傳教

會的熱忱教士們，尤其是羅勒拿和德格定在接納了先輩，主要是
18、19 世紀意大利聖方濟會和耶穌會傳教士的成果的基礎上而促成
的。羅勒拿的情況前文已有介紹，這裏簡略介紹一下著名的旅行家和
學者德格定（Auguste Desgodins），他生於 1826 年，長期在遠東地區
的旅行之後住在大吉嶺（印度地名，以盛產紅茶著稱），是「藏文—
拉丁文—法文詞典」（「Dictionnaire thibétain-latin-fran-ais」）以及一部
藏語語法著作的作者，後者 1899 年在香港出版[4]。當時的譯者在把聖
經譯成藏文時借用了大量藏文原有的詞彙，而這些詞彙多有藏傳佛教
的神學色彩。也許譯者在翻譯時考慮得更多的是如何使當地人易於接
受，但是這也無疑帶來了用藏傳佛教概念理解甚至代替天主教概念的
弊端。本文無意對聖經的藏譯作過多的討論，只能通過教徒日常最常
使用的天主教詞彙來窺視教徒對天主教教義的理解。

　　亞卡丁的天主教信民把「天主」翻譯成「闇吉打包（gNam-gyi-
bdag-po）」，即「天之主人」或「天之所有者」。教堂的主祭臺後掛兩
條豎幅，右寫「天主在天受光榮」，左寫「良人於地享平安」。教堂的
南住宿樓上的小黑板上有這兩句漢語的藏文，其中「天主在天」中的
第二個「天」，譯作 mtho-ris，這個概念不會超過佛教中對「神所在之
地（lha-yul）」的理解。與之相關的是，「天國」（the Kingdom of
Heaven），在藏文「馬太福音」、「馬可福音」等經文中皆譯作 nam-
mkhavi-rgyal-srid，其中藏文「rgyal-srid」一詞指的是國政、國務或江
山；而用來翻譯「天」的「nam-mkha」一詞，則是指虛空或天空，
後者指自然之天空，前者則是一個佛教的概念。「天父」（My Father
in Heaven），譯作 yab-nam-mkhav。有意思的是，在筆者問及耶穌是
誰時，許多村民對筆者說，耶穌就是天主。如果從三位一體論來理解

4　Appendix "Missionaries, language, and literature of Tibet". http://www.newadvent.org,2007.

的話，其實這並不算錯，不過對聖經的熟悉程度遠不如經課的熟悉程度的鹽井人來說，他們可能並不瞭解作為「人子（mivi-bu）」，即英語「the Son of Man」的耶穌，而更多的是把他當作一個下降到人間的神明。

由於天主教強調「天主」或「主」與「天」這一自然概念的聯繫，就有必要考察當地原有的對「天」的理解。關於「天」的概念，下鹽井納西村每年新年初五時，有一個殺「天豬」儀式。這個儀式藏語即「朗帕（gnam-phag）」，即天豬。他們殺豬，把豬的內臟掛在三根特別從山上砍來專用作此儀式的木杆上，祭祀天。儘管該村族一般被認為是納西族，但在「天」的理解上，正如他們目前的藏化程度一樣，更多接近藏文化中對「天」的理解。在藏文化裏，天崇拜是自然崇拜的一個方面，天神是眾神之一，相比藏傳佛教的「佛」這樣一個超越了世間萬物的大智慧存在，層次要低一級。這也許就是最早傳教士放棄了用藏語裏表示眾神之一的「神」的「ha」來翻譯天主教三位一體的造物主、唯一神「God」的原因。

總的來說，兩教對最高神的理解有所不同。佛教中「佛陀」是「醒悟」或「徹悟」的意思，即從愚昧狀態覺醒者，或者說徹悟真理者。「佛」是覺悟了的眾生，眾生是未覺悟的佛。佛和眾生除智慧素質的差別外，始終是平等的，而不是創造者和被創造者、統治者和被統治者的對立關係。佛教認為「眾生都具佛心」，就是說每個眾生只要奮發向上，都能變成智慧和德性高度圓滿的佛。而藏傳佛教更是有神聖的活佛轉世制度，活著的佛就在人間，對教徒而言是「人人皆可成佛」的明證。但天主教的「主」絕不會是眾生變成的，而是絕對的造物主，給予人們在世和死後的禍福的裁決者；一個再虔誠、學問再高深的教徒也絕無希望成為「主」，有這種想法都是大不敬。因此，有學者認為：當基督傳教士們用藏語表述《聖經》及其信仰，他們就

處於 10 多個世紀以來藏地有經文的世間法信仰的包圍，使得它處處依賴藏文佛經的用語，調整自身以適應，或者在藏傳佛教的神靈等級序列中找到自己「神」的合適的位置，或者加以改造。藏譯《聖經》所提供的信仰的最高概念，不會超過藏傳佛教提供世間法的境界。就藏傳佛教的境界來說，它包括世間法和出世間法兩種，但世間法低於出世間法則是肯定的。[5]

教義雖然是一種宗教的核心世界觀的反映，但是與一般信徒有切身關係的還是反映在日常生活中的倫理道德，在這一點上兩教有同有異。

對神職人員，也即佛教的僧人（高等的是活佛、喇嘛，低等的是察巴）和角嫫，天主教的神甫和角嫫，兩教規定的底線都是不能婚育，婚育者必須離教還俗。但是在過去的幾十年中不乏一些特殊的例子。上鹽井德仁撒角嫫未結婚而生育兩個女兒的事前文已經說過，雖然她違反了做角嫫的規矩，但是兩教教徒對她都沒有多少非議，天主教徒也容許她做一些角嫫的工作。而從村人對我這樣的外人從不提起她未婚生女的事情以及他們對一生未婚的阿尼角嫫的高度讚揚來看，他們仍舊認為角嫫結婚或生孩子是醜事。曾經當角嫫的瑪仁也曾說過自己因對魯神甫失望離開教堂以後覺得在村裏待不下去，家人尤其是哥哥也覺得出家人回家是醜事，所以到雲南去做了一年的小生意；後來因母親想念她，而且另兩名角嫫也離開了教堂，她才回到上鹽井。她與現在的丈夫——同村的天主教徒，鹽井小學的老師——談及婚嫁時也問過對方能否頂住村人說閒話，幸好對方認為離開教堂不是她的錯，表示不介意。

---

5 本段對於藏文《聖經》的分析和觀點來自四川大學歷史學院陳波老師未刊論文《亞卡丁經驗》，特此感謝。

　　佛教方面的例子有下鹽井的一位四川得榮縣徐龍鄉熱那寺的活佛尼然喇嘛。他 1950 年出生於鹽井角龍村，1952 年時被認定為活佛。1960 年在父親的要求和當時鹽井縣和縣長的批准下離開寺廟回家念書，從此過上了普通人的生活。1970 年他先在人民公社裏當記分員，兩年後在角龍小學（現鹽井小學角龍教學點）當民辦教師。1970 年，他和同村一女子結婚，後來生了孩子，現在一家人住在下鹽井。自 20 世紀 80 年代以來他多次應當地老百姓和寺廟的要求去熱那寺，為老百姓摩頂、賜予護身符、打卦等，這也是平日鹽井的老百姓請求他做的事。由於當年政策要求活佛結婚，這不是個人的力量能夠選擇的，所以現在無論是徐龍還是鹽井的百姓都沒有追究他結婚生子的事情，仍然把他當作活佛來崇拜。

　　但是信徒的寬容是建立在尊重當時的歷史條件的基礎上的，魯仁弟神甫自 2004 年開始的又要當神甫、又要結婚生孩子的行為受到了天主教徒的極大責難。現在有許多教徒尤其是男性教徒不再到教堂參加任何活動，有許多天主教家庭的新生兒都是請長輩教徒起教名，不再到教堂接受魯神甫的洗禮，只有魯神甫自己的兩個孩子接受了他主持的洗禮。信徒還通過神甫哥哥和神甫哥哥的岳母也就是德仁撒老角媜對神甫施加了壓力，使得他在第二個孩子出生以後不再主持教堂儀式。但他仍舊不願在過天主教節日時照教徒的希望請雲南的丁神甫來此主持，而教徒們也因此不在教堂舉行慶祝活動，「不看他的臉色」。

　　對於一般教徒，在教規上也有所不同。上鹽井現有的 6 戶一妻多夫家庭中只有一戶是天主教家庭，就是因為受天主教一夫一妻制的教規約束所致。這戶家庭成為一妻多夫家庭也有特殊原因：原本這家人兩兄弟中的哥哥已經娶妻，繼承了父母家，弟弟到本村另一戶天主教家庭上門，但與妻子感情不睦，妻子另有情人，最後弟弟憤而離婚回家。這時雖然還有人上門為弟弟提親，但哥哥不願弟弟再到別人家去

受苦，於是提出與弟弟共妻，最後組成了一妻二夫的家庭。這家人始終沒有正式辦婚事，村人也只是把這三人的婚姻當作既成事實來接受而已，他們在同情弟弟第一次婚姻遭遇的同時認為弟弟並不怎麼滿意共妻的安排，是哥哥太照顧弟弟才會這樣。

另一方面，兩教的通過禮儀也有不少不同。信仰天主教的父母會讓新生兒到教堂接受洗禮，讓神甫給孩子起教名；如果沒有神甫，則讓德高望重的老教徒為孩子起教名。佛教沒有洗禮，但會請活佛為孩子的護身符的掛繩打結，再吹一口氣表示賜福，教徒相信把這樣的護身符掛在孩子的脖子上能夠保祐孩子平安健康地長大。在婚禮上，來到一個新家庭生活的新娘或新郎在主要成員信仰佛教的家庭需要參拜灶神，而在主要成員信仰天主教的家庭拜的是灶牆上掛的十字架和牆上畫的耶穌聖心十字架，更加正式的天主教婚禮是一對新人穿上藏裝騎上馬到教堂去，由神甫主持，兩人宣誓終生不離不棄。近年來，這樣正式的天主教婚禮只舉行過一次，就是曾當過角媩的瑪仁的哥哥嫂子夫妻的婚禮，那時還是雲南的施神甫主持的儀式。同時，天主教對婚姻忠貞的要求也高於佛教，反對離婚。不過下鹽井依然有一例天主教徒的女性和非天主教的上門女婿在生育一子後離婚的例子。天主教的葬禮是土葬，沒有其它葬法；而本地藏傳佛教的葬禮有天葬，也有水葬，近來由於天葬、水葬成本都比土葬高，上鹽井許多佛教徒也採取了土葬。總之，由於兩教目前在村裏都沒有強有力的組織和神職人員強制要求教徒遵循本教的行為規範，許多教規都有彈性，也有互相影響的地方，但大體上村民還是各自奉行本教的行為規範，保有清晰的宗教認同。至於儀式、經文和稱呼、教名的不同已在前文有所介紹，就不再重複了。

總之，儘管有著種種不同，但上鹽井的藏傳佛教和天主教現在能夠融洽地共同相處，除了在宗教儀式上有所區分以外，很多行為和觀

念都是很接近的。兩教的村民在不同的訪問中也都說過「天主教和佛教沒有什麼不同」這樣的話。然而，能夠達到今日這樣的平等融洽的局面，兩教還是走過了相當長期的磨合階段的。

第三節　天主教徒和社會環境的調和

不同歷史時期的天主教徒會有不同的信仰方式和態度，即使同一時期的天主教徒也會因為家境、經歷、從眾心理之類因素的不同採取不同的信仰方式和態度。

由於歷史文獻中有個性的天主教徒的聲音和身影的缺席，本文只能考察村民記憶可以追溯到的最早的天主教徒們的生活。早年最虔誠的教徒無疑是上文已交代過的和杜仲賢神甫一起在舒拉山口被崗達寺武僧殺死的獨西[6]。據說，和他一樣當神甫隨從的人有好幾個，平日都在教堂裏受神甫的照顧，日子過得很好，但在陪同神甫前往噶廈政府的路上發現崗達寺武僧的追蹤以後，這些人都害怕了，紛紛溜走。最後只剩獨西堅持留在神甫身邊，他還放聲高歌道：「在教堂裏穿金褲子的人有好多好多，翻山口的時候就只有我和神甫你啊！」以此來諷刺那些平日受神甫恩惠，關鍵時候卻只顧自己保命的教徒。最後由於寡不敵眾，獨西和杜仲賢神甫一同被打死。

獨西的殉教行為格外具有宗教意義，但也不能就此過分苛責逃走的教徒不夠虔誠，他們只是在信仰和生命的兩難取捨中選擇了保全生命而已，這對維護天主教的發展也是有意義的。在日常生活中教徒也可以為信仰作許多貢獻，比如教給下一代天主教知識。老角嫫阿尼小時候到尼姑學校「曲路永撒」學習的時候，給女孩們上課的是角嫫，

6　獨西的祖父和他的遭遇一樣，曾在早年的教案中和神甫一起被害。

給男孩上課的是神甫的涅巴保羅，他是老角嫫德仁撒的父親，他們一家都住在教堂，妻子為大家做飯，他教課。一直到六七十歲以後他才不再教課回到自己家中，兩三年後就去世了。在他之後接替他的職位直到 1949 年的人也叫保羅，兩人都是被教堂養育成人的孤兒，一生都在教堂裏幫助神甫，可以說是名副其實的「涅巴」（管家）。他們不是修士，可以結婚，但是對教義經文的熟悉程度要好於一般教徒，也很受一般教徒的尊敬。這樣的人是天主教傳教的重要根基，他們的子孫更容易成為堅定的教徒甚至是神職人員。

以上是單個教徒的情況，至於教徒的集體行為，亦有著截然不同的鮮明對比。在此，舉兩個例子進行說明：一是 1905 年的「魏雅豐案」，這在前文已有過討論，在此不贅；一是 1940 年因呂維多神甫被害而發生的教徒復仇案。「復仇案」大致是這樣的：

1940 年 8 月 2 日，鹽井教堂的呂維多神甫和 2 名男性教徒（其一是教堂撫養的孤兒，當時大約十幾歲）、3 名角嫫在從茨中返回鹽井的路上遇上了劫道的強盜，一行人中除神甫外男人都騎馬逃走了，最終神甫被害，角嫫們、財物、馬匹亦被搶去，但強盜後來釋放了她們，她們走路回到鹽井。由於這夥強盜還殺了鹽井北面另一個村子裏一戶很有勢力的人家的兒子，那家人集結了尋仇的人找強盜報仇，上鹽井也有一些人為了為呂耶神甫報仇和他們一道去。當時前來鹽井教堂接任呂耶神甫之位的樸耶神甫（即卜爾定）勸阻他們不要復仇，但沒能阻止他們。最後尋仇者們殺死了 3 個強盜，並把他們的頭砍了下來。剩下沒死的強盜從此散夥，從茨中到鹽井的這段路才太平了。

在「魏雅豐案」中，鹽井教民[7]也許是出於對在教案中被毀的教

---

7 即使天主教在鹽井已有追隨者，但其中最得傳教士信任的核心人物還是非鹽井當地的漢族人，這也符合「顧司鐸（疑為余伯南）與任司鐸在阿墩子（今德欽）設立教堂十餘年，並無居民從教。其左右供役者，僅川民數名」的漢族史書的記載。這部

堂和被殺的神甫的憤怒，也許是出於對清政府極力保護支持的教會的畏懼，也許只是對神甫這樣的強權者和洋人的追隨和服從，總之，他們在這裏扮演的是殺人幫兇的角色。而在 1940 年的「復仇案」中，傳教士和本地藏族則站在了一個陣營裏，都成為了不遵守社會規範的另類。這時，面對依天主教規訓不念仇恨、忍受欺辱傷害而不言報復的神甫的勸阻，鹽井教徒遵循的卻是藏族傳統的以牙還牙、以血還血的復仇規矩。儘管他們會念天主教的經文，卻不見得行為處處符合天主教教義，在一些觸及藏族社會道德規範的事情上，他們還是會優先按照藏族人本身的社會規範來行動。據老角嫫回憶，儘管神甫認為這樣的報復是不對的，但是教徒們還是認為這是正確的復仇行動，而神甫也不得不接受教徒的違反天主教教義的行為。這種情形換成藏傳佛教信徒也是一樣的，儘管藏傳佛教也不主張報復和殺生，然而在已經成為藏族人尤其是康巴人性格一部分的恩怨分明、有德必報、有仇亦必報的觀念裏，信仰也要讓位給社會價值判斷，也即在強大的民族文化認同之下，宗教信仰必須要有所妥協才能被當地人所接受。

　　普通信徒如此，作為出家人的角嫫們又是何種情形呢？她們是當地最先成為外來宗教天主教的神職人員的本地人，連這個稱呼都是和藏傳佛教的女性出家人一樣的「角嫫」（漢語意為尼姑）。天主教首先在本地培養女性神職人員是有原因的：首先，女性在父系社會中地位較低，她們的精神生活尤其是宗教信仰對主流文化的影響較小，因此她們對外來文化的接受較不容易遭到主流文化的牴觸。其次，女性情感豐富，一般而言對宗教信仰的熱情比男性更高，主要在家庭中活動也給了她們更多的投入宗教生活中的時間和精力。最後，來華的天主教神職人員人數不多，其中的女性即修女更是鳳毛麟角，尤其缺乏能

分人往往是腳夫或護衛清兵這樣的社會下層民眾，他們沒有多高的社會地位和金錢，背井離鄉，而天主教在那個時期擁有政治特權，遂成為他們依附的對象。

夠來到位置偏遠、交通不便的康區的外國修女，而培養女性教徒也是天主教會很重視的一個任務，所以培養女性的天主教神職人員，讓她們把天主教信仰的火種帶到各個家庭中去的選擇就是很自然的結果了。所以，天主教甫一在鹽井立足，便開始了對本地角嫫的培養。據兩位還在世的老角嫫回憶，在她們幼年、童年時，鹽井就有 3 位角嫫，後來還加上了她們自己和同輩的 2 名角嫫。按照當時教區的通例，一座教堂需要有神甫 1 名、角嫫 2 名，神甫還可以在不同教堂間輪換，角嫫一般在見習期結束以後就會終身呆在一個教堂，可見她們的人數不少。終身出家是一項艱巨的任務，雖然借鑒了藏傳佛教角嫫在家修行的辦法，天主教角嫫在生病或是教堂有困難時可以回到家中，但是由於實際情況的壓力有時超出修行制度的彈性，不能堅持下來的人還是有的。

1949 年以後的近 30 年時間裏，天主教活動基本轉為家庭內部活動。角嫫們回到各自家中，不斷受到催促其結婚還俗的壓力，老角嫫德仁撒就因為家中僅有她和年長的姐姐以及兩個妹妹一起生活，壓力不小而生了兩個女兒。兩個女兒一個 1958 年 7 月出生，一個 1972 年 3 月出生。但是孩子的父親是誰村裏人至今也不知道，只是猜測第一個女兒的父親可能是當時來平叛的解放軍，第二個女兒的父親可能是當時來修國道的修路工人，總之都是外人。因為在那個年代和曾經的出家人結婚會承受很大的輿論壓力，幾乎沒有村裏人願意冒被人指指點點的風險和曾經的出家人結婚或生孩子，只有外來的漢族沒有這層顧忌。而村人對於私生子的態度一貫是寬容的，即使現在魯仁弟神甫的兩個兒子也常常受到參加教堂活動的人們的關愛，所以德仁撒角嫫的兩個女兒都順利地成長並結婚生子了。大女兒招了神甫的二哥阿色（榮生）當上門女婿，現在生育了兩個女兒；二女兒嫁到本村，也生育了兩個孩子，一兒一女。但是在這樣的壓力下也有堅持守貞的角

嫫，就是阿尼，現在村裏不論天主教徒還是佛教徒都很佩服並尊敬這個老人。不過除了個人意願的因素以外，在無法繼續角嫫生涯時，阿尼比德仁撒年長 7 歲而且身體也不十分健康這樣的事實可能也降低了她出嫁的現實性。而且，她的家庭兄弟姐妹眾多且不少都在本村成家了，所以生活上的壓力要小得多。

「文革」過後，教堂逐步恢復活動，先是幾位老角嫫從各自家中回到教堂，後來又有年輕一輩的角嫫在外學習後進入教堂為教堂服務。兩位在西昌聖家修院學習的角嫫瑪仁和阿尼的情況第五章已有交代，不再贅述，這裏補充瑪仁介紹的一點情況：教徒進教堂時老習慣都是要行單膝跪拜禮，但是兩位年輕角嫫在修院受的教育是不必行跪拜禮，這是教會革新後的標準，她們進入教堂時就遵照這一標準從不跪拜。一開始一些老教徒們對此還有些意見，覺得她們對主不夠尊敬，時間長了也就慢慢接受了。瑪仁說其實長時間沒有公開天主教活動，也沒有人教，有很多老一輩也不太知道該怎麼行禮，畫十字起因父的姿勢也不標準，所以行禮的形式不是最重要的，最重要的還是要有虔誠敬愛主的心意。瑪仁作為新一代鹽井教徒的代表，在教義儀軌上受的教育是遵循歐洲各天主教傳教會—中國天主教三自愛國會這條脈絡的，而不是當地實際傳承下來的巴黎外方傳教會—康區老教徒自發恢復天主教組織這樣的歷史過程，這一點魯仁弟神甫也不例外，他們對於教義儀軌等術語的解釋往往來源於修院教育而不是鹽井本地的解釋，有的術語甚至只知漢語詞而不知藏語說法。而且，他們還認為鹽井當地的教徒多半隻知念經，對於教義不甚瞭解，所以不太重視村民自己對天主教的理解。不可否認的是，在很多情況下這些年輕的天主教「精英」說的並沒有錯，但是鹽井的天主教是有傳統的，這份傳統就蘊涵在藏法對照的經文和聖歌裏，也蘊涵在現在已經去世但 20 世紀 80 年代曾很活躍的幾位對教義還留有當年傳教士教導印象的老人頭腦裏。

第四節　天主教對內與對外的調和

一　天主教與佛教的磨合

　　天主教在村內主要需要協調的是與藏傳佛教的關係，而要介紹兩教的磨合過程，就要從天主教傳入鹽井說起。天主教傳入鹽井的一系列事件的歷史背景是羅勒拿、蕭法日 1862 年的再次入藏使清政府朝野上下對傳教士的入藏有所警醒。隨後，總理各國事務衙門對法國駐京公使進行多次交涉，同時受英、俄的強大壓力，使法國政府對其傳教士在藏東的活動感到不妙，於是，1864 年 3 月 15 日，法國駐華公使柏德密通知法國傳教士立即撤出藏東。4 月，遣使會傳教士離開芒康，回到巴塘。1865 年 9 至 10 月，察瓦博木噶、門孔等地發動反天主教運動，使法國傳教士被迫離開其經營了十幾年的察瓦博木噶傳教據點，來到今日的上鹽井。當時在察瓦博木噶的傳教士由幾名信徒陪同倉皇出逃，從察瓦博木噶出發，沿古商道經門孔、紮那、碧土，翻越察瓦堆拉，來到瀾滄江西岸，即與上鹽井隔江相望的今鹽井曲孜卡鄉境內的庫如囊村。他們在該村某戶人家借宿十來天，搜集和掌握江東上鹽井村的民族結構、宗教信仰、戶數等情況。十幾天後，傳教士橫渡瀾滄江，進駐江東當時隸屬上鹽井的果冉村的董仁倉家，在此為村民看病行醫，間接傳播天主教的教義、教理。不久有兩三個村民漸漸地成了天主教教民，他們是傳教士進入鹽井後的首批信徒。傳教士在果冉村深入瞭解上鹽井民情的基礎上，最後闖入上鹽井，借宿於略有名氣的雅卡・嘎倉家裏。幾個月後，又搬到與後來所建教堂一牆之隔的雅卡・德仁薩倉家裏。其間，這位傳教士主要從事社會慈善活動，一則為村民免費治療；二則為家境貧寒者修房、買地；三則為當地的崗達寺布施大筆大洋，深受群眾的信賴，贏得崗達寺的讚譽，得

到讓其暫住此地的許可。隨後就在與他關係密切的群眾中進行傳教活動，有不少人成了天主教的教徒。這位傳教士在上鹽井待了約半年後前往巴塘，他的姓名是畢天榮。之後又有三四位傳教士來鹽井，他們同樣從事慈善及傳教活動。時至司鐸呂耶來傳教時，從崗達寺購買地盤，動員所有信徒修築教堂；接著設立衛生所，繼續為村民免費治療；開辦學校，學校分高級班和初級班，開設藏文、漢文、英文、算術、音樂等課程，教員都來自維西、下關、康定、巴塘等天主教傳教區的傳教士或信徒。[8]

大致在這一時期，教堂大量購買了鹽井及附近村莊的土地，以下是冉光榮的《天主教「西康教區」述論》中介紹的教會在鹽井的土地收購情況[9]，見表 8-1。（由於原文未注明出處，只能轉引）。

表 8-1　（1）天主教會鹽井土地收購一覽表

次數	土地塊數	當價（兩）	當價期限（年）	已過時間（年）
一	7	40	40	35
二	5	35	40	35
三	3	14	50	29
四	2	13.5	27	17
五	5	25	銀到地回，並無期限	—
六	5	31	27	13
七	1	13.5	27	17
八	1	—	每年收銀 8.5 兩，已當 20 年。含銀 170 兩，無期限	

8　參見保羅、澤勇：〈鹽井天主教史略〉，《西藏研究》2000年第3期，頁54。

9　參見冉光榮：〈天主教「西康教區」述論〉，《康定民族師專學報》1987年總第2期，頁37。

次數	土地塊數	當價（兩）	當價期限（年）	已過時間（年）
九	—	—	送地 2 塊	
噶打村頭人澤江，共計 72 塊，種子三石六斗，收銀 342 兩				

表 8-1 （2）天主教會鹽井土地收購一覽表

次數	土地塊數	當價（兩）	期限（年）	已過時間（年）
一	2	27	45	32
二	?	25	無期	29
三	2	3.5	37	32
四	2	23	40	30
五	9	13.7	26	17
宗格村頭人司郎彭初，共計 22 塊，種子一石二斗五升，收銀 92 兩 2 錢				

表 8-1 （3）天主教會鹽井土地收購一覽表

次數	土地塊數	當價	期限（年）	已過時間（年）
一	1	30 藏元	30	不詳
二	1	25 兩	30	不詳
三	1	40 藏元	20	不詳
四	1	20 藏元	20	不詳
宗格中清隆二村百姓多吉汪登，共計 4 塊，種子三斗，收銀 56 兩 5 錢				

說明：刀本村頭人當地 11 塊，種子一石，每年上青稞一石二斗，收銀 132 兩，無期限。格拉村百姓：羅絨依西當地 2 塊，當價 115 藏元，當期 50 年，已當 14 年。尺裏曲批賣地 2 塊，收 150 藏元。羅戎司郎賣地 1 塊，收銀 54 兩。5 塊地共收銀 145 兩 1 錢 7 分 5 釐。總計當、賣地 114 塊，種子六石二斗五升，收銀 765 兩 8 錢 7 分 5 釐。

　　根據《鹽井鄉土志》，清末鹽井一帶計算土地皆不以畝而以塊，用每塊地播種的種子數來計算收成，水地每一斗種子收穫一斗五升，即每 15 公斤種子收穫 22.5 公斤糧食；旱地每一斗種子收穫七升五合，即每 15 公斤種子收穫 11.25 公斤糧食。當時鹽井境內五區共有水地 1,873 塊，旱地 2,595 塊，共下種七百二十七石七斗一升一合，即 109,156.65 公斤。[10]可見教堂所佔據的土地不能算多，而且分散在各村，對村民的影響力不夠集中。但是有了這個開端，數年後上鹽井幾乎所有的土地都集中到了教堂手中，村民都成了教堂的佃農也是信徒。據資料得知，宣統元年（1909 年）鹽井教堂擁有教民 342 人，法籍呂司鐸主持。[11]據老角嬤阿尼回憶，這個人數水準一直保持到 1949 年杜仲賢被殺害、崗達寺喇嘛封閉教堂時為止。教堂的經濟實力在早期依靠外部資助，之後主要依賴在本地區的地租等收入，「據天主教堂華朗廷言，滬定已墾萬餘畝，收租千八百石。考其實際，皆不止此」[12]。教會經濟收入迅速增加，「開支各項事業及傳教經費有餘，早已不受教皇助款矣」[13]！

　　毋庸諱言，在天主教傳入西藏或者說試圖傳入西藏的 300 年歷程中，傳教策略無論是早年的爭取上層貴族還是後來的招攬下層民眾，都經歷過各種各樣的失敗。這裏有一個很重要的原因是藏區，尤其是拉薩政府建立了一個以政教合一為基礎的僧侶貴族統治的社會制度，底層民眾和上層貴族在宗教信仰上是統一的，而且這個宗教是唯一的，這一點對川邊的大小土司割據地區也不例外。當政治統治者同時

---

10 參見〔清〕段鵬瑞（宣統）〈鹽井鄉土志〉，《中國地方志集成・西藏府縣志輯》（成都市：巴蜀書社，1995 年），頁 403。

11 參見「宣統元年四川洋務局關於外國傳教士統計表」，轉引自冉光榮：〈天主教「西康教區」述論〉，《康定民族師專學報》1987 年總第 2 期，頁 36。

12 楊仲華：《西康紀要》（上海市：商務印書館，1937 年），頁 281。

13 任乃強：《任乃強藏學文集》（北京市：中國藏學出版社，2009 年），頁 270。

也是宗教統治者時，外來的宗教想要爭取教徒就只能依靠爭奪政權
了，而當時的巴黎外方傳教會根本不具備與西藏政府爭奪政權的可
能，所以只能在本國的支持下借經濟力量購買地產以成為部分民眾的
「領主」，借外交力量迫使清政府提供合法性和安全保證，在受到極
端懷疑甚至是仇視的環境下展開傳教活動。這個時候爭取到的教徒不
僅數量有限，在動機上也有相當一部分是借天主教之名行欺壓百姓、
榨取錢財之實，對天主教的忠誠度和品行操守都很令人懷疑，也對天
主教會的形象帶來了負面影響。在藏區，教會採用了這些手段，「其
引誘之法，在政治上包庇罪犯，使逍遙於法外；在經濟上則以典買之
田產，餌教徒耕種；不習農者，或貸以資本。故一般人民趨之若鶩。
入其教者，謂之教民，凡教民之婚喪詞訟，均由教中神甫或主教為之
主持處理，體恤庇護，無微不至，故教民有事，均多訴於主教或神
甫。若有災荒，亦請主教、神甫賑恤。因此教民恃有護符，往往欺壓
百姓」[14]。當教會在教民中已經達到了這種威信，對地方上司、頭人
等的統治就形成了威脅，無怪乎康區發生了多起教案。同樣的道理也
讓地方官員對教士多懷戒心。打箭爐同知李之珂說：「外人凱覦邊
荒，藉口傳教，譬諸水銀瀉地，無孔不入。現在打箭爐、巴塘、爐霍
等處，以及各土司地方，法英教民日增一日，……外人籠絡蠻族，多
方誘哄，必至尾大不掉。強據我邊界，擾亂我落離，虎視眈眈，要脅
無厭，如蝗蟲入境，不食盡不止。」[15]為減少邊釁，制止教民橫行，
他們總是力圖減少教會的活動。

　　但是，鹽井教堂由於一開始就通過經濟手段得到了當地寺廟崗達
寺的認可，又通過政治手段，即中法條約中關於傳教的相關內容，先

---

14 楊仲華：《西康紀要》，（上海市：商務印書館，1937年），頁280。

15 〔清〕李之珂：《新設爐霍屯志略》，轉引自政協四川省甘孜藏族自治州委員會編：
　　《甘孜州文史資料・第12輯》（內部資料）（1993年），頁10。

後得到了當地土司和趙爾豐改土歸流後設置的地方政府的保護，所以具備一定的地方基礎。而且，由於鹽井教堂是康區教堂中的分堂，可以得到總堂的各方面支持，包括把在總堂培養的教徒帶到鹽井來居住發展。鹽井由於自身的地理條件，一向都是藏、納西、漢以及其它民族共同居住交往的地方，對移民的接納能力也相當高，所以教堂又通過從巴塘遷來的教徒在鹽井打下了最初的民眾基礎。最後，又通過在教堂內興辦學校爭取到了對下一代村民的宗教培養機會，贏得了未來基礎。應該說在外國傳教士在鹽井居住傳教的 70 多年裏，除了魏雅豐這樣的個別人物以外，大部分傳教士都是低調行事，不與藏傳佛教寺廟和地方政府起正面衝突的，而且其在鹽井的勢力始終保持在上鹽井村之內，這個可能是無奈之下的結果，也是它能夠堅持到 1949 年左右才被崗達寺喇嘛封禁的原因。

　　在 1949 年以後，上鹽井天主教徒們開始了第一次自主辦教的經歷，儘管還非常不成熟，卻為 20 世紀 80 年代天主教信仰的恢復做了第一次嘗試和演練，積累了寶貴的經驗。當時魯神甫的爺爺和殉教的獨西之父一同按照曾經協助神甫進行的儀式的辦法私下組織天主教活動，崗達寺雖然能夠封閉教堂，卻無法阻止信徒在教堂以外的地方偷偷組織活動。儘管後來崗達寺安排了村中 9 戶人家──部分是從天主教改信佛教的，部分是外遷來的──為寺廟收租，把原來教堂的收益納入囊中，但也還不能得到全村信仰天主教多年的教徒們在信仰上的皈依。事實上到了 1959 年，與解放軍交戰時德本（村長）阿雄之所以持觀望態度，很大程度上與他和其它村民的天主教徒的身份有關，那 9 戶為崗達寺收租的人家的男丁就在第一時間趕往了崗達寺，後來在交戰中傷亡慘重。其它村子支持崗達寺的人員也有死傷，只有上鹽井阿雄率領的人馬幾乎全都平安無事。至今即使是佛教徒的老人說起此事也認為使全村男丁免於傷亡的阿雄是做了大好事，對崗達寺並不同情。

1959 年以後到 1980 年，無論是天主教還是佛教都沉寂了。在這
段時間裏，上鹽井村人樹立了「政府是最大的權威」這樣的思想，即
使沒有完全變為無神論者，在私下和後來的信仰生活中也自覺不自覺
地形成了「黨和政府最大，然後才是佛教、天主教」、「只有不跟政府
政策有衝突，才能信佛信天主」的觀念，也因為有了政府在精神和物
質領域的雙重最高權威，這之下的佛教和天主教反而能夠在鹽井歷史
上第一次以完全平等的身份發展下去。自此以後，兩教進入了和平相
處、互相幫助的發展過程。如今，這種兩教融合的現象特別明顯，以
茨中村為例，村民可自由選擇自己的宗教信仰，在一個家庭裏面，丈
夫信藏傳佛教並不會妨礙妻子皈依天主。信仰不同教派的人死後可葬
在一個墳場。筆者在田野調查時驚異地發現有一座墳墓竟然採用了天
主教和藏傳佛教兩種符號混合標誌的情況。這座墳墓底座採用藏傳佛
教白塔設計，上部樹立著一個兩米多高的白色大型十字架，在墓地裏
顯得格外突出。對鹽井而言，儘管崗達寺由於 1959 年的立場問題至
今也沒有活佛，但是仍然在整個鹽井鄉範圍內依靠著許多信徒的支持
發展了下來，後來更得到了紮谷西文成公主廟的管理權，在合法性上
也有所增強，雖然政策傾斜度要低於天主教堂，但是信眾基礎更為廣
泛。至於上鹽井天主教堂的情況已有介紹，不再贅述。

總之，現在的上鹽井村，兩種宗教平等而和諧地共同發展著，兩
教信徒也在一個村莊甚至是家庭裏共同生活著，在愛國愛黨、擁護政
府這個最高前提下維持著自己的宗教信仰。

二 天主教與外部世界的關係

前面介紹了鹽井天主教堂對本地信徒的意義，下面將要討論的則
是鹽井天主教堂對外部世界，尤其是因為種種原因來到鹽井的外來人

員的意義。鹽井天主教堂有一個有別於其它教堂的重要特點就是，作為目前西藏自治區唯一一個天主教堂，它既要承擔作為本地的天主教信徒的宗教信仰活動場所，以及對下一代信徒的天主教教育場所的任務，又要接待外來的神職人員、信徒、學者、遊客等在不同程度和範疇內關心鹽井的天主教信仰現狀的人群，向他們展示今日鹽井天主教純淨、虔誠、與當地文化充分融合、與藏傳佛教相安無事的美好局面。在承擔後一個任務時，它或多或少地成為了一個旅遊景點，被美化得超出了實際的情況。但不可否認的是，這樣的局面是地方政府大力宣傳並希望實現的，而本地的天主教信徒在日常的信仰活動不受影響的前提下也沒有提出異議。而這個局面，以及教堂的興建過程所反映出的更深層意義是：時至今日，鹽井以外的以天主教相關團體為主的社會力量仍然在深刻地影響著鹽井天主教的發展。儘管在 1949 年最後一個外國傳教士離開鹽井也離開中國以後，鹽井天主教在近 30 年的時間裏斷絕了與外界的聯繫，幾乎是完全憑藉本地信徒們內心的信仰而復蘇的，但鹽井天主教並不是一個封閉人群中的孤立行為，而是與外界文化尤其是天主教信仰有著千絲萬縷的聯繫。

　　一個已經十分清楚的事實是，從天主教在 19 世紀晚期傳入鹽井直到第一次世界大戰期間，巴黎外方傳教會以及它的資助者法國政府是鹽井天主教的最大支持力量。這一時期的天主教傳教活動與法國政府的殖民企圖是密不可分的。「一戰」以後，在戰爭中國力嚴重受損的法國無力繼續支持巴黎外方傳教會在遠東的活動，於是 20 世紀 30 年代後者在教皇的准許下將天主教西康教區移交給了瑞士伯爾納鐸教會，仍有部分法國傳教士繼續在該地區活動。由瑞士教會接管的西康教區天主教活動可以說擺脫了殖民陰影，有機會走上較為單純的宗教當地語系化之路，教會興辦了學校，對本地的孩子進行天主教教育。直到 1949 年，鹽井最後一個傳教士瑞士人杜仲賢遇襲身亡，那之後

鹽井天主教進入了 30 年的沉寂期，天主教活動轉入地下，以家庭為
單位隱秘地進行。直到 20 世紀 80 年代環境才有所變化，幼年受天主
教教會教育成長起來的一批人此時都成了村裏的老人，從地位上說他
們受人尊敬，說話有分量；從能力上說他們有時間也有精力，其中有
些人還有金錢組織教會活動；從感情上說他們年少時幾乎沒有受到藏
傳佛教或無神論的影響，對天主教哲學和道德有很深的認同感。因
此，這些老信徒們到茨中、巴塘等在恢復辦教的道路上先行一步的教
堂去尋找經書，請來神甫，爭取原鹽井教堂的使用權，重新把鹽井天
主教恢復起來。這個恢復過程並不全然依賴鹽井本地信徒的力量，外
來的天主教力量也起了很重要的作用。至今村裏的熱心教友還保留著
20 世紀 80 年代從巴塘教堂帶來的印刷於 1894 年、1903 年的舊經書。

　　進入 20 世紀 90 年代，中國與其它國家的交流變得更容易實現，
西藏地區的交通狀況也在不斷改善。鹽井送往外地受正規神學院校教
育的第一批年輕人在政策的支持和村民的推薦下有機會經過學習成為
了受上級教會認可的正式神職人員，他們也把外面的資助帶回了鹽
井，前文已有敘述，不再贅言。外面的信徒和神職人員也對鹽井天主
教感興趣，也有人親身來到此地。有一位瑞士神甫，他的姓名無法從
村民處得知，他是鹽井最後一個傳教士杜仲賢的侄子，曾經來過鹽井
兩次為叔叔掃墓並參加教堂的活動，信徒們向他敬獻哈達──在鹽
井，哈達也是天主教的聖物──盛情款待他。筆者在鹽井期間與這位
神甫帶領的一個 12 人的參觀團失之交臂，但親眼目睹了一位現居北
京的香港傳教士帶著他的兩位美國朋友來到鹽井教堂和村民一起參加
晚課，他們說自己想要走遍中國的教堂，看看教徒們的生活。儘管這
位傳教士連普通話都說得不十分流暢，但仍然努力和本地信徒交流。
這些神職人員是真正關心天主教在鹽井的發展的人，但是礙於政治原
因的限制，他們不可能在鹽井逗留太久，而由於語言不通的困境，他

們很難充分瞭解教徒對信仰的需求。對信徒們來說，本地的天主教管理不是沒有問題，但是在搞清楚外人的立場，以及他們是否願意提供幫忙以前，信徒們還是寧可只做一個熱情的主人，只把自己家中最美好的東西用來待客，絕口不提家中的困難。

除了神職人員以外，拜訪鹽井教堂最多的是遊客。筆者在鹽井做田野調查期間有兩三批內地遊客來到教堂，他們大多並非教徒，只是抱著見廟就拜的心理來到教堂參觀，感受在一個藏族村莊中遊覽西方教堂的文化衝擊感。他們拿著相機，要求角媽為他們打開緊鎖的本堂大門——除了做彌撒的時候以外本堂的大鐵門總是鎖著，由角媽在做彌撒時打開，結束之後就鎖上——拍攝一些有天主教特色的照片，在教堂裏外轉幾圈，然後就匆匆離去了。遊客們只能通過教堂想像信徒的存在，而信徒們不知道也不在乎遊客是否來過。

另一個令人意外的關注來自一個電影攝製組。2007 年 8 月底 9 月初，電影《車票》的攝製組來到上鹽井進行拍攝。這部電影改編自一部臺灣的同名小說，講述一個被鄉村教堂的嬤嬤撫養長大的棄嬰成年後的回歸之旅，選中鹽井教堂作為拍攝地的原因是它有鄉村教堂的特色。這個攝製組來到鹽井教堂以後對教堂做了很多布景上的修改，讓它更符合導演心目中對鄉村教堂的想像：把內院的水泥地鋪上一層土；把教堂本堂的透明玻璃窗戶貼上彩色玻璃紙，模仿西方教堂的彩色玻璃窗；把教堂祭臺上的花瓶等物撤掉，換上許多白色的蠟燭；把住宿樓的一間空房改成嬤嬤的臥室，其陳設沒有一點藏族特色，劇組為了找一組漢式的桌椅在村裏費了很多工夫。對村民來說，劇組來教堂拍電影是新奇的事情，他們雇人幫忙幹活也可以增加村民收入，但他們拍的電影的內容「是假的哦，沒有這種事的哦」。樸實的村民不太認同這個沒有在鹽井發生過的嬤嬤收養棄嬰的故事在鹽井拍攝，但對外人村民們一向都是歡迎的，對於村裏的教堂被用來拍電影，信徒

們認為只要不影響日常彌撒就沒關係；用土鋪院子也只是下雨天會積水，不太方便，但忍忍到電影拍完也就行了。對於劇組通過神甫向他們提出的穿上過節的衣服來教堂拍電影的要求，他們也覺得有趣又有報酬而紛紛響應。

在這個事件裏，鹽井教堂可能會作為電影的外景地之一收穫意外的知名度，吸引更多遊客，但作為一個教堂而言它的存在依靠的還是信徒的信仰。電影攝製組對鹽井教堂的解讀是一個鄉村教堂，而模糊了它的民族色彩：一方面，「嬤嬤」（這個詞在鹽井就是沒有的）的臥室是漢族的，被收養的棄嬰是漢族，以漢族的方式被養育；另一方面，充當群眾演員的村民們是藏族打扮，教堂也有鮮明的藏族特色。這是一個在藏族環境裏的漢族故事，在電影的拍攝和宣傳裏，「藏地風情」的民族色彩，甚至「教堂」的宗教意味都只是一種勾起好奇心的「異文化」符號，用來渲染偏僻和淳樸、虔誠和熱情，但只是一個寥寥數筆的背景。信徒在這裏是離場的，神職人員的宗教身份也是離場的，故事的重點在於生命的美好、母愛的深沉這樣的所謂普世性的命題。

對於上鹽井的信徒們來說，外人的打擾只是一陣喧囂而已，關心他們的他們會熱情接受，利用他們的他們也泰然處之。無論外人如何理解他們的宗教信仰，他們都在這裏生活著，在「鬧吉打包」（天主）的庇祐下過著自己的日子。

下編小結

　　鹽井天主教堂是西藏自治區獨一無二的天主教研究點，歷史上隸屬於巴黎外方傳教會的西康教區，與四川巴塘、雲南維西的幾座教堂有著千絲萬縷的聯繫。鹽井的天主教研究可以作為瞭解康區天主教信仰歷史過程和現狀的切入點，也屬於我國天主教信仰當地語系化研究的一部分，能夠為進一步瞭解天主教在全球範圍內的文化適應問題提供有價值的案例。在短短 100 多年的時間裏，鹽井天主教克服了幾次低谷的影響，與當地藏傳佛教、政府這兩大勢力取得良好的關係以保證自身的存續，同時也通過發展教徒漸漸成為了鹽井意識形態力量的一極，對當地的文化產生了自己的影響，這個過程就是天主教在鹽井的當地語系化過程。

　　從天主教在 19 世紀晚期傳入鹽井直到第一次世界大戰期間，巴黎外方傳教會以及它的資助者法國政府是鹽井天主教最大的支持力量。這一時期的天主教傳教活動與法國政府的殖民企圖是密不可分的，由此產生了一系列關於傳教士的惡性案件，既有傳教士帶領教民行兇，也有傳教士成為土匪盜賊的犧牲品。當時舊有的土司勢力已經瓦解，晚清政府和中華民國政府力量有限，難以對西康地區的各少數民族進行管理，依附當地宗教力量鞏固統治成了這一地區的地方政府不得已的選擇；但由於忌憚教會背後的法國政府，地方政府又不得不處處袒護教會。因此，康區的天主教勢力呈現出極大的波動，一時處於高峰，一時處於低谷。「一戰」以後，實力嚴重受損的法國政府無力繼續支持巴黎外方傳教會在遠東的活動，於是後者將天主教西康教

區移交給了瑞士伯爾納鐸教會。由瑞士教會接管的西康教區天主教活動可以說至少擺脫了殖民陰影，可以走上較為單純的宗教當地語系化之路了。

而這個時期地處藏邊的鹽井實際處於昌都宗政府管轄之下，幾乎不可能獲得向外尤其是向北部藏區發展的機會，只可能謹慎地固守住上鹽井這一個教堂傳教點。當時的上鹽井村幾乎全村皆信天主教，孩子接受的教育也是天主教的經課教育，他們是鹽井第一代幾乎不受藏傳佛教影響的本地人，在他們中有相當一部分人充當了 20 世紀 80 年代重興天主教的有生力量。1949 年杜仲賢遇襲身亡，那之後鹽井天主教有 30 年的沉寂期：傳教士被迫離境，教堂先被封閉後被挪用，修女們回家，其中不少人自願或被迫還俗出嫁，天主教活動轉入地下，以家庭為單位隱秘地進行。直到 20 世紀 80 年代，村民借助巴塘和茨中教堂及鹽井鄉以上的西藏各級政府的支持與幫助自發地恢復了天主教活動，重新擁有了教堂，並培養了本村的天主教神甫和角嫫。儘管後來由於神甫的個人原因使得這個培養本村神職人員的努力沒有達到應該達到的效果，但是教徒並沒有因此就放棄信仰，而是積極地通過其它途徑繼續自己的天主教信仰。走出村外的教徒也用自己的方式維持著天主教信仰，把鹽井教堂視為精神家園。來到村裏的非天主教徒，有的是佛教徒，有的是漢族的無信仰者，也都有改信天主教的，他們被村中的教徒接納為親人、朋友和教友，過著和其它教徒一樣的信仰生活。

鹽井天主教的生命力根源於以教堂的信仰生活為主的本村，但它並不是孤立僵死地保存在這個藏族村莊裏，而是和外界有著持續有力的聯繫。鹽井天主教的外部力量有三層：康區、全國和國外。在康區，原來鹽井教堂的總堂巴塘教堂在支持著鹽井天主教，提供經書和神職人員，兩邊的教徒也因為有親緣關係而時常往來；在全國，各地

教會教友為鹽井新教堂的建立籌款，為鹽井教堂提供漢語的《聖經》讀本和歌曲集，時時有外地教堂的信件寄到教堂，神甫經常收到到各地教堂訪問的邀請；在國外，傳教士的親屬和神甫一起來到鹽井，弔祭在鹽井去世並埋骨於此的傳教士們，也關心鹽井現在的教徒生活以及教堂的情況。鹽井的天主教徒也樂於到外面的世界去瞭解外面的天主教的情況，到外地讀書的信仰天主教的大學生會到當地的教堂參觀，村裏的中老年教徒還自發包車——本村信仰天主教的長途車司機的車——以旅遊的形式到大理和貴陽的天主教堂參觀，觀見主教。這些都是鹽井的天主教徒積極與外界天主教接觸的例子。鹽井天主教是依靠與外界的溝通交流恢復並發展起來的，在可以預見的將來這種溝通交流仍然會對鹽井天主教起到支持促進作用。

在鹽井，天主教是後來的意識形態和宗教觀念。在天主教進入鹽井以前的十幾個世紀裏，鹽井人的精神世界的主宰就是藏傳佛教，儘管有納西族的東巴文化和少量原始信仰殘餘，但是藏傳佛教無疑是鹽井人精神生活的主導；和藏區的其它地方一樣，藏傳佛教寺廟同時也掌握著鹽井人的世俗生活，是糾紛的裁決者、知識的掌握者、財富的擁有者，是村民的親人出家的地方。儘管鹽井沒有政教合一的統治，但是在變動不居的各路土司、清政府的地方政府、民國政府的地方政府等地方政權之上，是數百年來不變的寺廟和活佛。這一格局直到1959年才發生了改變。隨著活佛的逃亡和死亡，以及政府的各種政治和非政治活動如火如荼地展開，在上鹽井村民的精神世界裏，以政府為代表的國家成為了精神生活的象徵性的最高主宰，也即是愛國愛黨、擁護政府是最高的價值判斷，信仰宗教是這個原則之下的事，在與這個原則起衝突時要服從這個原則。這也是許多黨員幹部在退休後才公開參與宗教活動的原因。他們以及所有鹽井人並不認為自己因此就不是虔誠的教徒，只是他們的「公民」身份要高於「教徒」身份，

這固然是外力使然，但也是他們內心接受的認同。

因此，只要滿足這個條件，佛教和天主教是平等的兩種宗教，沒有優劣之分，也沒有不可跨越的鴻溝：佛教徒和天主教徒可以共同慶祝其中一種宗教特有的節日，為不同信仰的家人祈福的村民也可以毫無拘束地進入非本人信仰的教堂或寺廟，用不熟悉的方式跪拜叩首，捐獻錢款，遑論參加不同宗教的通過禮儀的儀式了。在這裏佛教或天主教更多的是一種認同和精神生活方式，而不是一種絕無通融之地的禁錮行為的教條，原本具有排外特徵的藏傳佛教和天主教都消抹了對彼此的排斥和多年的恩怨，以鄰居的形式，各自獨立而又互相尊重，扶持著存在並發展下去。

因此，在國家意識形態之下，與佛教互不干涉但互敬互助的方針是天主教與當地意識形態領域的另外兩股力量並存的方式。而根據這樣的實際，調整教義倫理以適應村民的藏文化特徵就是天主教在鹽井存續的必要策略。

目前，鹽井天主教只有唯一必須遵循的教義：愛天主，信天主。對神職人員主要是神甫有一條更高的要求是：不可婚育。除此之外的一切教規都是可以妥協的：角媟可能由於歷史原因生過孩子仍在組織儀式活動；教徒可能沒受過洗禮，沒有教名，不會念經，甚至可能是原則上應該是無神論者的共產黨員；一妻多夫的家庭儘管不提倡，但偶而出現的特殊情況也可以容忍；許多天主教徒和佛教徒一樣嗜酒；教徒可以長時間不去教堂。應該說這些不遵循一般的天主教教規的行為是歷史和環境共同造成的，只在目前這樣一個時期存在，為了長期的存在發展，鹽井天主教包容了這些行為。有理由相信，只要鹽井天主教能夠延續下去，教徒對神職人員和自身的要求都會更高，下一代教徒在宗教自由的環境下成長，從小受到天主教薰陶，會成為比父輩更嚴格遵守教規的教徒。

　　鹽井天主教和當地傳統文化一樣，受到了現代文化的很大影響。青壯年忙於勞作和打工，努力掙錢；孩子們受標準教育，娛樂方式是看電視——內地的電視節目最受歡迎——和打檯球，泡舞廳；只有老人們最熱心宗教，但不少老年男子還會被打牌打麻將分散精力。這一點對佛教的影響也是一樣的，下鹽井的尼然喇嘛不好意思到公開場合打麻將，但是偶而會請朋友到自己家打麻將；可是他家的兩個孫女也是筆者在鹽井見到的唯一兩個在平日穿藏裝的年輕女孩。因此，外來文化並非洪水猛獸，生活在全球化時代的每一個人都可能受到外來文化的衝擊和吸引，但是正是在與外來文化接觸和交流的過程中，人們更加清楚地認識到自身具有的與外來文化不同的文化特徵，以及民族和宗教的認同。接受外來文化和保持自身特色有時會產生矛盾，但是這樣只會淘汰掉文化要素中比較陳舊、失去生命力的部分，而讓剩餘的部分更加清晰地凸顯出來，並擷取外來文化中有價值的部分加強自身的生命力。文化本來就是活生生地存在於人們生活中，並不斷豐富和變化，有新陳代謝的過程，即使有所改變也很自然。獨有的文化有其價值，可能成為一種文化資本從而轉化成經濟資本和政治資本，魯仁弟神甫的例子就鮮明地說明了這一點：天主教信仰可以幫助他接受高等教育，成為政協委員，最後還能擁有不少的收入。因此，人們會更加努力發掘、保存自身文化要素。在文化交流過程中，可能會有一些很有價值的要素被取代，無法再恢復，但是只要村民的信仰之心還存在，鹽井天主教還是會以最適宜於當地文化的方式繼續存在下去，並與當地文化共同發展下去。

參考文獻

一 檔案文獻

〔漢〕司馬遷等：《二十五史》（上海市：上海古籍出版社，上海書店，1986 年）

〔民〕劉贊廷：《道孚縣圖志》（北京市：民族文化宮圖書館，1992 年）

〔民〕劉贊廷：〈鹽井縣志〉，《中國地方志集成・西藏府縣志輯》（成都市：巴蜀書社，1995 年）

〔清〕查騫：〈邊疆風土記〉，《中國藏學史料叢刊・第一輯》（北京市：中國藏學出版社，1990 年）

〔清〕單毓年：〈西藏小識〉，《中國西藏及甘青川滇藏區方志彙編・第 3 冊》（北京市：學苑出版社，2003 年）

〔清〕段鵬瑞：〈鹽井鄉土志〉，《中國地方志集成・西藏府縣志輯》（成都市：巴蜀書社，1995 年）

〔清〕李之珂：〈四川新設爐霍屯志略〉，《甘孜州文史資料・第 12 輯》（內部資料，1993 年）

〔清〕左宗棠著，劉泱泱、岑生平校點：《左宗棠全集》（長沙市：嶽麓書社，2009 年）

《藏族簡史》編寫組：《藏族簡史》（拉薩市：西藏人民出版社，1985年）

《怒江傈族自治州文物志》編委會：《怒江傈族自治州文物志》（昆明市：雲南大學出版社，2009 年）

《續修四庫全書》編纂委員會：《續修四庫全書》（上海市：上海古籍
　　　出版社，2002 年）

迪慶州民族宗教事務委員會：《迪慶州宗教志》（北京市：中國藏學出
　　　版社，1994 年）

付嵩炑：《西康建省記》（上海市：中華印刷公司，1932 年）

國家民委《民族問題五種叢書》編輯委員會，《中國民族問題資料‧
　　　檔案集成》編輯委員會：《中國少數民族簡史叢書》（北京
　　　市：中央民族大學出版社，2005 年）

盧秀璋：《清末民初藏事資料選編（1877-1919）》（北京市：中國藏學
　　　出版社，2005 年）

齊思和：《籌辦夷務始末》（北京市：中華書局，1964 年）

四川省巴塘縣志編纂委員會：《巴塘縣志》（成都市：四川民族出版
　　　社，1993 年）

四川省檔案館：《四川教案與義和拳檔案》（成都市：四川人民出版
　　　社，1985 年）

四川省檔案館藏 1945 年 10 月 26 日張唯一為鹽井崗達寺驅逐鹽卡隆天
　　　主堂司鐸杜仲賢並將教堂佃戶撥給喇嘛寺管業致展華報告。

四川省檔案館藏 1946 年 1 月 24 日軍統巴安組關於杜仲賢鹽井被驅逐
　　　情況報告。

四川省檔案館藏 1946 年 4 月 11 日龔長信關於鹽井寺廟勢力擴張至餘
　　　思靜的報告。

四川省地方志編纂委員會：《四川省志‧宗教志》（成都市：四川人民
　　　出版社，1998 年）

陶雲逵：〈碧落雪山之傈僳族〉，《歷史語言研究所集刊‧第十七冊》
　　　（上海市：商務印書館，1948 年）

陶雲逵：〈俅江紀程〉，《怒江文史資料選輯‧第 4 輯》（1985 年）

王鐵崖：《中外舊約章彙編（1689-1901）》（北京市：三聯書店出版，1957 年）

維西傈僳族自治縣志編委辦公室：《唐至清代有關維西史料輯錄》（維西傈僳族自治縣志編委辦公室編印，1992 年）

吳豐培：《川藏遊蹤彙編》（成都市：四川民族出版社，1985 年）

吳豐培：《清代藏事紀要續編》（拉薩市：西藏人民出版社，1984 年）

吳豐培：《清代藏事奏牘》（北京市：中國藏學出版社，1994 年）

吳豐培：《趙爾豐川邊奏牘》（成都市：四川人民出版社，1984 年）

西藏昌都地區地方志編纂委員會：《昌都地區志》（北京市：方志出版社，2005 年）

許廣智，達瓦：《西藏地方近代史資料選編》（拉薩市：西藏人民出版社，2007 年）

雲南民族出版社：《雲南少數民族自治地方簡介》（昆明市：雲南民族出版社，1985 年）

雲南省歷史研究所：《《清實錄》有關雲南史料彙編》（昆明市：雲南人民出版社，1986 年）

中國藏學研究中心、中國第一歷史檔案館：《元以來西藏地方與中央政府關係檔案史料彙編》（北京市：中國藏學出版社，1994 年）

中國第二歷史檔案館、中國藏學研究中心：《奉使辦理藏事報告書》（北京市：中國藏學出版社，1993 年）

中國第一歷史檔案館、福建師範大學歷史系：《清末教案》（北京市：中華書局，1996 年）

中華續行委辦會調查特委會：《中華歸主：中國基督教事業統計（1901-1920）》（北京市：中國社會科學院出版社，1987 年）

周振鶴：〈中國歷史上兩種基本政治地理格局的分析〉，《歷史地理·第 20 輯》（上海市：上海人民出版社，2004 年）

二 調查著述

《中國少數民族社會歷史調查資料叢刊》修訂編輯委員會：《四川省
　　　　甘孜州藏族社會歷史調查》（北京市：民族出版社，2009 年）

陳煥仁：《走進康巴》（成都市：四川出版集團巴蜀書社，2004 年）

段楚英：《每日一史》（北京市：解放軍出版社，1988 年）

范　穩：《藏東探險手記》（天津市：新蕾出版社，2001 年）

范　穩：《水乳大地》（北京市：人民文學出版社，2004 年）

范　穩：《雪山下的村莊》（北京市：中國青年出版社，2004 年）

費孝通：《鄉土中國》（北京市：生活‧讀書‧新知三聯書店，1985 年）

尕藏加：《中國西藏基本情況叢書‧西藏宗教》（北京市：五洲傳播出
　　　　版社，2002 年）

高以信，陳鴻昭，吳志東，等：《西藏土壤》（北京市：科學出版社，
　　　　1985 年）

顧長聲：《傳教士與近代中國》（上海市：上海人民出版社，1981 年）

顧衛民：《基督教與近代中國社會》（上海市：上海人民出版社，2010
　　　　年）

顧祖成：《明清治藏史要》（拉薩市：西藏人民出版社，濟南：齊魯書
　　　　社，1999

郭大烈，和志武：《納西族史》（成都市：四川民族出版社，1994 年）

何岩巍：《京韻西風：北京歷史文化與法國人筆下的中國》（北京市：
　　　　線裝書局，2006 年）

和鍾華：《生存和文化的選擇》（昆明市：雲南教育出版社，2000 年）

黃光成：《瀾滄江怒江傳》（保定市：河北大學出版社，2004 年）

蔣善國：《尚書綜述》（上海市：上海古籍出版社，1988 年）

金其銘：《人文地理概論》（北京市：高等教育出版社，1994 年）

李彬：《考古文化》（北京市：北京燕山出版社，2009 年）

李星星：《李星星論藏彝走廊》（北京市：民族出版社，2008 年）

劉鼎寅、韓軍學：《雲南天主教史》（昆明市：雲南大學出版社，2005
　　　年）

劉詩伯：《上帝在教堂內外：對廣州市基督徒群體的人類學研究》（廣
　　　州市：中山大學人類學系博士論文，2006 年）

馬麗華：《藏東紅山脈》（北京市：中國藏學出版社，2007 年）

馬廷中：《民國時期雲南民族教育史研究》（北京市：民族出版社，
　　　2007 年）

木仕華：〈活著的茶馬古道重鎮麗江大研古城〉，《茶馬古道與麗江古城
　　　歷史文化研討會論文集》（北京市：民族出版社，2006 年）

穆赤・雲登嘉措：《藏傳佛教與藏族社會》（西寧市：青海人民出版
　　　社，1997 年）

秦和平：《基督宗教在四川傳播史稿》（成都市：四川大學出版社，
　　　2006 年）

四川省哲學社會科學學會聯合會，四川省近代教案史研究會：《近代
　　　中國教案研究》（成都市：四川省社會科學院出版社，1987
　　　年）

孫晨薈：《雪域聖詠：滇藏川交界地區天主教禮儀音樂研究》（香港：
　　　香港中文大學天主教研究中心，2010 年）

孫子和：《西藏史事與人物》（臺北市：臺灣商務印書館，1995 年）

天主教河北信德編輯室：《天主教教理》（上鹽井教堂提供）

土觀・羅桑卻季尼瑪著，劉立千譯注：《土觀宗派源流》（拉薩市：西
　　　藏人民出版社，1984 年）

王懷林：《打開康巴之門：橫斷山腹地人文地理》（成都市：四川民族
　　　出版社，2007 年）

王天璽：《西藏今昔》（濟南市：山東大學出版社，1988 年）

吳豐培，曾國慶：《清代駐藏大臣傳略》（拉薩市：西藏人民出版社，
　　　　1988 年）

吳彥勤：《清末民國時期川藏關係研究》（昆明市：雲南人民出版社，
　　　　2007 年）

伍昆明：《早期傳教士進藏活動史》（北京市：中國藏學出版社，1992
　　　　年）

徐建新：《橫斷走廊：高原山地的生態與族群》（昆明市：雲南教育出
　　　　版社，2008 年）

徐　平：《文化的適應和變遷：四川羌村調查》（上海市：上海人民出
　　　　版社，2006 年）

徐曉光、高崢：《世界文化之謎》（北京市：文化藝術出版社，1984 年）

許桂靈、司徒尚紀：《暮鼓晨鐘：佛教寺院文化人類學考察》（香港：
　　　　中國評論文化公司，2003 年）

楊福泉：《納西族與藏族歷史關係研究》（北京市：民族出版社，2005
　　　　年）

楊天宏：《川大史學・中國近代史卷》（成都市：四川大學出版社，
　　　　2006 年）

楊學政：《雲南宗教史》（昆明市：雲南人民出版社，1999 年）

於本源：《清王朝的宗教政策》（北京市：中國社會科學出版社，1999
　　　　年）

於　可：《世界三大宗教及其流派》（長沙市：湖南人民出版社，2005
　　　　年）

雲南省檔案館：《清末民初的雲南社會》（昆明市：雲南人民出版社，
　　　　2005 年）

張力、劉鑒堂：《中國教案史》（成都市：四川省社會科學出版社，
　　　　1987 年）

張榮祖、鄭度、楊勤業等：《橫斷山區自然地理》（北京市：科學出版
　　社，1997 年）

張怡蓀：《藏漢大詞典》（北京市：民族出版社，1993 年）

張雲俠：《康藏大事紀年》（重慶市：重慶出版社，1986 年）

張　澤：《清代禁教期的天主教》（臺北市：光啟出版社，1992 年）

趙心愚、秦和平：《康區藏族社會歷史調查資料輯要》（成都市：四川
　　民族出版社，2004 年）

中山大學歷史系編印：《滇西民族原始社會史調查資料，1979 年）

周光倬：《滇緬南段未定界調查報告書》（臺北市：成文出版社，民國
　　五十六年（1967 年）影印本。

周　天：《跋涉：明清之際耶穌會的在華傳教》（上海市：上海書店出
　　版社，2009 年）

周偉洲：《唐代吐蕃與近代西藏史論稿》（北京市：中國藏學出版社，
　　2006 年）

周偉洲：《英國、俄國與中國西藏》（北京市：中國藏學出版社，1997
　　年）

三　外文譯著

〔德〕余凱思：〈宗教衝突：德國傳教士與山東地方社會〉，《義和團
　　運動一百週年國際學術討論會論文集（上）》（濟南市：山東
　　大學出版社，2002 年）

〔俄〕顧彼得著，李茂春譯：《被遺忘的王國》（昆明市：雲南人民出
　　版社，1992 年）

〔法〕大衛‧尼爾著，耿昇譯：《一個巴黎女子的拉薩歷險記》，（拉
　　薩市：西藏人民出版社，1997）

〔法〕弗朗索瓦・巴達讓著，郭素芹譯：《永不磨滅的風景香格里拉：百年前一個法國探險家的回憶》（昆明市：雲南人民出版社，2001 年）

〔法〕古伯察著，耿昇譯：《韃靼西藏旅行記》（北京市：中國藏學出版社，1991 年）

〔法〕亨利・奧爾良著，龍雲譯：《雲南遊記：從東京灣到印度》（昆明市：雲南人民出版社，2001 年）

〔法〕衛青心著，黃慶華譯：《法國對華傳教政策：清末五口通商和傳教自由（1842-1856）》（北京市：中國社會科學出版社，1991 年）

〔美〕弗里曼、畢克偉、塞爾登著，陶鶴山譯：《中國鄉村：社會主義國家》（北京市：社會科學文獻出版社，2002 年）

〔美〕馬士著，張匯文等譯：《中華帝國對外關係史》（上海市：上海書店出版社，2000 年）

〔美〕湯瑪斯・F. 奧戴、珍妮特・奧戴・阿維德著，劉潤忠等譯：《宗教社會學》（北京市：中國社會科學出版社，1990 年）

〔美〕約翰・麥葛列格著，向紅笳譯：《西藏探險》（拉薩市：西藏人民出版社，1985 年）

〔美〕約瑟夫・洛克著，劉宗岳等譯：《中國西南古納西古國》（昆明市：雲南美術出版社，1999 年）

〔瑞〕盧柏著，侯鴻祐譯：《西藏殉教者：杜仲賢神甫傳》（臺北市：光啟出版社，1965 年）

〔瑞〕蜜雪兒・泰勒著，耿昇譯：《發現西藏》（北京市：中國藏學出版社，2005 年）

〔英〕H. R. 大衛斯著，李安泰等譯：《雲南：聯結印度和揚子江的鏈環——19 世紀一個英國人眼中的雲南社會狀況及民族風情》（昆明市：雲南教育出版社，2001 年）

〔英〕皇家人類學會著，周雲水、許韶明、譚青松等譯：《人類學的詢問與記錄》（香港：國際炎黃文化出版社，2009 年）

〔意〕G.M.托斯卡諾著，伍昆明、區易柏譯：《魂牽雪域——西藏最早的天主教傳教會》（北京市：中國藏學出版社，1998 年）

J De Moidrey S J. Confesseurs de la foi en Chine (1784-1862) Shang Hai: Imprimerie de Tou-Se-We, pres Zi-Ka-Wei, 1935.

Launay A. Histoire de la Mission du Thibet. Lille: Desclle, de Brouwer et cie, 1903.

Launay A. Memorial de la Societe des Mission-Etrangeres. Paris: [s.n.], 1916.

Rapetersom. Call of Tibetan Borderland. The Chinese Recorder, 1930 (61):4.

四　期刊

〔法〕古純仁：〈察哇龍之行〉，《康藏研究月刊》1948 年第 23 期

〔法〕古純仁著，〔民〕李思純譯：〈川滇之藏邊〉，《康藏研究》1947 年 12 月至 1949 年 8 月第 15 至 29 期

〔美〕戈爾斯坦著，何國強譯：〈巴哈裏和西藏的一妻多夫制度新探〉，《西藏研究》2003 年第 2 期

〔英〕利奇：〈一妻多夫、遺產和婚姻定義〉，《人類》1955 年第 199 期

Paul Huston Stevenson：〈西康人文地理述略〉，《清華周刊》1933 年第 7 至 8 期

保羅、澤勇：〈鹽井天主教史略〉，《西藏研究》2000 年第 3 期

陳保亞：〈茶馬古道：橫跨世界屋脊的文化傳播紐帶——紀念茶馬古道首次徒步考察和命名 15 週年〉，《科學中國人》2005 年第 12 期

陳保亞：〈論茶馬古道的起源〉，《思想戰線》2004 年第 4 期

成衛東：〈瀾滄江畔古鹽井〉，《中國民族》2004 年第 1 期

叢　南：〈鹽井宗教交融的茶馬重鎮〉，《中國新聞周刊》2005 年第 4 期

鄧銳齡：〈清代駐藏大臣色楞額〉，《中國藏學》2011 年第 4 期

丁一：〈元代監司道區劃考：兼論元代政治泛區的劃分〉，《中國歷史地理論叢》2012 年第 1 期

董莉英：〈天主教在西藏的傳播及其影響：兼論中西文化的碰撞與交流〉，《西藏大學學報》2004 年第 3 期

多吉次仁：〈西藏天主教的今昔〉，《西藏民俗》1999 年第 3 期

方建昌：〈基督教在西藏傳播小史〉，《青海社會科學》1988 年第 2 期

費孝通：〈關於我國民族的識別問題〉，《中國社會科學》1980 年第 1 期

格　勒：〈沿著茶馬古道西行（上）〉，《中國西藏（中文版）》2004 年第 6 期

和力民：〈東巴教的性質：兼論原始宗教界說〉，《思想戰線》1990 年第 2 期

堅贊才旦、許韶明：〈論青藏高原和南亞一妻多夫制的起源〉，《中山大學學報》2006 年第 1 期

堅贊才旦：〈論兄弟型限制性一妻多夫家庭組織與生態動因〉，《西藏研究》2000 年第 3 期

拉毛措：〈淺論青海藏族婦女的信教方式及其特點〉，《青海統一戰線》2002 年第 2 期

李　明：〈西康風光〉，《東方雜誌》1936 年第 4 期

李　蓉：〈7-18 世紀天主教在西藏傳播概述〉，《西藏大學學報（漢文版）》2006 年第 1 期

李　旭：〈千年鹽井〉，《華夏人文地理》2001 年第 6 期

李　旭：〈眾神聚會在山谷〉，《中國國家地理》2004 年第 7 期

劉　君：〈康區外國教會覽析〉,《西藏研究》1991 年第 1 期

秦和平、張曉紅：〈近代天主教在川滇藏交界地區的傳播：以「藏彝走廊」為視角〉,《西南民族大學學報・人文社科版》2009年第 2 期

冉光榮：〈天主教「西康教區」述論〉,《康定民族師專學報》1987 年第 2 期

任新建：〈鳳全與巴塘事變〉,《中國藏學》2009 年第 2 期

索朗卓瑪：〈鹽井的天主教堂和鹽田〉,《中國西藏（中文版）》2005年第 2 期

湯易林：〈茶馬古道：漢藏的紐帶〉,《大科技》2008 年第 6 期

陶　宏：〈茶馬古道上的鹽務重鎮：鹽井鄉〉,《中國文化遺產》2005年第 5 期

陶　宏：〈西藏芒康縣鹽井鄉鹽業研究〉,《鹽業史研究》2002 年第 4 期

陶占琦：〈西藏鹽井納西族的發展現狀及其宗教信仰〉,《西藏研究》1999 年第 2 期

聽風長吟：〈康巴人的故事〉,《西藏旅遊》2000 年第 1 期

塗長望：〈中國氣候區域〉,《地理學報》1936 年第 3 期

萬太軍：〈行走在茶馬古道上〉,《散文詩》2012 年第 13 期

王　炎：〈梅玉林事件發生地考實〉,《中國藏學》1996 年第 1 期

王永紅：〈略論天主教在西藏的早期活動〉,《西藏研究》1989 年第 3 期

向　楊：〈天主教在中國的三次傳播〉,《中國宗教》1998 年第 1 期

徐　君：〈近代天主教在康區的傳播探析〉,《史林》2004 年第 3 期

楊　樺：〈穿行在神奇的「三江並流」區〉,《中國西部》2004 年第 5 期

楊　銘：〈《美國藍皮書》中有關「巴塘事件」的若干文件〉,《檔案史料與研究》1995 年第 1 期

澤　擁：〈法國傳教士與法國早期藏族文化研究〉,《中國藏學》2009年第 2 期

曾傳輝：〈藏區宗教現狀概況〉，《世界宗教研究》2003 年第 4 期
趙心愚：〈納西文化與康巴文化〉，《中華文化論壇》2006 年第 1 期

後記

　　《滇藏瀾滄江谷地的教派衝突》是中山大學人類學系何國強（藏名「堅贊才旦」）教授主編的《荒野東南的民族叢書》之一本。誠如讀者所見，本書是集體勞動的結晶，現初稿已成，付梓之際，略述分工情況，方便讀者明察，也便於文責自負。

　　上編由王曉獨立完成，並承擔全書的統稿工作。

　　下編是高薇茗在自己碩士論文的基礎上修改而成，並吸收了魏樂平對茨中天主教堂建築與裝飾藝術的部分描述（文中已有注明）。

　　此外，鑒於藝術學院出身的背景，魏樂平還承擔了文中圖片的拍攝與潤色工作。

　　值此殺青之際，對給予幫助的各界人士表示衷心的感謝：

　　何國強教授為本書操勞最多，大至框架結構，小到標點符號，都不厭其煩地一一過問。撰寫過程中，為了能夠及時掌握書稿進程，何教授隔三岔五地會約我們相見，馬丁堂、圖書館、宿舍裏、珠江邊，只要能抽空見到的地方，就有我們屈膝長談或邊走邊聊的身影。回頭想來，如果沒有何教授一次又一次地召見大家進行討論以及提供一系列無私的幫助和熱情的支持，這本書能夠順利與大家見面實難想像。

　　其次要感謝葉遠飄、張勁夫、李亞鋒、李何春、羅波等同門師兄，正是與他們難以數計的徹夜長談，給了我許多思考的空間。在寫作過程中，師兄們不僅僅為本書的內容獻計獻策，還多方照料我的生活。每當我弄到思緒不清、舉步維艱的地步時，他們總能及時地出現在我面前，給我以安慰和鼓勵。本書順利成稿，理應有他們的一份功勞。

感謝四川大學歷史學院的陳波老師，我們在卜鹽井村田野調查中偶遇、相識，他對我有求必應，在宗教詞彙上給了我許多指點。收集材料時結識的友人和鄉親更是給了我難以計算的幫助，他們分別是熱情接待並幫助我熟悉上鹽井村的次仁梨西村長；在訪談中為我擔任翻譯，幫助我和村民們進行溝通的安娜、阿嘎和布嘎大叔；溫和而虔誠，多次解答了我的疑問的阿尼、德仁撒和馬達琳娜等幾位角媄老奶奶；對當地歷史與文化十分熟悉，並不厭其煩地向我介紹當地風土民情的尼然喇嘛活佛和斯郎珠梨老師……當然，還有很多無法記下名字的幹部和村民，恕我不能一一列舉。正是他們的無私幫助，讓一個個珍貴的案例、一段段久遠的回憶，充實了我的田野筆記，並形成了本書的骨架與血肉。

本書的下編是在高薇茗碩士論文的基礎上修改而來，首先要感謝其導師何國強教授的悉心指導，同時在論文開題、預答辯、答辯中，中山大學社會學與人類學學院的周大鳴、王建新、張應強等老師或是對論文修改予以了指點，或是為論文的進一步深入提供了資料上的說明，在此一併表示感謝。此外，本書的部分內容曾在《裝飾》等期刊上發表，感謝主編方曉風、副主編陳岸瑛及匿名審稿人的提點。在本書的後期審閱和出版流程中，中山大學出版社的嵇春霞老師做了很多服務性的工作，謹向她表示感謝。

最後，真心希望這本書的出版能夠對學界及鍾情於藏區宗教文化生態的朋友有所裨益。但宗教衝突是一個敏感而又複雜的問題，本書從歷史文獻和田野個案進行歸納、推演，難免掛一漏萬，有失偏頗。故而，真心歡迎讀者不吝賜教。

王曉

2013年7月於康樂園

野東南民族叢書 A0202003

真藏瀾滄江谷地的教派衝突

者	王　曉、高薇茗、魏樂平
編	何國強
任編輯	蔡雅如
行　人	陳滿銘
經　理	梁錦興
編　輯	陳滿銘
總編輯	張晏瑞
輯　所	萬卷樓圖書股份有限公司
版	林曉敏
刷	百通科技股份有限公司
面設計	曾詠霓
版	昌明文化有限公司

園市龜山區中原街 32 號

話　(02)23216565

行　萬卷樓圖書股份有限公司

北市羅斯福路二段 41 號 6 樓之 3

話　(02)23216565

真　(02)23218698

郵　SERVICE@WANJUAN.COM.TW

埕經銷

門外圖臺灣書店有限公司

電郵　JKB188@188.COM

BN 978-986-94605-4-5

18 年 9 月初版二刷
17 年 3 月初版

價：新臺幣 420 元

如何購買本書：

1. 劃撥購書，請透過以下郵政劃撥帳號：
   帳號：15624015
   戶名：萬卷樓圖書股份有限公司

2. 轉帳購書，請透過以下帳戶
   合作金庫銀行　古亭分行
   戶名：萬卷樓圖書股份有限公司
   帳號：0877717092596

3. 網路購書，請透過萬卷樓網站
   網址　WWW.WANJUAN.COM.TW

大量購書，請直接聯繫我們，將有專人為您
服務。客服：(02)23216565 分機 10

如有缺頁、破損或裝訂錯誤，請寄回更換

國家圖書館出版品預行編目資料

滇藏瀾滄江谷地的教派衝突 / 王曉, 高薇茗,
魏樂平著. -- 初版. -- 桃園市：昌明文化出
版；臺北市：萬卷樓發行, 2017.03
　面；　公分. -- (犇野東南民族叢書；
A0202003)
ISBN 978-986-94605-4-5(平裝)
1.少數民族 2.民族研究
535.408　　　　　　　　　　106004090

—